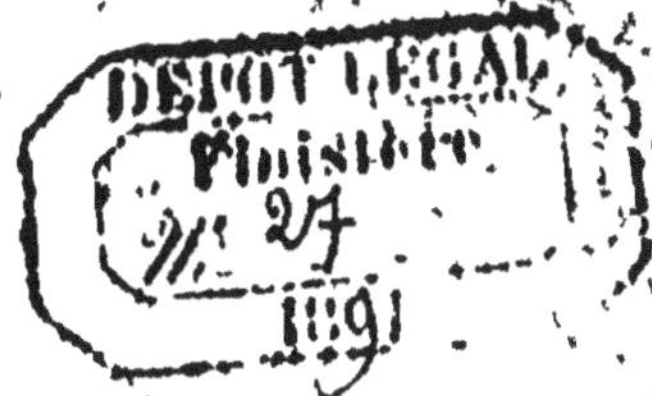

SAINT-JOSEPH

AUTREFOIS

BEL-AIR

MAISON DE REPOS

POUR

LES PRÊTRES AGÉS ET INFIRMES

A SAINT-POL-DE-LÉON

PAR L'ABBÉ KERNÉ

PRÊTRE DE SAINT-JOSEPH

6 Juillet 1891

MORLAIX

IMPRIMERIE P. LANOE, RUE DU PAVÉ, 7

1891

SAINT-JOSEPH

AUTREFOIS BEL-AIR

MORLAIX, IMPRIMERIE LANOÉ.

SAINT-JOSEPH

AUTREFOIS

BEL-AIR

MAISON DE REPOS

POUR

LES PRÊTRES AGÉS ET INFIRMES

A SAINT-POL-DE-LÉON

PAR L'ABBÉ KERNE

PRÊTRE DE SAINT-JOSEPH

6 Juillet 1891

MORLAIX

IMPRIMERIE P. LANOÉ, RUE DU PAVÉ, 7

—

1891

DÉDICACE

MONSEIGNEUR LAMARCHE

ÉVÊQUE DE QUIMPER ET DE LÉON

Comme un jeune enfant, tout naïf et tout ingénu, qui dépose avec amour dans le sein de sa mère, un petit sou qu'il aurait gagné au service d'un grand Monsieur,

Je viens, dans les mêmes sentiments d'allégresse et de joyeuse confiance, présenter à Votre Grandeur ce faible échantillon de ma bonne volonté,

En témoignage du respect inviolable et du filial abandon, avec lesquels j'ai l'honneur d'être,

Monseigneur,
De Votre Grandeur,
Le très humble et très dévoué Serviteur,

KERNÉ,
PRÊTRE.

AVANT-PROPOS

I

Le modeste volume que nous présentons au public, et spécialement au Clergé du diocèse de Quimper et de Léon, nous a été dicté par la reconnaissance.

Dès nos premiers pas dans la vie, le son argentin des cloches de Saint-Joseph avait le don de nous émouvoir ; et lorsque nous rencontrions dans les rues paisibles de Saint-Pol, quelques-uns de ces prêtres couronnés de cheveux blancs ou atteints par des infirmités précoces, que l'Eglise avait recueillis, en voyant leur figure calme et quelquefois rayonnante, notre respect pour leur personne augmentait encore notre admiration pour l'œuvre sainte dont ils bénéficiaient.

Tel était aussi le sentiment général de tous nos compatriotes, chez qui la vue d'une soutane, d'une soutane usée dans les combats pénibles de l'existence sacerdotale, n'éveilla jamais ni la haine, ni le mépris, ni même l'indifférence. Il nous fut donné plus tard de revêtir à notre tour la glorieuse livrée des ministres de Jésus-Christ, et, nouvel Eliacin, de pénétrer dans le sanctuaire de la famille. Avec quelle joie nous y étions reçu ! Avec quelle aimable prévenance chacun s'efforçait de vaincre notre timidité juvénile ! Nous nous sentions à l'aise au milieu de cet auguste sénat, comme sous l'aile caressante de notre mère ; et si le spectacle des vertus qui ont fait une garde vigilante autour de notre adolescence, soit au foyer domestique, soit chez les bons Frères, soit dans l'enceinte embaumée du collège de Léon, nous a tourné insensiblement vers l'état ecclésiastique, il est juste de reconnaître que la fréquentation assidue des hôtes de Saint-Joseph n'a pas peu contribué à affermir notre vocation. Aussi, quand Dieu, dans sa miséricorde, nous eût permis de franchir les derniers degrés de l'autel pour y offrir le sacrifice, chaque fois que nos occupations nous laissaient le loisir de visiter notre berceau et nos tombes, nous ne manquions jamais d'aller nous asseoir à la table hospitalière de nos aînés dans le sacerdoce ; et toujours nous rapportions de ce pieux contact un surcroît decourage et d'édification.

II

Arriva l'heure ou nous crûmes devoir exécuter un dessein qui n'avait cessé de nous sourire depuis l'aurore de notre cléricature, celui de quitter entièrement le monde, et de nous enfermer dans la solitude. Le bon évêque de Quimper, avec sa bienveillance habituelle, nous ouvrit toutes larges les portes de Lérins, dont il connaissait particulièrement le Révérendissime Père Abbé, dom Colomban. Pendant dix mois, sous le beau ciel de la Provence, à l'ombre des grands arbres, nous avons foulé cette île enchantée, pleine de verdure et de fleurs ; pendant dix mois, nous avons baisé les traces bénies d'Honorat, d'Hilaire, de Vincent de Loup, d'Eucher et de tant d'autres personnages qui ont illustré la Gaule dans les siècles reculés, après un apprentissage sévère de la vie cénobitique.

Mais l'esprit souffle où il veut. La Providence, qui nous avait appelé dans le cloître pour y retremper nos forces sous la rude discipline cistercienne, ne jugea pas à propos de nous y retenir. Il fallut dire adieu à cette magnifique église qui retentit sans cesse des louanges de la divinité, aux Sept-Etoiles, si connues des pèlerins du Moyen-Age, à la masse imposante de l'antique promenoir au monastère fortifié, au puits miraculeux, au palmier légendaire. Le même prélat, qui avait facilité pour nous l'accès du désert, aplanit également le chemin du retour. Il nous offrit gracieusement un asile momentané dans son établissement de Saint-Pol.

C'est alors surtout que nous avons pu apprécier la tendre sollicitude de l'Eglise, qui n'oublie aucun de ses enfants ; c'est alors que nous avons ressenti plus vivement que jamais les douces émotions que produit la gratitude dans un noble cœur. Jusque-là nous n'avions été que le témoin sympathique du bien accompli par les évêques du diocèse en faveur des invalides du clergé ; maintenant nous en étions l'objet nous-même, et notre âme débordait de joie et d'amour. Aussi n'avons nous pas hésité un seul instant, lorsque nos supérieurs nous ont invité à mettre à profit nos loisirs pour retracer en quelques pages l'histoire d'une institution si charitable, si profondément chrétienne, si utile aux prêtres malheureux, si féconde en résultats.

III.

Nous avons pensé qu'un récit succinct des faits presque insignifiants qui se sont déroulés dans notre Maison, serait aride et fort peu intéressant. Qui donc pourrait trouver plaisir à savoir qu'on a conclu tel marché, qu'on a fait telle acquisition, qu'on a pris telle ou telle initiative ? Ce sont de ces choses qu'il faut noter à l'occasion, mais sans y attacher trop d'importanee. Nous ne croyons pas davantage qu'il soit nécessaire, dans un opuscule pareil au nôtre, de s'appesantir outre mesure sur des questions archéologiques qui ne touchent qu'un nombre très restreint de lecteurs, et qui d'ailleurs n'ont ici qu'une portée secondaire, puisqu'il s'agit avant tout de bienfaisance, et non point de recherches curieuses et patientes sur le passé. Cette considération ne nous a point empêché pourtant de donner ça et là quelques indications rapides dans cette ordre d'idées.

Mais il nous a paru plus conforme au but que nous voulions atteindre, d'esquisser la vie même de la petite communauté dont nous faisions partie, et sans négliger le reste, de nous appliquer d'une façon spéciale aux manifestations de cette vie dans ses principaux organes et dans ses membres les plus humbles. A cet effet, nous avons mis sous les regards tous ceux qui de près ou de loin ont exercé une action sur l'établissement, ou qui s'y rattachent par quelque côté. En parlant de leurs faits et gestes, nous avons imposé silence à l'esprit de critique, et surtout de dénigrement. Rien n'est plus facile que de trouver à redire dans ses semblables ; on fait alors une caricature et non un portrait ; d'historien on devient pamphlétaire. Ce n'est point dans nos goûts ; et si nous avions eu à peindre Philippe de Macédoine après le siège d'Amphipolis, volontiers nous l'aurions pris de profil pour dissimuler la blessure de son œil.

IV

On nous reprochera peut-être d'avoir donné beaucoup de place à la description des lieux. Il nous semble au contraire que cette description était indispensable pour qu'on se rendit bien compte des conditions de l'existence à Saint-Joseph. Les agréments de la résidence, la douceur du climat, la beauté des promenades, les charmes du paysage, exercent une influence plus considérable qu'on ne pense sur l'âme humaine, et constituent un des éléments du bonheur ici-bas. En face d'une riante nature, sous un ciel clément, l'esprit est plus libre et le cœur s'épanouit davantage. Aussi les ordres religieux ont ils presque toujours choisi pour s'établir, les sites les plus aimables ou les plus pittoresques. La même pensée a guidé nos premiers bienfaiteurs, et elle inspire encore ceux qui s'efforcent d'ajouter de nouveaux embellissements à nos jardins. Notre devoir était donc en écrivant, de signaler ce précieux avantage que nous possédons parmi baucoup d'autres, de couler nos jours au milieu d'une création riche et variée.

Qu'on nous pardonne, si chez nous l'imagination a paru quelquefois dépasser certaines limites ; il est si doux de voguer à pleines voiles dans les régions de l'idéal ! La réalité est souvent bien triste ; elle est trop austère, et quelquefois trop accablante, pour qu'il soit défendu à ceux qui la subissent de la colorer d'un rayon de soleil. D'ailleurs, en lâchant la bride à notre imagination, nous n'avons jamais perdu de vue cette cavale fougueuse. Nous l'avons maîtrisée au besoin ; sous la direction ferme de la froide raison, nous lui avons fait prendre successivement toutes les allures, le pas, le trot, le galop. C'est dire que suivant les matières, nous avons changé de style à dessein.

Avons-nous remporté le prix de la course ? C'est aux juges du camp à prononcer. Au moins, nous aurons le mérite de l'avoir tenté ; et les suffrages flatteurs, qui nous sont venus de différents points de l'horizon à l'occasion de deux ou trois extraits de notre travail, sont de bon augure pour le travail complet. Ceci pourtant ne nous rassure que de sorte ; et nous faisons appel à toute l'indulgence du lecteur.

CHAPITRE Ier

LE CHOIX DE SAINT-POL-DE-LÉON

I

C'est à Mgr de Poulpiquet de Brescanvel que revient l'honneur insigne d'avoir conçu et réalisé le projet d'un asile pour les membres invalides du clergé. Durant son séjour en Angleterre, sous la Révolution, il avait été le témoin contristé des souffrances de ses frères dans le sacerdoce, et il avait travaillé de concert avec Mgr de la Marche, à les soulager dans la mesure du possible.

Quand il fut de retour au pays natal, un autre spectacle non moins affligeant s'offrit à ses regards. Les prêtres qui avaient échappé comme par miracle au couperet de la guillotinn, aux barbares traitements des centres de déportation, aux tortures de la captivité sur les pontons de Rochefort, ou aux privations de l'exil, n'avaient conservé pour la plupart ni la santé suffisante, ni l'énergie voulue pour tenir un poste rémunérateur. L'évêque d'alors, Mgr Dombideau de Crouseilhes, tout occupé à reconstituer les cadres et à reformer les rangs de la milice sacerdotale presque anéantie par des désastres sans exemple, n'avait ni le temps ni les moyens de ramasser les blessés sur le champ de bataille.

Ces mutilés de la persécution, ces glorieux débris d'une lutte héroïque, manquaient littéralement de pain. Les uns se retiraient dans leur famille, souvent aussi besoigneuse qu'ils l'étaient eux-mêmes ; d'autres vivaient de la charité publique ; les plus heureux trouvaient un refuge précaire dans quelque vieux castel, dont le maître, dépouillé lui aussi par les scélérats qui avaient ravagé la France, partageait avec eux les restes bien amoindris d'une fortune jadis opulente.

Il n'y avait plus, comme autrefois, de ces monastères généreux, qui avaient eu pendant des siècles le monopole de l'hospitalité chrétienne. Les fabriques étaient réduites au strict nécessaire, et n'avaient même pas toujours les ressources indispensables pour subvenir aux besoins les plus pressants du culte dans des temples délabrés. Les habitants des villes étaient sans ouvrage ; les habitants de la campagne avaient subi le fléau de la guerre et de la destruction, et n'avaient point encore réparé leurs ruines. Au milieu de cette désolation universelle, la pitié elle même semblait bannie du cœur des hommes et les ministres défaillants de Jésus-Christ, gémissaient dans une profonde misère.

II

L'abbé de Poulpiquet voyait avec douleur cette situation affreuse. Aussi dès qu'il fut placé sur le siège de Saint Corentin en 1824, il ne se donna ni repos ni trêve, qu'il n'eût pourvu à de si déplorables calamités. Jusque là, le diocèse avait distribué quelques secours à domicile, aux sujets les plus intéressants et les plus nécessiteux ; mais ces secours, forcément restreints, et dispersés de la sorte, avaient été un palliatif plutôt qu'un remède. Il comprit qu'il fallait créer un établissement commun, où les ressources en se centralisant doubleraient de valeur.

Mais où placer cet établissément ? Le réléguer dans les campagnes, c'était plonger dans un nouvel exil des hommes respectables qui n'avaient déjà que trop souffert de l'isolement de l'émigration, c'était traiter en lépreux des ecclésiastiques dont les vertus réclamaient le plein jour, c'était aussi les éloigner à plaisir des satisfactions honnêtes et des soins multipliés qu'on rencontre dans les villes.

D'autre part il y avait de graves inconvénients à les jeter au milieu d'une grande agglomération. Ces vétérans couverts de blessures, harassés de fatigue, avides d'un repos péniblement gagné, n'auraient point trouvé dans une cité populeuse la paix sereine dont ils avaient tant besoin.

Nos localités les plus importantes ne pouvaient leur convénir entièrement. Brest, avec ses soldats et ses marins ; Landerneau, faubourg de Brest ; Morlaix, centre de commerce et de plaisirs ; Douarnenez, immense friture nauséabonde (1) Châteaulin, vrai campement de bouviers ; Quimperlé, le rendez-vous des danseurs et des ménéstrels celtiques, n'étaient pas propres pour recevoir des confesseurs de la foi, devenus sérieux par le malheur, et qui avaient puisé dans leur éducation première des goûts délicats. Pont-Croix n'était à tout prendre qu'une vieille sénéchaussée déchue (2). Lesneven n'avait alors ni son collège florissant ni son Folgoët restauré. Il fallait d'ailleurs pour des prêtres une atmosphère ecclésiastique, un milieu clérical, un entourage tout emprégné de traditions religieuses vivaces et profondes.

A ce compte deux villes pouvaient seules se disputer l'honneur de les abriter dans leur sein, Quimper et Saint-Pol, dès lors, le choix n'était pas douteux.

III

En effet Quimper, malgré son évêché maintenu, malgré son grand séminaire, malgré ses communautés renaissantes, n'avait guère conservé une physionomie nettement épiscopale. L'élément civil et militaire y domine, et avec lui un esprit laïque très prononcé, dans les communes

(1) Les fritures sont en réalité une innovation récente, elles ne datent que de 1854 ; mais dès le XIVe siècle et avant il y avait à Douarnenez de nombreuses presses à sardines.

(2) Pont-Croix possède une flèche exceptionnellement belle ; mais ce n'est qu'une flèche, sans base proportionnée. On dirait une de ces coiffures monumentales, artistiques, élégantes du moyen-âge, orgueilleusement dressée sur la tête d'une affreuse petite sorcière ventrue. Quel est le génie trop pressé, qui a déposé ce chef-d'œuvre sur une margelle de puits ?

voisines aussi bien que chez l'ouvrier ; ce n'est pas de l'hostilité, c'est de l'indifférence. Saint-Pol ne présentait aucun de ces inconvénients.

C'est un endroit paisible et recueilli comme un sanctuaire, le séjour des arts qu'on y a toujours cultivés (1), l'asile de la méditation et de la prière. Ses habitants, grecs par le type (2), romains par la gravité, et bretons jusque dans la moëlle des os, parlent, nous dit Brizeux, une langue sonore et cadencée, où les voyelles s'enchaînent avec autant de mélodie que dans le dialecte ionien dont se servait Homère. Une aristocratée d'élite y maintient jusque dans les masses, la noblesse des manières et des sentiments. La bourgeoisie n'est pas gangrenée comme elle l'est souvent ailleurs ; les artisans, et particulièrement les patrons, n'ont point perdu cet air de dignité simple qui les distinguait au Moyen-Age ; les laboureurs feraient encore l'admiration de Virgile.

Ce peuple est d'une exquise propreté, d'une politesse avenante, d'un respect profond pour toute autorité humaine ou divine. Dès qu'un prêtre ou un magistrat, dès qu'un prêtre surtout se présente, les fronts se découvrent, les visages s'illuminent d'un radieux sourire, et quelques

(1) Pour la sculpture et l'architecture, il n'y a pas de doute possible. Pour la peinture, nous citerons les belles fresques de la cathédrale et surtout du chœur, aujourd'hui disparues. Pour la musique, la poésie, l'art dramatique, nous renvoyons le lecteur au P. Cyrille Pennec, carme de Saint-Pol en 1636, et à M. de la Villemarqué (*Bulletin archéologique*, 3e série, tom. 8e, pages 181 et suivantes), etc. Les Romans de la Table-Ronde sont nés à Saint-Pol (Voir Paulin Pâris, Romania).

(2) C'est l'avis des touristes et artistes.

mots de bienvenue sortent des lèvres avec un empressement filial. Nulle part les manifestations de la foi et de la piété n'offrent un caractère plus touchant et plus spontané. Sans que personne en donne le signal, les fenêtres s'éclairent de mille feux dans les grandes solennités chrétiennes. Saint-Pôl est la seule ville du Finistère qui se soit embrasée de flammes joyeuses à l'occasion du Centenaire du Sacré-Cœur.

Ce qui frappe l'étranger en ces jours de liesse, c'est la gravité qui tempere les transports de la foule. De trois lieues à la ronde, les campagnards accourent ; un immense flot humain circule dans les artères étroites ou larges de la cité ; les hôtels sont rendus accessibles ; les cours et les jardins sont ouverts. Aucun désordre pourtant ne vient troubler l allégresse ; aucun bruit, aucune voix discordante ne se fait entendre ; c'est à peine si quelque cri d'admiration s'échappe çà et là de la poitrine des enfants, bientôt étouffé par le regard accusateur des mères. On va et on vient sans se pousser ni se confondre, on marche par grandes masses ou par faibles détachements, dans un silence plein de charme. Ce n'est pas une retraite tapageuse, encore moins une bousculade violente ; c'est une promenade sentimentale et religieuse, une véritable procession. Nous n'avons vu un pareil spectacle qu'au Folgoët, la veille du couronnement de Notre-Dame.

IV

On comprendra facilement que Mgr de Poulpiquet n'ait craint de confier à un peuple aussi sage ce qu'il avait de plus cher au monde, ses collaborateurs dans l'apostolat, ses frères d'armes, ses vieux compagnons de lutte et de misère. Il affectionnait Saint-Pôl, comme tous ceux qui ont eu le bonheur d'y naître, ou d'y passer une partie de leur existence. Saint-Pôl était pour lui comme un lieu de pèlerinage où il aimait à revenir, où il espérait revoir fréquemment les objets de sa tendresse de pontife et de père. Il savait que rien ne pourrait les attrister dans ce séjour, que tout conspirerait au contraire à rendre leur vie douce et agréable.

Outre que l'esprit des habitants ne laissait rien à désirer, la température y est bénigne, l'air salubre et fortifiant. C'est une ville champêtre où l'on possède à la fois les avantages de la société urbaine et les mille trésors de la nature, le confortable dans la retraite, les plaisirs agrestes les plus purs, à côté des secours de la civilisation. Il n'en fallait pas davantage pour des vieillards, qui ne demandaient qu'à respirer un peu sur le seuil du tombeau.

La capitale du Léon offrait encore des satisfactions d'un autre genre. Deux monuments admirables, dont un seul suffirait au légitime orgueil d'une cité plus importante, s'y trouvent réunis, la cathédrale et le Creisker (1). La cathé-

(1) Creisker ou Kreisker est une orthographe fautive. On devrait écrire et prononcer Kerisker ou Kerískéar

drale a sur beaucoup d'autres édifices semblables trois avantages principaux ; — elle renferme tous les styles du moyen-âge dans une parfaite harmonie, — elle a été achevée avant la clôture de l'époque ogivale, — elle possède une boiserie merveilleuse, qui n'a de comparable en France que les chœurs si vantés d'Amiens et d'Albi. Aucun livre d'architecture chrétienne ne peut offrir avec une telle abondance, des leçons variées de science structurale et de bon goût artistique.

Quant au Creisker, il déconcerte la critique et défie l'éloge. L'église qui lui sert de gigantesque contrefort, ne souffre pas trop d'un si périlleux voisinage ; elle est comme lui du XIVe siècle, sauf la partie inférieure. On y admire surtout le porche septentrional qui est unique en son genre, les deux rosaces du haut et du bas qui le disputent à la maîtresse vitre de la cathédrale, et les six grandes fenêtres du sud qui n'ont pas d'équivalent dans le diocèse.

Ce beau vaisseau est aujourd'hui à la disposition des élèves du collège de Léon, l'un des plus

---

Kerisquer ou Kerisquéar. Ces deux leçons se lisent dans l'inventaire dressé par ordre de Mgr de la Marche, (Tregondern, t. I, 3e liasse, no 7, verso), à la date du 16 mai 1668, parmi les aveux et prééminences d'écuyer Prigent Le Grand, seigneur de Kerantraon, Penarpont et autres lieux Creisker signifie *milieu de la ville*. Or, jamais le Creisker ne s'est trouvé au milieu de la ville, jamais même il n'a été compris dans l'enceinte de la ville, quand cette enceinte existait. Isquer ou Isquear (de is, izel) signifie *bas de la ville*, et Ker-isquéar, *faubourg du bas de la ville*. Le Creisker se trouve effectivement au bas de la ville, et ne méritera son nom de Creisker, *milieu de la ville*, que lorsque tout le quartier de la gare sera couvert de constructions.

anciens de la Bretagne (1), l'un de ceux qui n'ont point dégénéré. Plusieurs des vieux prêtres que la tendre sollicitude de Mgr de Poulpiquet ou de ses successeurs appellera dans l'asile de Saint-Pôl, y auront fait leurs études, et ce sera pour eux tous une véritable jouissance, que de saluer encore une fois leur berceau avant de se coucher dans la tombe.

Après la cathédrale et le Creisker il est permis de citer sans honte la jolie chapelle de Saint-Pierre. paroisse jusque la Révolution ; c'est elle qui protège le champ des morts. Dans le cimetière, des ossuaires gothiques, remontant à quatre siècles, rompent agréablement l'uniformité du mur d'enceinte. Au centre se dresse un calvaire moderne, entouré d'un chemin de croix également moderne, où chaque scène de la Passion est taillée dans un grand bloc de Kersanton. Les tombes n'ont rien de luxueux ; mais l'ensemble plaît à l'œil ; on est frappé surtout du nombre considérale de pierres armoriées. Le prêtre que l'âge condamne au repos, et qui n'a plus d'illusions, en voyant ce qui reste des grandeurs de la terre, pourra méditer à loisir sur le néant des choses d'ici-bas. Après s'être appliqué à lui-même, devant ces sépultures, les austères maximes qu'il a si souvent prêchées au peuple chrétien, il jettera un regard d'espérance sur le Creisker et la cathédrale, et il trouvera dans ces témoins vivants de la foi de nos pères, la promesse et le gage certain de sa propre immortalité.

(1) Fondé en 1560, date de l'édit d'Orléans.

A ces seuls titres, la ville de Saint-Pôl était le lieu désigné pour l'asile des vétérans du sacerdoce Mais combien d'autres motifs encore ont dû déterminer le choix de Mgr de Poulpiquet ! Comme l'a si bien dit notre maire, le comte de Guébriant, l'histoire de Saint-Pôl n'est pas finie ; tout le proclame, son collège, son industrie de bois sculpté, ses élevages intelligents, son agriculture perfectionnée, sa culture maraîchère qui se développe tous les jours, sa population si bien douée au physique et au moral, ses vocations religieuses se multipliant sans cesse. Pourtant notre cité est avant tout une cité de souvenirs. Ce n'est pas une nécropole, c'est un musée où la jeunesse peut apprendre, où la vieillesse, comme elle en a l'habitude, peut se plonger avec délices dans la contemplation du passé.

Parcourez la ville avec une âme d'artiste et de rêveur, ou plutôt avec les sentiments d'un prêtre qui a connu de beaux jours et qui voit se coucher son dernier soleil. Les rues n'ont pas encore subi le prosaïque alignement moderne, et les habitations, qui ne renferment généralement qu'un seul ménage, suivant l'usage constant des ancêtres, s'élèvent çà et là, plus hautes ou plus basses, isolées ou par groupes, d'après le caprice des propriétaires. Quelques-unes ont un cachet aristocratique indélébile, un air de noblesse qui frappe et arrête le regard du touriste, une sorte de dignité qui a survécu à la splendeur des anciens jours. Voici, par exemple, la maison Hellard (1)

(1) Hellard, de ell, ellout, galloud, puissance, et ard suffixe comme dans duard. etc. Hellard signifie puissant, et Abélard, fils du puissant.

avec ses bizarreries d'architecture, ses larges fenêtres, ses ouvertures inégales, son pignon majestueux qui s'avance comme un donjon sur la rue, et semble vouloir se comparer aux contreforts imposants du Creisker. Voici l'hôtel Poulpiquet, bâti sur l'emplacement d'une vieille halle ou cohue, dont les droits d'étal appartenaient aux seigneurs de Kerisnel. Voici l'hôtel Rusunan, dont les caves sont un beau reste du grand système d'égoûts creusés par les anciens évêques. Voici l'hôtel Kermen *où le vrai philosophe est heureux*, et qui donna une hospitalité de quelques jours à Bernadotte. Voici la Vieille-Hospice (1), les Vieilles-Ursulines (2), la Retraite (3), les Carmes (4), les Minimes (5) ; voici l'ancienne enceinte, *Tro ar chiminalou* (6); voici le quartier Carthagène, la place de la Gloire, la rue Saragosse, Jérusalem, la fameuse imprimerie Quillévéré (7), Penanrue, Keroulas, l'ancien Évêché, la maison où fut caché l'abbé Branellec (8), celle où vécut et mourut en odeur de sainteté Marie-Amice Picard, dont Michel le Nobletz proclama les vertus, comme saint Germain l'avait fait pour Geneviève. Et que

---

(1) Hospice chez nous est resté du féminin, comme comté dans l'Est de la France, Franche-Comté.

(2 Etablies en 1630 par Christophe de Losguen, archidiacre de Léon.

(3) 1604.

(4) Fondés en 1368, par Jean IV.

(5) Fondés en 1622 par le chanoine Prigent de Coëtelez.

(6) Détruite en 1170, par Henri de Plantagenet.

(7) Il a publié des Mystères bretons, un curieux missel du XVIe siècle qui se trouve au Grand-Séminaire de Quimper, etc...

(8) Guillotiné par les ordres de la Convention.

dirons-nous encore ? on ne peut faire un pas dans la ville sainte, sans que les souvenirs se présentent en foule.

O lévites qui avez terminé votre carrière dans le monde, venez sans crainte dans le séjour que vous a choisi votre évêque. Vous y trouverez réunies toutes les nobles jouissances que vous avez lieu de souhaiter. Les pasteurs du diocèse se feront un plaisir de vous visiter souvent, et de s'assurer par eux-mêmes que rien ne manquent à vos légitimes désirs.

CHAPITRE II

MONSEIGNEUR DE POULPIQUET

I

Deux points étaient acquis : un asile commun serait ouvert pour les ecclésiastiques malades ou infirmes du diocèse, et cette charitable institution aurait son siège à Saint-Pôl. Nous allons voir comment se réalisera la généreuse pensée du vénéré prélat. Mais avant de le suivre dans l'exécution de son projet, nous croyons remplir un devoir de reconnaissance, et nous faire l'interprète fidèle des sentiments les plus intimes des nombreuses générations de prêtres auxquels il a préparé un abri contre l'indigence et la maladie, en retraçant, l'espace de quelques lignes, les principales péripéties de son existence.

II

Le futur évêque de Quimper, le futur bienfaiteur du sacerdoce, Mgr Jean-Marie-Dominique de Poulpiquet de Brescanvel, nâquit en 1759 au château de Lesmel, en Plouguerneau. Il appartenait à l'une des plus anciennes familles de Bretagne, qui remonte à Guyomar de Poulpiquet, marié en 1383 à Marie du Halégoet, encore une noble race dont les rejetons actuels sont loin d'être inconnus dans le pays de Saint-Pol. Les Poulpiquet ont produit un chanoine de Léon en 1615, inhumé dans la cathédrale près la chapelle N.-D. de Cahel, aujourd'hui Bon-Secours, ils comptent également parmi leurs membres des chevaliers de Saint-Michel et de Malte, un Président aux Comptes de Nantes, des conseillers au Parlement de Rennes, et nombre de personnages illustres dans différentes branches. Jean-Marie-Dominique devait, sinon les effacer, du moins les égaler tous par l'éclat d'une longue carrière brillamment parcourue, les honorer par le doux reflet de ses vertus, et consacrer leurs gloires séculaires par l'incomparable dignité de Pontife de Jésus-Christ.

Après d'excellentes études littéraires au collège de Léon, il alla conquérir tous ses grades en Sorbonne, sur les mêmes bancs où s'asseyait à cette époque le célèbre La Luzerne, qui, jusque sous la pourpre romaine, reconnut toujours un digne émule dans l'enfant de la Bretagne.

On vantait alors son amour du travail, son intelligence agile et précoce, son heureuse simplicité de caractère, marque indélébile d'une belle âme. Un de ses condisciples, homme d'un grand savoir et d'une franchise austère le vénérable abbé Péron, véritable restaurateur des humanités dans notre pays, admirait surtout en lui la naïveté d'un enfant sans malice, unie à la science d'un théologien consommé ; et un autre juste appréciateur du mérite, Mgr Graveran (*Orais. fun.*), se plaisait à proclamer, en face d'un auditoire immense, l'étendue de ses connaissances dans le domaine ecclésiastique, sa profondeur pleine d'aisance à discuter les questions les plus ardues, sa dialectique nerveuse, sa facile élocution latine. Il n'est pas surprenant qu'il ait attiré de bonne heure les regards de Mgr de la Marche, et que ce prélat d'une haute vertu et d'une capacité supérieure l'ait rappelé de Paris, pour l'initier, malgré sa jeunesse, à ses conseils, et lui confier la direction suprême de son diocèse. La voix publique le destinait même à lui succéder sur le siège de Saint Pol Aurélien, quand éclatèrent les terribles événements de la Révolution.

III

Après la tourmente, Napoléon voulut rétablir en France les hautes études si longtemps négligées. Il consulta les registres d'honneur de la vieille Sorbonne, et lut en tête de la liste le nom de l'abbé de Poulpiquet. Un poste des plus importants lui fut offert dans la capitale ; mais ce digne prêtre qui venait à peine de toucher les rivages de sa patrie avec tant d'autres confesseurs de la foi, témoin des ruines morales amoncelées autour de son propre berceau par la fureur des impies, voulut se consacrer, dans toute la force de son âge et de son talent, à réparer de si lamentables désastres. Il avait déjà gouverné un moment, à l'époque de son nouveau sacerdoce, l'Eglise de Plouguerneau ; il préféra reprendre sa tache interrompue, et libre d'ambition, consacrer son zèle et ses loisirs à la population de sa paroisse natale.

Mais les honneurs devaient venir encore le chercher au fond de cette campagne reculée. Mgr Dombideau de Crouseilhes le choisit pour son vicaire général, et bientôt le gouvernement lui proposa l'évêché de Langres. Il refusa ; mais le siège de Quimper ayant vaqué sur les entrefaites, il accepta enfin une place pour laquelle il était depuis si longtemps désigné. Jamais il n'oublia son Plouguerneau ; c'est là, dans l'église, qu'il voulut être enterré à sa mort en 1840. Malheureusement sa tombe n'existe plus. Un des curés de Plouguerneau, qui se sont succédé depuis, n'a pas respecté ses cendres. Il a démoli la sépulture de ce vénérable pontife, et des deux faces latérales du monument, il a fait des devant d'autels, à l'insu sans doute des autorités diocésaine et civile.

IV

C'est l'éternel honneur de Mgr de Poulpiquet d'avoir ouvert à ses frères dans le ministère des âmes, pendant les trop courtes années de son épiscopat, un port assuré de refuge pour leurs derniers jours. Laissons à son successeur, l'inoubliable Mgr Graveran, sorti comme lui du vieux sol breton, comme lui patriote éclairé, esprit d'une rare envergure et prélat magnanime, le soin de faire ressortir avec son éloquence ordinaire et sa poétique imagination la portée d'une œuvre si bienfaisante, qu'il sut maintenir, développer à son tour, et consolider à jamais.

Le 2 juin 1840, une semaine après sa nomination au siège de Quimper, il s'écriait dans l'oraison funèbre de son auguste prédécesseur :

« En soulageant toutes les infortunes, le pasteur que nous pleurons n'avait pas négligé les besoins de ses collaborateurs. Aucun de vous ne l'ignore, le prêtre, assuré de pain tandis qu'il peut travailler à la moisson, quand les années ou les fatigues ont usé ses forces, n'a d autre alternative que de s'imposer comme une charge aux populations qu'il ne peut plus servir, ou de vivre de privations, dans l'attente d'un avenir rempli d'incertitude ; et peut-être devons nous bénir cette incertitude même, car elle accroît notre détachement de la terre et notre confiance en Dieu : c'est pour lui seul que nous travaillons, et nullement en vue d'une aisance future et d'un repos assuré.

« Mais en dehors de l'abondance, se trouvent les choses nécessaires à la vie ; prêtres de Jésus-Christ, chassez toute inquiétude ; votre charitable évêque y a pourvu. Dans l'honorable retraite où vous pourrez abriter vos derniers jours, il a même prévenu les chagrins d'un triste isolement vous y retrouverez les anciens compagnons de vos études, vos collègues dans les fonctions du sacré ministère ; et comme le vieux marin qui a dit à la mer un dernier adieu, aime à se promener sur le rivage et à contempler le mouvement des flots : tantôt il s'entretient avec les compagnons de sa vie aventureuse, des vaisseaux qui les ont portés, des bords lointains qui ont vu flotter leur drapeau, des combats où se signala leur courage : tantôt il interroge les jeunes matelots sur les nouvelles de la mer, et compare aux jours présents, les jours de sa jeunesse : puis, quand le soleil retire ses derniers rayons, il regagne son modeste réduit, et s'endort bercé par ses souvenirs, et croyant entendre encore le murmure du vent dans sa voile et le clapotement de la vague contre les flancs de son navire. Ainsi, dans cette paisible solitude, le prêtre ramenant sa pensée sur sa longue carrière, se rappellera les belles annees de son noviciat clérical, les premiers essais de son zèle, les premiers fruits de son ministère ; vieillard, il redira dans la compagnie des vieillards, les pompes des anciens jours, l'affluence dans les solennités chrétiennes, les populations émues aux éclats de la parole divine : il s'informera auprès du jeune sacerdoce des victoires de la foi, des progrès de la piété ; puis, dans ses beaux rêves, il retrouvera la splendeur des saintes cérémonies et la mélodie des hymnes sacrées. Qu'il est doux de terminer ainsi dans le repos d'une bonne conscience une vie toute consacrée à la gloire du Seigneur ; de couronner sa carrière active par toutes les œuvres de la perfection intérieure ! »

V

Un pasteur, capable de trouver de si nobles accents pour peindre l'existence paisible des invalides du sacerdoce dans le séjour béni préparé à leurs vieux ans, était digne de conduire à bonne fin une entreprise déjà bien commencée, déjà sérieusement établie sur de larges bases, et qui n'attendait plus qu'une main habile et ferme pour en assurer l'avenir. Mais n'anticipons pas sur les événements ; il nous faut d'abord raconter la naissance de l'œuvre, et ses premiers progrès.

CHAPITRE III

LES TROIS PREMIERS SUPÉRIEURS

I

Les débuts de cette belle institution paraissent remonter au 11 janvier 1827. En effet, nous trouvons à cette date, sur la liste des ecclésiastiques recueillis, le nom de M. Bézard, recteur de Plourin-Léon. Cependant, nous lisons d'autre part, que le premier supérieur de la Maison, M. Le Hir, recteur de Locmaria-Plouzané, n'est arrivé à Saint-Pol pour fonder l'établissement que dans le courant de septembre 1827, à savoir, le 15 du même mois.

II

Monsieur Le Hir occupe une place honorable dans les fastes du diocèse. Il naquit à Plouzané vers 1757, et mourut à Saint-Renan dans les premiers jours de mars 1811, âgé par conséquent de 81 ans.

Après avoir terminé ses études avec succès au collège de Léon, et parcouru tous les degrés de la cléricature, il fut ordonné prêtre. Nous n'avons pu nous procurer aucun renseignement précis sur les postes qu'il occupa d'abord. Toujours est-il qu'à l'époque où éclata la Révolution, il exerçait le saint ministère dans sa paroisse natale. Un tel homme devait nécessairement refuser le serment schismatique exigé par le gouvernement ; mais comme il était jeune et vigoureux, il ne voulut pas émigrer, et resta dans le pays à la disposition des chrétiens fidèles. Sous un déguisement de meunier, cachant les vases sacrés dans un sac d'avoine, il allait à cheval de grange en grange, pour dire la messe et conférer les sacrements. On avait soin de poser des sentinelles sur les routes conduisant aux villages où il célébrait le saint sacrifice. Malgré ces précautions, il courut quelquefois de très grands dangers.

Les mêmes circonstances amènent souvent à des intervalles très éloignés, des incidents analogues. On connait l'histoire de Saint Athanase, remontant le Nil dans une barque pour échapper à la poursuite des Ariens. Le patriarche d'Alexandrie, se voyant serré de près, vira de bord, et se trouva bientôt en vue des satellites envoyés pour se saisir de sa personne. Ils lui demandèrent s il n'avait pas vu Athanase — « Athanase ? répondit-il, avec un air insouciant ; il n'est pas loin d'ici ; forcez de rames, vous ne pouvez manquer de l'atteindre. » — C'est ainsi qu'il évita la mort, et réussit à gagner une retraite assurée, où il vécut à l'abri des bourreaux jusqu'à la fin tragique de Julien l'Apostat.

Les vieillards du Bas-Léon racontent une

aventure semblable, dont M. le Hir fut le héros. Dans ses nombreuses pérégrinations apostoliques, il arriva un jour inopinément, face à face, dans un chemin creux, avec deux gendarmes chargés de l'arrêter. — « N'avez-vous pas vu ce diable de Le Hir, lui dirent-ils ; voilà bien longtemps que nous le cherchons sans pouvoir mettre la main dessus. » — « Allez dans telle ferme, répliqua-t-il, on vous donnera peut-être quelques indications. » Les gendarmes partirent au galop, et quand ils eurent disparu M. Le Hir fit de même.

Pendant les jours néfastes de la Terreur et du Directoire, le ministère de ce bon prêtre s'étendait jusqu'à Saint-Renan, où le constitutionnel Gendreau ne conférait plus les sacrements, son église ayant été convertie en magasin à salpêtre. Enfin le proscrit put se montrer en public. Devenu recteur de Locmaria-Plouzané à la restauration du culte, il s'efforça de combler dans la mesure de ses moyens les vides causés par la persécution dans les rangs du clergé. A cet effet, il élevait chez lui des jeunes gens qui témoignaient des dispositions pour le sacerdoce. Parmi eux figurent deux frères qui ont marqué leur passage dans le diocèse, les abbés Pouliquen, dont l'un est mort curé-archiprêtre de Saint-Pol où son souvenir est resté populaire, et l'autre, après avoir été supérieur du petit-séminaire de Pont Croix, est devenu chanoine titulaire de la cathédrale de Saint-Corentin.

Lorsque Mgr de Poulpiquet voulut fonder une maison de repos pour ses prêtres, il se souvint des beaux états de service de son ancien condisciple, et fit appel à son dévouement. Le nouvel évêque oubliait, sans doute, que M. Le Hir était septuagénaire; il lui confia, néanmoins, la direction d'un établissement où tout était à créer. Son administration, traversée par des ennuis, ne fut pas longue : elle ne dura que quelques semaines et peut-être quelques jours; car il est dit, au Ménologe de l'Institution, qu'il retourna dans sa paroisse, qu'on n'avait pas encore pourvue d'un pasteur selon toute probabilité. M. Poullaouec, curé de Saint-Renan, un confesseur de la foi, vint à mourir en 1829. Le recteur de Locmaria-Plouzané, alors âgé de 72 ans, lui succéda dans ce poste; il y vécut 12 ans, et sa mémoire, après un demi siècle, y est encore en vénération.

III

Il avait été remplacé à Saint-Pól, d'abord par M. Corre, recteur de Pleyber-Christ, démissionnaire à une date incertaine, et ensuite par M. Le Roux, recteur (*sic*) de Plouzévédé, démissionnaire à son tour le 19 juillet 1836, en faveur de M. Bohic, vicaire de Saint Pól, qui fut ainsi le quatrième supérieur.

M. Corre ne mourut que le 23 novembre 1843; il fut enterré à Carantec. M. Le Roux l'avait précédé dans la tombe, le 23 mars 1837, et c est dans la paroisse de Saint-Thégonnec qu'eurent lieu ses obsèques. Dans la liste commune des pensionnaires de l'établissement, ils sont inscrits comme y étant entrés, M. Corre le 23 décembre 1828, M. Le Roux le 5 septembre de la même année. Est-ce à cette dernière date que M. Le Roux a succédé à M. Corre, ou seulement le 23 décembre 1828 ? La question est de peu d'importance. Dans le premier cas, M Corre, démissionnaire le 5 septembre 1828, aurait quitté momentanément la Maison, et y serait rentré deux mois et demi plus tard, mais à titre de simple commensal, le 23 décembre 1828. Nous optons pour cette hypothèse.

IV

Yves-Marie Le Roux appartenait à l'une des familles les plus anciennes et les plus honorables de Saint-Thégonnec, qui a toujours compté et qui compte encore aujourd'hui parmi ses membres ou dans ses alliances, nombre de prêtres et de religieuses. Il naquit le 29 décembre 1760 ; son père s'appelait Yves comme lui, sa mère était une Podeur. Trois grands recteurs assistèrent à son baptême, MM. Le Gonat de Plounéour-Ménez, L'Abbat de Saint-Thégonnec, Auttreil de Guiclan, et il en eut, par permission de l'Ordinaire, en date du 9 octobre, un quatrième pour parrain, vénérable et discret Messire Yves-René Podeur son oncle, recteur de Commana (1).

(1) Cet abbé Podeur n'était pas un homme ordinaire. Il était un des 62 membres de la *Société d'Agriculture, des*

On l'envoya de bonne heure à Saint-Pôl pour y faire ses études littéraires et théologiques. Devenu prêtre, il dirigea tour à tour, avant et après la Révolution, les paroisses importantes de Commana, de Guiclan et de Plouzévédé. C'est dans cette dernière localité qu'il exerçait le ministère ecclésiastique, quand on le nomma supérieur de la Maison des Vieux-Prêtres.

Sous la Terreur, il refusa le serment à la Constitution civile du clergé, et dut se retirer en Espagne avec beaucoup de ses confrères. Comme il était doué d'un magnifique organe, il put trouver en exil, une position de chantre à Tolède ou à Saragosse, nous ne savons au juste dans laquelle de ces deux villes.

M. Le Roux possédait admirablement la langue bretonne, et il s'en servait avec beaucoup d'esprit et de talent pour composer de petites pièces en vers, qui ont paru chez Lédan de Morlaix, et dont quelques-unes sont de véritables chefs-d'œuvre dans leur genre. Nous citerons entre autres la chansonnette sur l'Epingle, *ar Spillen*, qui a eu beaucoup de vogue et de succès, et que nous avons entendu chanter plusieurs fois jusque dans ces dernières années. L'ancien curé de Pont-Croix, M. Le Roux, était le propre neveu du digne ecclésiastique dont nous parlons.

---

arts et du commerce de Bretagne, fondée par les États de Rennes du 6 décembre 1756, la première de ce genre qui ait existé en France. Elle comptait dans son sein l'évêque de Rennes, le duc de Rohan, le premier président du Parlement d'Armilly, l'intendant de Bretagne Le Bret, les présidents de Montbourches et de Montluc, le procureur général de la Chalotais, etc.

V

Pendant les huit années qui venaient de s'écouler l'œuvre avait subi quelques vicissitudes. Elle avait d'abord été fixée dans le palais des anciens évêques de Léon.

Ce palais se compose de deux ailes monumentales de même dimension, disposées en angle droit. La façade ouest porte la date de 1706, et a été construite sous l'épiscopat de Mgr de La Bourdonnaye ; la façade nord porte la date de 1750, et a été construite sous l'épiscopat de Mgr Gouyon de Vaudurant. Les deux corps de logis sont reliés par un escalier remarquable, qui rappelle en petit la *voûte plate* du vestibule de l'Hôtel-de-Ville d'Arles, et qui est aussi, toute proportion gardée, un véritable tour de force.

L'évêché de Léon supprimé, la municipalité d'alors vint s'y établir avec toute la morgue des parvenus ; on y déposa les effets séquestrés, les fourrages, les grains de réquisition. Ainsi transformée en décharge, la glorieuse demeure des Princes de l'Église devint à la fois un vil magasin, et le lieu de réunion des magistrats improvisés de la République.

Sous le premier Empire, elle recouvra quelque chose de son éclat disparu ; ses vastes bâtiments furent convertis en sénatorerie, en faveur du comte Cornudet, tenu de venir chaque hiver à Saint-Pôl pour y donner des fêtes. Ils furent repris sous la Restauration par l'Etat qui en donna la jouissance, pour une faible partie, à l'évêché de Quimper. En 1827, Mgr de Poulpiquet y installa les prêtres infirmes, au nombre de quatre, suivant la tradition locale. Les mêmes évènements de Juillet, qui firent le vide dans le collège de Léon si splendidement rebâti par Mgr de La Marche en 1788, chassèrent les vieux prêtres de leur asile. L'évêché, avec toutes ses dépendances, fut racheté par la commune, qui réunit là ses différents services, notamment la gendarmerie, casernée jusqu'alors au manoir de Bel-Air.

Il fallut chercher un autre refuge pour les vétérans du sacerdoce. On le trouva dans Keroulas, qui avait servi jusque là de petit séminaire comme aujourd'hui, mais qui fut déserté par les élèves à la suite d'une laïcisation en 1830. Les vieux prêtres s'y établirent le premier janvier 1831. Ils ne perdaient point à l'échange. Dans le palais épiscopal, ouvert à tout venant, siège de l'administration, centre des affaires et du mouvement officiel, sans jardin separé, sans clôture inviolable, ces bons vieillards n'étaient pas chez eux. Désormais, grâce aux soins attentifs de leur premier pasteur, ils possédaient un domicile propre, un parc fermé, des cours et des promenades réservées. Personne ne pouvait plus les troubler dans leurs saintes occupations, ni ravir à leurs derniers jours ce qui fait le principal charme d'un loisir péniblement acheté par une vie de travail et de dévouement, à savoir le calme, le silence et la paix.

Le nouveau séjour qui leur fut assigné était une ancienne prébende bâtie par Hamon Barbier (1), de la maison de Kerjean, chanoine de Léon et abbé de Saint-Mathieu en 1533, et dont le dernier bénéficier fut l'abbé de Keroulas, archidiacre de Léon et abbé commandataire de Saint-Maurice de Carnoët en 1780. C'est un édifice du XVIe siècle, aujourd'hui déparé par la construction d'une aile sans caractère, ajoutée depuis sa seconde transformation en succursale du collège.

Le changement de destination eut lieu en 1837, et les prêtres âgés et infirmes durent encore se retirer ailleurs. Le 30 janvier de la même année, M. Bohic, agissant au nom de Mgr de Poulpiquet, achetait de M. Yves Boexel, au prix de 16.000 francs, pour le compte du Séminaire diocésain, l'ancien manoir de Bel Air.

« Nulle part on ne pouvait être mieux » lisons-nous à la première page des registres de la maison.

I

CHAPITRE IV

LE CADRE OU PANORAMA

Nulle part, vraiment, on ne pourrait être mieux qu'à Bel-Air, pour satisfaire l'imagination la plus avide. Bel-Air est bâti à un kilomètre de la mer, sur une colline qui descend en pente douce vers le midi. On y jouit d'un coup d'œil ravissant. En

(1) Jules III, à la mort de cet Hamon, demanda si tous les abbés de Bretagne étaient morts le même jour, tant il avait à pourvoir de bénéfices vacants.

face et à droite, se déroulent dans un pittoresque désordre les maisons de Saint-Pôl, entremêlées d'arbres et de jardins ; à gauche, on aperçoit des campagnes luxuriantes et des grèves de toute beauté. C'est avec raison que Mgr Graveran, dans une lettre, adressée le 9 novembre 1841, à M. Bohic, donne constamment à Bel-Air le nom de Belle-Vue. Est-ce une défaillance de mémoire chez notre grand évêque breton ?

Nous croirons plutôt que cet homme éminent, ravi du spectacle qui s'offrait à ses yeux, n'aura voulu retenir d'un séjour à Bel-Air que le souvenir de son splendide panorama et de ses incomparables perspectives. Mgr Graveran n'était pas seulement un mathématicien consommé, un théologien de premier ordre, un habile administrateur, un homme de lettres, un orateur distingué ; il était encore un poète à ses heures, peintre par l'instinct et dans l'âme, un véritable artiste ; et souvent, dans ses courses pastorales, il faisait arrêter son carrosse pour contempler à loisir du haut des montagnes, soit les rivages accidentés des mers armoricaines, soit les vallons enchanteurs nonchalamment assis aux flancs d'Aré ou de Méné-Du. Pour lui, Bel-Air était surtout Belle-Vue. Qu'il soit l'un et l'autre pour les prêtres âgés et infirmes, qui s'abritent sous son toit hospitalier ! Qu'il soit d'abord pour eux cet air vivifiant et salubre qui fortifie leurs poumons, qui régénère leur sang appauvri, qui leur procure cette atmosphère tiède et bienfaisante, qui s'élève avec la brise, imprégnée de vapeurs salines, de la surface légèrement agitée du

Gulf-Stream ! Qu'ils respirent à pleine poitrine les senteurs de la bruyère et de l'ajonc fleuri, les émanations sucrées du blé noir, la douce haleine des bois, les parfums qui s'échappent d'un champ bien cultivé, les fortes exhalaisons du varech, tempérées par le zéphir de la plaine ! Mais qu'après avoir savouré ce mélange d'odeurs puissantes et bénignes, ils puissent aussi promener leurs regards attendris sur le tableau charmant et varié qu'ils ont devant eux ; et si leur vue, affaiblie par le travail du temps ou les fatigues du cabinet ne leur permet plus d'embrasser de vastes horizons, que du moins l'imagination y supplée, et qu'une description aussi exacte que possible celle que nous allons essayer, les transporte en esprit dans les lieux que leur œil est incapable d'atteindre.

Voici, autour de nous, la culture maraîchère la plus avancée peut être qui existe en France et dans tout l'univers. La campagne est divisée par des talus couronnés de genêts, en losanges, en triangles, en carrés, en parallélogrammes, en circonférences, en demi-cercles d'inégales dimensions. Chaque figure géométrique est un champ, où poussent à l'envi tous les légumes de la zône tempérée. On aperçoit de longues rangée d'artichauts, dont les têtes fourmillent parmi les pampres, plus nombreuses que les coquelicots au milieu des blés. Puis ce sont des plates-bandes de carottes et de navets, irrésistible tentation pour la jeunesse. A côté s'épanouissen les choux fleurs et les brocolis, dont le Prussien est si friand. Plus loin, vous voyez des plantations d'asperges, qui se cachent discrètement en hiver sous le sol fraîchement remué, qui ne montrent au printemps qu'une pousse craintive, bientôt coupée par l'avide laboureur, mais qui déploient. depuis la Saint-Jean d'été jusqu'à la Toussaint, une chevelure luxuriante, vraiment digne de parer les autels du Très Haut. A gauche, à droite, devant et derrière et dans tous les sens, des massifs de haricots grimpants, des charmilles de petits pois qui succombent sous leurs gousses trop pleines, des fourrés de rutabagas, de betteraves et de panais odorants, nourriture favorite du noble coursier. Voici maintenant une large ceinture de prairies où la vache bretonne vient puiser chaque jour les éléments de son lait, plus savoureux que celui qui coulait en Palestine. Au-delà, sont de vastes plateaux que la nature elle-même enrichit de ses dons les plus variés, et plus loin encore, des landes interminables qui se replient avec amour vers la féconde vallée de Morlaix-Landerneau, où s'abritent tant de chefs-d'œuvre de notre architecture chrétienne. Derrière enfin, se déroule, dans la profondeur des horizons brumeux, l'orgueilleuse chaîne de l'Aré. Sur sa croupe, au sein d'un nuage grisâtre souvent traversé par l'éclair, est assis le roi de nos montagnes, Roc'h-Trévézel, toujours morne, toujours triste, toujours larmoyant. Il attend, dit-on, le retour d'Arthur et le réveil de Merlin, et de ses deux yeux s'échappent sans cesse deux sources de pleurs, qui donnent naissance à nos deux principaux fleuves. Souvent le pâtre de Commana, pendant que ses troupeaux s'abreuvent à l'onde pure, confie tantôt à l'un, tantôt à l'autre de ces deux cours d'eau, une branche de fougère cueillie sur les flancs abrupts des rochers. La branche de fougère suit mille détours avant d'aller se perdre dans la mer. Comme elle, la rivière qui la porte salue dix clochers élégants, traverse vingt villages, se glisse le long des remparts ruinés de trente castels, et se jette, ou sous le nom d'Elorn, dans la rade de Brest fille de l'Océan, ou sous le nom de Jarlot dans celle de Morlaix, fille de la Manche. Mais là, ne s'arrête pas leur destinée. Sorties de la même mère, impatientes de se rejoindre, elle précipitent leur course à travers les flots, et viennent sous la protection de la terrible Iroise (1), se réunir pour ne plus se séparer, dans l'abîme sans fond au bord duquel rugit, nuit et jour, la blanche Cavale d'Ouessant.

III

Ceci nous rappelle que nous n'avons encore rien dit de la mer, et cependant la proximité de la mer constitue l'un des plus grands charmes de Bel-Air. Vue de ce paisible asile de la vieillesse et des infirmités, la baie de Morlaix se présente comme un lac de la Suisse, qui se joue au milieu des sinuosités du rivage, et que fermerait du

---

(1) Iroise, de ir et de waz, longue veine ou long courant.

côté du nord un immense bloc détaché des Alpes, le Champ-de-la-Rive. Mais veut-on jouir d'un spectacle plus grandiose ? Qu'on se rende au Champ-de-la-Rive. Le trajet n'est pas au-dessus des forces d'un vétéran du sacerdoce, quelque cassé qu'on le suppose par les rudes labeurs du ministère ecclésiastique. Une porte, pratiquée dans le mur de l'enclos de Bel-Air, conduit en dix minutes, par une route unie et directe, jusqu'au point culminant de la falaise. Quelle admirable succession de paysages se présente alors aux regards de l'observateur ! Sous ses pieds, le joli port de Pempoul, que le dernier évêque de Léon, le comte de la Marche, *Escop ar patatès* (1), devait reporter jusqu'à Saint-Pôl, en creusant une profonde tranchée par Gourvo, Kersaouté, Saint Pierre et la partie basse de la

(1) Ce glorieux surnom d'Escop ar patates, décerné à Mgr de la Marche par la reconnaissance populaire, a été mis en relief dans le magnifique discours de M. de Lescleuc, prononcé le jour de la translation à Saint-Pôl des restes du dernier évêque de Léon. *Escop ar Patatès* est sous une autre forme l'équivalent de *parmentière*, et le même motif qui a fait donner aux patates le nom de Parmentières, a fait donner aussi le nom d'*évêque des Patatès* au vulgarisateur des pommes de terre dans notre pays de Basse-Bretagne. Pendant que Parmentier plantait à Versailles ses premières pommes de terre, exactement la même année, Mgr de La Marche en plantait dans toute la contenance de son petit domaine de son Château-Gaillardin. Château-Gaillardin, est une vaste tourelle aujourd'hui restaurée et habitée par Monsieur Galvez, retraité du Commissariat de la Marine. Monseigneur de la Marche fit construire cette tourelle à un demi-kilomètre de la ville, sur un des points culminents de la péninsule. On y jouit d'une vue exceptionnelle. Notre évêque s'y retirait plusieurs jours de suite, pour y composer ses mandements et autres travaux. Quand il s'y rendait à pied de sa demeure épiscopale, les enfants, pour qui

rue Verderel. Plus loin, le magnifique parc de la Villeneuve, avec son manoir Louis XIII, où la légitime fierté des nobles châtelains conserve, parmi de nombreux portraits de famille, celui du maréchal de Guébriant, l'un des héros de la guerre de Trente-Ans. Plus loin encore, Kerlaudy, célèbre par son écho de longue haleine, et dont la remarquable avenue, qui mesure près d'un kilomètre, étend sa muraille de verdure depuis l'ancienne route de Morlaix jusqu'à la vieille chapelle de Saint-Yves. Aux abords de cette chapelle, se découvre le Passage-de-la-Corde, appelé jadis *Treiz-an-Ejen*, du même nom que le Bosphore hellénique.

De l'autre côté de l'estuaire de Pondéon, c'est Henvic, assise au bord de l'eau dans un nid de feuillage; c'est Carantec, avec son église si coquette, avec ses blanches villas, avec ses demeures féodales; c'est Notre-Dame de Callot, élevée au VIe siècle, en souvenir d'une victoire remportée par les Bretons sur les Danois de Corsolde, et qui ne cesse de protéger nos fils contre les mille dangers de la navigation; c'est cette langue de sables et de rochers que la

---

le prelat était d'une bonté charmante, le suivaient en criant : « Patates, autrou'n Escop ! » — Oui, mes bons amis, répondait-il, vous aurez des pommes de terre, mais à une condition, c'est que vous ne les mangerez pas cette année; vous les planterez dans vos champs et l'année prochaine vous pourrez vous en régaler à l'aise. » Grâce à cet homme éminent, le Léon fut une des premières contrées de France où la patate se naturalisa. Aujourd'hui du seul port de Roscoff, on en expédie pour des millions en Angleterre. L'Ile-de-Batz conserve religieusement l'espèce primitive sous le nom de *patatès an Escop*.

Manche étreint deux fois par jour de ses vagues écumeuses, et sépare momentanément du continent.

Mais quelle est cette presqu'île plus rapprochée de nous, qui s'avance couronnée d'arbres et tapissée de plantes nourricières, jusqu'au centre de la baie de Pempoul? C'est la presqu'île de Trégondern! Saluez avec respect, dans ces ruines éparses que l'œil distingue à peine, le berceau d'illustrissime et révérendissime Père en Dieu Mgr Jean-Gilles du Coëtlosquet, né au manoir de Kérigou-Trégondern, le 15 septembre 1700, baptisé en l'église cathédrale de St-Pôl-de-Léon, mort à Paris le 21 mars 1784. Cet homme, sort d'une race illustre, a su rehausser encore par ses propres mérites l'éclat de sa naissance; nous n'exagérons rien en affirmant qu'il a connu presque toutes les grandeurs de ce monde. Evêque de Limoges, de 1739 à 1758, abbé commendataire de Saint-Philibert de Tournus et et de Saint-Paul de Verdun, 1er aumônier de Monsieur, commandeur de l'ordre du Saint-Esprit, l'un des 40 de l'Académie Française, il ne manquait à sa gloire, comme à celle de Bossuet et de Fénelon, que l'honneur insigne du cardinalat. Mais si le chapeau rouge n'a point orné son front, il s'est assis, on peut le dire, à la suite de l'évêque de Meaux et de l'archevêque de Cambrai, sur les marches du plus auguste trône de l'univers, pour préparer à sa patrie des monarques dignes d'elle. Quatre petits-fils de France ont été ses élèves, le duc de Bourgogne, le duc de Berry, le comte de Provence et le comte d'Artois; les trois derniers ont porté tour à tour la couronne fleurdelisée; l'un d'eux, Louis XVI, y a su joindre l'auréole du martyre. Un Breton avait formé ces princes à l'art difficile de régner; il convenait aux Bretons de combattre et de mourir dans les rangs de la Chouannerie pour les mêmes Bourbons dont leur compatriote avait été le précepteur.

Près du manoir délabré de Kérigou-Trégondern, la tourmente révolutionnaire a laissé debout le sanctuaire modeste de Saint-Jean. Tout à l'entour s'élèvent des métairies nombreuses qui ont eu leurs jours de splendeur, quand des chevaliers dont l'histoire a conservé les noms y faisaient leur séjour. Vis-à-vis est Ste-Anne, qu'un cordon de galets rattache à la terre ferme, et dont les deux bras s'étendent à gauche et à droite, comme pour embrasser la mer dans d'amoureuses étreintes. Son front est orné d'une corne gigantesque, la Roche-du-Guet, sentinelle avancée dans les flots, naguère armée de puissants canons qui répondaient par leurs grondements sinistres aux sourds mugissements du Taureau. Car le Taureau est là, tel que l'a fait construire François 1er, tel que Vauban l'a fortifié, le monstrueux Taureau, prison politique, cachot de La Chalotais. Mais le Taureau ne mugit plus : il dort au bruit des houles et ne se réveillera jamais. Il s'est couché dans la tombe de l'éternel silence, depuis que Blanqui, l'incorrigible agitateur, l'a foulé de son pied rougi par le sang du peuple. Le sabot du coursier d'Attila produisait aussi de semblables prodiges de destruction.

Plus loin que Callot, plus loin que le Taureau, se mirent dans l'incomparable baie de Morlaix les rochers sauvages de Primel et les délicieuses campagnes de Plouézoc'h. C'est encore une nouvelle presqu'île, qui se découpe dans l'azur de l'Océan, et qui, au-delà de Plougasnou et de Saint-Jean-du-Doigt, illustré par les pèlerinages de la bonne duchesse Anne, laisse apercevoir dans les lointains brumeux, la côte de Lannion et le groupe harmonieux des Sept-Iles. On ne peut rêver un spectacle à la fois plus grandiose et plus gracieux, plus imposant et plus enchanteur. A votre gauche, une ligne de grèves sablonneuses, de criques entourées par des brisants, d'abruptes falaises, d'anfractuosités tortueuses, aboutissant au promontoire de Sainte-Barbe. Devant vous, des colosses de granit, dispersés comme au hasard sur la vaste étendue, et au loin, la mer sans limite. Sur la droite, tous ces caps allongés, dont nous avons parlé, qui pénètrent comme de formidables coins dans les flancs tourmentés de la Manche. Que, par une belle matinée de septembre, aux jours des grandes marées d'équinoxe, à l'heure où le soleil s'allume comme un volcan sur l'horizon, une âme sensible aux beautés de la nature soit mise en contemplation devant ce panorama. L'illusion sera complète ; elle se croira transportée sur les bords de la mer Etrusque, si souvent chantée par les poètes, si vantée encore par les voyageurs modernes. C'est la baie de Naples, sans le Vésuve !!! Ou plutôt le Vésuve est là ! Le Vésuve, c'est le fier Titan, qui bondit dans l'espace, tout ruisselant des pleurs de l'Aurore : il monte sur son char de feu, ses vigoureux coursiers font jaillir l'étincelle sous leur sabot rapide : la couche qu'il a quittée, tendue de nuages vermeils, jonchée de chrysanthèmes et de roses, s'embrase de mille couleurs éclatantes : des gerbes lumineuses jaillissent dans tous les sens ; l'orient est de flammes. Locquirec devient le centre d'un immense brasier ; mais, plus heureuse qu'Herculanum et Pompéï, elle n'a rien à craindre de ces ardeurs matinales. La cendre, qui voltige avec le vent dans l'atmosphère incandescente, n'est autre chose qu'une brume légère qui va tomber bientôt en gouttelettes imperceptibles sur le gazon des prés : ces rouges draperies s'écouleront en fleuves de rubis dans le sein des flots ; cet or liquide se fondra graduellement dans la moire blanchâtre des cieux ; ces teintes nuancées disparaîtront peu à peu, et le volcan s'éteindra sans avoir inondé de ses laves les bourgades voisines. Mais demain, le même spectacle s'offrira aux regards émerveillés du poète et de l'artiste ; il viendra l'admirer encore, et ne se lassera jamais de l'admirer.

IV

Quand la mer est basse, le coup d'œil change.— La baie de Pempoul devient un vaste cirque de sables grisâtres ; Callot cesse d'être une île, et donne la main à Carantec ; les différents promontoires qui tout à l'heure paraissaient se balancer dans les eaux, ressemblent maintenant à des monstres marins échoués, que le reflux aurait abandonnés sur le rivage ; le chenal de Pondéon se déroule comme un serpent argenté au milieu des algues vertes. La rade de Morlaix n'est jamais à sec ; mais elle se rétrécit sensiblement, sa profondeur diminue, son niveau s'abaisse, et le Taureau se découvre en partie. Des rochers qu'on n'avait point vus jusqu'alors émergent du gouffre, et ceux que la vague ne recouvre jamais prennent des proportions inattendues. C'est l'heure où une population d'infatigables travailleurs, appartenant à tous les âges et à tous les sexes, se répand sur la grève. Les uns recueillent avec avidité cette huître savoureuse, qui le dispute à celle de Cancale et d'Ostende. Les autres fouillent sur le sol humide pour y prendre le lançon ou pour y découvrir la palourde. Ceux-ci, armés d'avanceaux, poursuivent la crevette, qui cherche en vain à se dissimuler sous les herbiers ; ceux-là détachent le bernique, le bigorneau pointu, l'appétissant ormeau ; quelques-uns, s'aventurant dans des lieux presque inaccessibles, soulèvent avec effort, de leurs bâtons noueux, des quartiers de roches, où ils ils espèrent atteindre le congre, arracher de ses retraites la gluante morgate, ou saisir le jeune homard et la timide langouste qui deviendront par la cuisson, pour de nouveaux

Janins, *le fameux cardinal des mers.* Le laboureur lui-même quitte momentanément sa bêche et son rateau pour se rendre à la plage; on le voit, dans l'eau jusqu'aux épaules, trancher à grand coups de faucilles le varech qui doit engraisser ses sillons, tandis que sa femme et ses enfants, d'énormes crocs dans les mains, traînent péniblement sur le bord ce qu'il a moissonné, ou recueillent le goëmon d'épave que la mer a vomi de son sein.

Les hommes de Roscoff, livrés aux mêmes occupations, fraternisent sous la pointe de Sainte-Barbe avec les hommes de Saint-Pôl; et ceux-ci, descendus à des distances incroyables, aperçoivent de nouveaux horizons : L'Ile-de Batz et son phare intermittent, Roscoff où l'anglais s'approvisionne de pommes de terre et d'oignons, et le donjon Saint-Ninian, construit par Marie Stuart, Perhéridi, la digue de Kerestat, les dunes de Santec, les bois de Merret, Siec, tour-à-tour prisonnier des sables et des flots, l'immense hippodrome naturel où les chevaux du Léon viennent disputer le prix de la course, Kerrélec et sa rivière si funeste aux baigneurs, Plougoulm, Sibiril avec son château féodal de Kérouzéré, Cléder, Plouescat, le Kornic!!!!

Pendant que ce monde s'agite dans le vaste lit de l'Océan, un artiste breton, « *Yan' Dargent*, les épie des hauteurs de Créach-André. C'est-là, dans une situation unique qu'un peintre seul pouvait choisir, qu'il a placé son laboratoire ; c'est de là que partent chaque année pour le salon des Marines admirables, qui expliquent chez le Parisien le désir insensé de doter sa ville natale d'un prétendu port de mer. En dépit des millions de la France, la capitale pourra-t-elle jamais rivaliser avec nos hâvres armoricains ? Promenez vos regards dans toutes les directions, aussi loin que l'œil peut atteindre : Voilà cent barques légères, qui décrivent mille arabesques sur l'élément liquide ; voilà des navires de fort tonnage, qui vont et viennent échanger les marchandises de l'univers ; voilà le colossal paquebot, qui remonte vers le nord, ou s'élance jusqu'en Amérique pour y chercher les produits de l'Equateur ; voilà l'escadre de Cherbourg ou de Brest, qui passe au large dans un nuage de fumée. La scène se renouvelle à toute heure, à tout instant. Des troupes d'oiseaux aquatiques voltigent çà et là, déchirant l'air de leurs cris stridents. Ils plongent sous l'abîme pour y saisir leur proie, ils s'élèvent jusqu'aux cieux en chantant la providence qui les nourrit. Tantôt vous les voyez s'enfuir d'une aile rapide dans l'espace infini ; tantôt vous les voyez reparaître peu-à-peu sur les confins de l'immensité, comme des créatures qui sortiraient du néant.

V

On se détache toujours à regret de ce mobile et vivant panorama. Mais le soleil va terminer sa course; il est temps de quitter le *Champ fleuri de la Rive*. Alors, en se retournant, quel nouveau spectacle se présente à la vue! Saint-Pôl se montre dans toute la splendeur de ses monuments religieux, avec les clochers de Saint-Joseph et de Saint-Pierre, les tours de la cathédrale, la cathédrale elle-même et l'incomparable flèche du Creisker. Qu'on me permette de parler de ce dernier chef-d'œuvre, ou plutôt de cette merveille. A ce moment le soleil, se couchant derrière sa dentelle de granit, l'embrase de mille feux; le monument aérien est comme environné de fines tentures, tissues d'or et de soie. En tout temps, et sous tous les aspects, *c'est un vrai coup d'audace* aux yeux de l'architecte, suivant l'énergique expression de Vauban; pour le chrétien contemplatif, *c'est un sûrsum corda*, ainsi que nous l'avons entendu dire au P. Lavigne, une élévation sur les mystères, une prière empennée, qui pénètre dans les régions du surnaturel; mais de ces sommets, à cette heure où les chaudes vapeurs d'un jour qui tombe, l'entourent d'une atmosphère rayonnante, il ressemble à un immense feu de joie qui s'élèverait jusqu'au ciel. Bientôt on verra briller les étoiles à travers ses élégantes découpures : bientôt la lune, gravissant lentement les degrés du zénith viendra le couronner d'un diadème d'argent; et si la lune lui dérobe sa lumière, il sera comme la colonne centrale, qui supporte la vaste coupole de l'univers. Mais, que le vent commence à souffler en tempête, que l'ouragan balaye devant lui les nuages, ainsi qu'une poussière des chemins, il se balancera dans les airs avec la majestueuse souplesse du palmier d'Arabie. Ne craignez pas qu'il s'écroule; dans ses plus grands écarts, il conservera l'équilibre. On serait tenté de croire qu'une âme réside dans ses nervures de pierre, unissant et vivifiant toutes les parties de l'édifice, et ne faisant qu'un seul corps, sans suture, des différents matériaux qui entrent dans sa composition. La tour de Pise est penchée, que les Italiens l'admirent; mais la tour de Pise ne redressera jamais sa taille. Telle qu'une fée du moyen-âge, qui a laissé choir son bâton de vieillesse, et le cherche à terre d'un œil inquiet; telle que ces êtres difformes dont le poids des années a courbé le dos; telle enfin que ces squelettes contournés, décharnés, repliés sur eux-mêmes, qui subissent déjà l'irrésistible attraction du sépulcre; la tour de Pise se tient péniblement en suspens au-dessus de l'abîme qui doit l'engloutir, tandis que le Creisker se meut avec aisance dans l'espace. C'est un pendule renversé, dont les oscillations isochrones atteignent une amplitude vertigineuse. Après s'être joué de l'orage, après avoir bravé les efforts de l'Aquilon et reçu sans sourciller les décharges de la foudre, il reprendra son aplomb, et des volées de corneilles recommenceront, autour de ses guérites légères, leurs joyeux ébats de chaque jour.

Ce géant ne vieillit pas : des siècles ont passé sur sa cime sans y laisser de traces; ni rides, fini ssures ne déparent son front; il puise, serait-on tenté de croire, dans le sol fécond de Saint-Pôl, une sève toujours nouvelle, qui l'entretient dans une éternelle jeunesse. On dirait même qu'il pousse, qu'il grandit, qu'il germe à son sommet, sans rien perdre de ses sveltes proportions. Quelquefois, il se revêt de blanc comme pour une fête intime. La nuit a été sombre, un épais rideau a dérobé la vue du firmament : les vents ont retenu leur soufle; et pendant des heures entières d'une obscurité hyperboréenne, l'hiver a secoué son manteau de frimas sur la terre inerte; la neige, tombant à flocons pressés des régions glaciales de l'air, et repandue en couches égales, a recouvert d'une housse moelleuse toute la campagne.

La nature se réveille alors en même temps que le soleil ; la sinistre armée des ténèbres fuit en désordre, pêle mêle avec les nuages, vers les portes entr'ouvertes de l'Occident, et la voûte céleste se déploie comme une tente d'azur au-dessus de nos têtes. Quelle est cette vierge, revêtue d'une parure resplendissante, qui se dresse dans toute la majesté gracieuse de sa taille, dont les pieds reposent sur un large tapis de lys effeuillés? Sa robe ruisselle de diamants, son voile est fait du lin le plus pur, et la toison immaculée de l'hermine forme autour d'elle une ample ceinture. C'est sans doute une fiancée que son heureux époux va conduire à l'autel nuptial? C'est peut-être une enfant revêtue de son innocence baptismale, qui s'apprête à s'asseoir pour la première fois au banquet de l'Agneau? Ou bien, c'est une fille de la charité catholique, qui a résolu dans son âme de jurer un éternel amour au Christ, qu'elle a choisi pour son héritage?... Non, c'est mieux que tout cela; c'est la Reine des Anges et des Saints, c'est Notre Dame de Creisker, c'est la divine Marie, symbolisée par le génie des hommes, et rendue plus belle encore par les présents spontanés d'une rude température. L'éclat du jour croissant pourra lui ravir ses ornements éphémères; mais elle restera toujours là, pleine de charmes et de sourires, bénissant les générations successives qui viendront à son ombre tutélaire, sous des maîtres d'élite, puiser les eaux vivifiantes de la science dans la fontaine intarissable du collège de Léon.

Éclipsez-vous, Lambader et Plouvorn; éclipsez-vous, Plouénan, Plounéour et Guiclan; éclipsez-vous, riche minaret de Roscoff, avec vos dômes superposés! Ou plutôt, saluez votre souveraine et joignez votre tribut d'hommages aux hymnes qu'on chante partout à son honneur. Le marin sur les flots, le laboureur dans les champs, regarde le Creisker et s'incline.

Le voyageur qui s'éloigne sur l'aile de la vapeur, les yeux fixés sur l'idéale vision, la contemple des dernières limites de l'horizon, et croit l'apercevoir encore par-dessus les crêtes lointaines de la montagne d'Aré. Les bois de Kerrom, les sapins de Keruzoret, les mille bosquets répandus sur les côteaux et dans la plaine, les arbres solitaires, secouent leur feuillage en signe d'admiration. On dit même que les morts, couchés depuis des siècles sous le gazon béni de Saint-Pierre, se soulèvent la nuit dans leur tombe, et, semblables à des flammes phosphorescentes. voltigent autour du monument sacré. Le prêtre vénérable, que n'a point visité le sommeil, les considère de son asile de Saint-Joseph, et consolé par ces suaves apparitions, il attend sans impatience le retour de la lumière, qui lui permettra de goûter encore les merveilleux objets dont il a joui la veille. Toutes ces beautés de la nature ou de l'art lui appartiennent en propre : il les touche, il les sent; elles forment son apanage, et ne paraissent réunies dans ce coin fortuné de l'univers, que pour embellir son dernier séjour. Les autres mortels vont et viennent, ne s'arrêtant nulle part dans leur course inquiète; mais lui, il a jeté l'ancre dans le port de son repos, il a trouvé le calme après la tempête, il a atteint le but si laborieusement cherché. Puissent ces quelques pages lui rendre plus chère encore la demeure hospitalière où l'Eglise l'a recueilli! C'est le plus vif désir de l'évêque compatissant qui préside aux destinées du diocèse. Ce pasteur zélé a parcouru les provinces germaniques pour assurer contre les hasards de l'avenir la sépulture de nos glorieux soldats; il ne peut trouver mal qu'on travaille avec lui à rendre de plus en plus riant, de plus en plus enviable, le sort des débris du sacerdoce. Du milieu des affaires compliquées qui réclament à tout instant son attention, son cœur est toujours avec nous : il a déjà beaucoup fait pour cette maison de retraite, il fera plus encore avec le temps; et sa grande âme bénira, sans nul doute, ces faibles efforts, qui tendent au même résultat que les siens. Animé par cette espérance, je vais poursuivre la tâche commencée, et, quittant les sphères nuageuses de la poésie, pénétrer de nouveau dans le domaine plus positif de l'histoire.

CHAPITRE V

LES ENCLAVES DE BEL-AIR

I

Quand le séminaire acheta Bel-air de Monsieur Boëxël, il faisait partie d'un vaste carré long, légèrement irrégulier, clos de murailles dans tout son développement. Ce quadrilatère prend à l'ouest la longueur entière de la rue de la Psallette, se relève au nord avec la maison Sou, court dans la direction de l'orient sur une étendue considérable du chemin de la Rive, incline au midi l'espace de 20 ou 30 mètres, fait un angle rentrant dont l'ouverture est tournée vers Pempoul, et joint ensuite la route du Vézen-Dan qui l'accompagne jusqu'à sa jonction avec la rue de la Psallette. Dans cette vaste enceinte, il y a plusieurs enclaves, les unes assez considérables, les autres moins importantes, qui paraissent avoir fait partie du domaine primitif, et dont quelques-unes ont été successivement recouvrées par les soins du diocèse. Nous croyons devoir nous y arrêter un instant.

II

La maison Sou se présente la première. Cette construction bizarre, originale, capricieuse, ornée de gargouilles et d'autres motifs d'architecture, conronnée enfin d'un orgueilleux chaperon pointu qui semble défier les clochers de Saint-Pol, et voulut même, dit-on, dérober aux seigneurs de Bel-Air, ou à l'évêque leur hôte momentané, la vue de la cathédrale et des tours, est l'œuvre réellement belle et presque magnifique d'Olivier Richard, chanoine de Léon, mort en 1539, et inhumé dans la chapelle de Toussaints, aujourd'hui Saint-Joseph, où son tombeau se voit encore du côté de l'épître.

Richard est une illustration de notre pays. Il a reçu le titre de *docteur profond*, comme Saint Thomas celui d'*Angélique*, et Scott, celui de *subtil*. Doué d'un talent merveilleux pour inculquer à la jeunesse les principes de toutes les sciences, *omnium disciplinarnm mirabilis professor*, il obtint, après avoir occupé différentes chaires dans la carrière de l'enseignement, les distinctions les plus flatteuses et les postes les plus enviés. On le voit tour à tour à la tête de l'archidiaconné d'Ack, chanoine de Léon et de Nantes, conseiller au parlement de Bretagne, vicaire général de l'évêque de

Nantes. Son frère François, prêtre comme lui, et comme lui membre des chapitres de Nantes et de Léon, lui survécut de quelques années, et fit déposer honorablement sa dépouille mortelle sous les voûtes de la cathédrale de Saint-Pôl. Olivier Richard était presque septuagénaire, quand il mourut plein de mérite, *meritissimus.*

III

L'édifice qu'il nous a légué, la maison Son actuelle, plus remarquable encore à l'intérieur qu'au dehors, servit longtemps de prébende au Grand-Chantre de Léon, premier dignitaire du Chapitre (1) ; Le dernier titulaire de ce bénéfice fut l'abbé de Troërin, chanoine de Léon, en 1780. Les constructions donnent d'un côté sur la place du Petit-Cloître, et d'un autre côté sur la rue du même nom, qui aboutit à la principale entrée de Bel-air. La plrce du Petit-Cloître est ainsi appelée, parce qu'elle a succédé au cloître, qui, anciennement, était annexé à notre cathédrale de Saint-Pol, comme c'était la coutume pour toutes les églises épiscopales. Elle formait la cour centrale et commune des maisons où logeaient les chanoines, lorsqu'elles n'étaient pas encore disséminées en ville. L'une de ces maisons, avancée plus à l'est vers le Champ de-la-Rive, devait être celle du théologal ; car les débris d'une croix, en face la porte de la chapelle Saint-Joseph, et le champ contre lequel elle

(1) Cette prébende s'appelait Richardine, du nom de son fondateur.

gisait, portaient dans notre jeunesse le nom de Croaz et Park-an-Théologal.

IV

Vis-à-vis de cette croix et de cet enclos, cerné par une maçonnerie récente, on pouvait voir encore il y a un demi-siècle. trois autres demeures de modeste apparence, encastrées dans le mur d'enceinte de Bel-Air. Les deux premières, situées en contre bas de la rue, étaient occupées par des ouvriers ; elles furent achetées par M. Rozec, alors supérieur des vieux prêtres, démolies et remplacées par une écurie, des étables, une soue à porc, un poulailler, un trou à lapins, un hangar et un grenier à fourrages. La troisième qui se trouvait un peu plus haut, fut acquise également, mais sous M. Bohic, partie aux frais de la ville, partie aux frais du séminaire ; sur son emplacement, s'élèvent aujourd'hui le clocher de Saint-Joseph et la portion afférente de la chapelle. Les cheminées monumentales du pignon sont toujours debout.

Cette maison avait servi jusque là d'école ou de salle d'asile pour les enfants des deux sexes, au-dessous de sept ans. La Directrice de l'établissement était Mademoiselle de Kersaint-Gilly, supérieure actuelle de la Providence ; sa mère était une Bédée fille des deux honorables époux Bédée, dont le nom avait été donné, suivant un usage assez fréquent parmi nous, à l'habitation même où s'était écoulée leur paisible existence.

V

Plus loin que l'emplacement de la maison Bédée, mais faisant suite à celle-ci, il y a deux autres maisons, agrémentées d'un jardin, qui font partie naturelle de Bel-Air. Malheureusement le diocèse manqua l'occasion de les acheter, lorsque, il y a trente ans, l'abbé Guéguen les quitta pour aller s'établir à Vézen-Dan.

Cet abbé Guéguen n'était pas un homme ordinaire. Doué d'une verve gauloise intarissable, il produisait en chaire un effet puissant sur les auditoires bretons. Tout parlait en lui, les yeux, les gestes, l'attitude; c'est surtout par l'action oratoire qu'il dominait les assemblées chrétiennes. Sa carrière eût été plus brillante, s'il avait pu discipliner son intelligence et se dépouiller davantage des rugosités d'une nature trop primitive. Il faut ajouter que sa piquante jovialité lui a fait tort auprès de bien des gens. L'ironie la plus fine ne plaît guère à ceux qui en sont atteints, et la chose qu'on pardonne en dernier lieu, c'est la royauté de l'esprit. Rien d'étonnant que son intempérance de langue, sa bonhomie provocatrice, lui ait attiré des désagréments. Il dut abandonner momentanément son diocèse et se retirer dans celui d'Angers.

A son retour, il ouvrit dans ses deux maisons de Bel-Air un pensionnat de jeunes gens qui suivaient les classes du collège. Un de ses anciens élèves s'appelle Jean-Marie Le Jacq, aujourd'hui oblat de Marie et missionnaire. Ce sujet distingué nous en rappelle un autre qu'il pourra difficilement égaler, qu'il ne surpassera jamais.

Pendant le cours de ses études, celui que le peuple a surnommé, plus tard, *An Escop-Guen*, a pris ses repas et son logement dans l'habitation contigüe, appelée jusqu'à nos jours le manoir des Salles, *Maner ar Salou*.

VI

C'est encore une enclave de Bel-Air, et la plus considérable, puisqu'elle embrassait avec ses dépendances toute la partie orientale du quadrilatère dont nous suivons les contours (1). De ce parc, aussi étendu que celui de Bel-Air, on a distrait d'abord le courtil insignifiant et le modeste réduit occupés jadis par la famille Robinet de la Touraille, ensuite le grand jardin de Mme de Léseleuc, une demoiselle Balc'h, de Landivisiau, femme d'un cousin germain de feu l'évêque d'Autun, officier dans la marine française. Ce qui restait du manoir des Salles après cette mutilation, à savoir l'espace actuellement consacré au Cercle catholique d'ouvriers, est devenu en partie la propriété du diocèse de Quimper. Cette acquisition eut lieu du temps

(1) Le manoir des Salles, provenant de la fabrique de Sibiril, a été vendu le 3 brumaire an VI à la citoyenne Anne Terrien, veuve Bainville, demeurant à Quimper. Il en existe un procès-verbal d'estimation du 2 Thermidor, an V, aux archives du Finistère.

de M. Bohic. Sous le même supérieur, on avait déjà acheté, pour s'arrondir, un bout de fossé, 25 ares de prairie, et le belvédère Jagu, ainsi appelé du nom de celui qui en avait alors la jouissance (1).

L'enclos des Salles ne consiste aujourd'hui qu'en deux ou trois pièces livrées à la culture, mais les bâtiments subsistent. Ils forment avec le mur extérieur de clôture un carré parfait, au milieu duquel est la cour d'honneur. Une faible portion des édifices de derrière sert de logement au gardien du Cercle catholique.

Ainsi, non-seulement le parc est fortement entamé, mais les constructions elles-mêmes commencent à passer en d'autres mains. Si le séminaire avait eu des ressources disponibles à une époque assez rapprochée de nous (1865-1868), le domaine des Salles serait rentré en bloc dans celui de Bel-Air, avec lequel il faisait corps autrefois, et dont il n'avait été séparé postérieurement que par un partage de famille. Les Kergus avaient été les possesseurs de l'un et de l'autre, jusqu'aux premières années du dernier siécle, preuve évidente qu'ils étaient le résultat d'un démembrement. La branche, qui détenait les Salles, vendit alors ce manoir à Marguerite

(1) Ce belvédère Jagu n'a point été acheté en réalité; il a été démoli pour une somme de 250 francs. Comme il dominait les jardins des Vieux-Prêtres, on a dû payer en 1857, l'extinction d'une servitude désagréable, à ce prix fabuleux. Son emplacement n'est pas compris dans nos dépendances, mais dans celles de Mme Le Bihan, au manoir des Salles. La propriété de Mme Le Bihan vient d'être vendue à M. Jules Paul au prix de 14,000 francs.

de Bréhant, femme d'Yves du Poulpry baron de Kérouzéré. Marguerite de Bréhant mourut en 1713 à St-Pôl où elle est enterrée dans la cathédrale, et légua sa propriété à une demoiselle du Poulpry de Kerillès, cousine de son mari.

Au sortir de la Révolution, nous voyons s'établir dans la maison des Salles. M. Robinet de la Touraille, bientôt suivi de M. Macé de La Robinais, né à Rennes, et mort à Saint-Pôl, où il exerça des fonctions municipales.

Le successeur de M. Macé fut Hamon Quéméner, le chef d'un pensionnat florissant pour le compte du collège. Il n'était connu que sous le sobriquet bizarre de *le coq*, sans doute parce qu'il servait de réveil-matin à la jeunesse studieuse qu'il avait accueillie sous son toit. Les élèves ne manquaient jamais en passant dans le voisinage, d'imiter le long cri du Chanteclair de Ronsard, et lui, ne manquait pas à son tour de les poursuivre de ses menaces. Un jour, le digne principal, M. Montfort, eut occasion de lui écrire une lettre; pour plus de sûreté il mit sur l'adresse : à M. Quéméner, *dit le coq*. L'ombrageux Quéméner saisit aussitôt sa bonne plume, et d'une main tremblante d'indignation, il traça en gros caractère sur le dos de sa réponse : à M. Montfort, *dit le magot*. C'était le surnom peu flatteur dont les collégiens avaient gratifié leur supérieur.

VII

Il ne reste plus à parler que de la Psallette (1), car le four qui a pris l'encognure méridionale de Bel-Air, et les trois ou quatre maisonnettes dont il est flanqué, méritent à peine une simple mention. Il n'en est pas de même de la Psallette, qui a donné son nom à la petite ruelle comprise entre Vézen-Dan et le Petit-Cloître.

Personne n'ignore ce qu'on entendait autrefois par psallette, du latin psallere. C'était un établissement destiné à former des chanteurs pour la maitrise de la cathédrale. On y réunissait un nombre plus ou moins considérable d'enfants, chez lesquels on avait remarqué un bel organe et des dispositions pour la musique. Ils y recevaient, avec la nourriture et le logement, une instruction primaire assez développée ; et si l'on découvrait en eux une aptitude pour la littérature et les sciences, il n'était pas rare qu'on les fit passer des bancs du chœur aux bancs du petit-séminaire. Plusieurs ont laissé des traces de leur espièglerie sur les stalles qu'ils avaient occupées dans l'église. S'ils s'étaient contentés d'y graver leur nom, on pourrait les excuser plus facilement ; mais ils ont mutilé plusieurs

---

(1) La Psallette et une autre maison en dépendant, provenant de la fabrique de Saint-Pôl, ont été adjugées le 25 germinal an VII, au citoyen Bellet, faisant pour le citoyen Tréverret de Quimper. Il n'existe pas de procès-verbaux d'expertise pour ces deux maisons. (Archives du Finistère).

des statuettes et des figures fantastiques qui ornent les accoudoirs, coupant un nez, un bras, une jambe, une oreille, sans se douter qu'ils s'attaquaient à des chefs-d'œuvre.

La Psallette de Léon avait des possessions territoriales, comme la plupart des fondations religieuses de l'époque : entre autres une prairie que l'on peut voir au nord-est de Coadic-Per, tirant vers Kersaouté ; il en est souvent question dans l'inventaire des afféagements du Minihy, dressé par les ordres de Mgr de La Marche. Les bâtiments se composaient de trois corps de logis qui subsistent encore, la maison actuelle des Sœurs, la maison Mouchet et la maison dite de la Porte.

La maison Mouchet est la seule qui n'ait pas encore été absorbée par Bel-Air ; son nom lui vient de M. Pierre-César Mouchet, receveur des contributions indirectes, qui y a longtemps habité avec sa femme Marie-Joséphine Homon-Kerdaniel. Il suffit de la regarder du dehors pour s'apercevoir qu'elle a un certain cachet, et il suffit d'y entrer pour reconnaître à sa tourelle, à ses bénitiers pratiqués dans la muraille, à sa distribution intérieure, qu'elle avait une destination toute spéciale. Quatre ménages l'occupent aujourd'hui ; demain il n'y en aura qu'un seul, mais ce seul ménage sera de trop. On nous assure, en effet, qu'un fabricant de chandelles va s'y établir ; il empestera tout le quartier de l'odeur de son suif et sera particulièrement gênant pour les vieux hôtes de

Bel-Air. En achetant cette maison quand elle fut mise en vente, il y a quelques années, on aurait paré à bien des inconvénients, on aurait aussi du même coup rendu plus convenable le logement des Filles de Saint-Vincent-de-Paul (1). L'occasion n'a pas été saisie au passage ; il faudra nécessairement la faire naître un jour avec de plus grands déboursés pour la caisse du séminaire.

En attendant, les sœurs sont confinées dans une décharge aussi bien appropriée que possible à sa destination présente. C'est ce lieu de décharge, ce couvent provisoire, qui porte à lui seul dans le public, au détriment du reste, la dénomination de Psallette. M. Bohic en avait fait l'acquisition dès l'origine ; il acheta en même temps la maison de La Porte, qu'on appelle aussi quelquefois le Portail (2). Incli-

---

(1) La maison Mouchet (ou plutôt les dépendances) a une porte qui donne sur la partie de la cour de Bel-Air constituant autrefois l'une des deux cours de la Psallette ou maison actuelle des sœurs. Le sieur Balanant, alors propriétaire ou locataire de la maison Mouchet, s'arrogeait un droit de passage par cette porte, pour introduire des échelles dans sa propre cour. M. Ollivier protesta le 4 Juillet 1863, s'appuyant sur un contrat passé à ce sujet, par actes de 1826 et 1828, entre M. Mouchet et Mme de Lésêleuc, grand'mère de l'évêque, ancien propriétaire de la Psallette.

La maison Mouchet était habitée au commencement de ce siècle par le vénérable M. Lozac'h, qui tenait un petit externat pour le compte du Collège de Leon. Plusieurs notabilités du Finistère y ont pris leur pension pendant leurs études, entr'autres, M. Huon de Kermadec et M. Peyron, de Quimperlé, père de M. le chanoine Peyron, l'archiviste et érudit de l'Evêché de Quimper.

(2) A partir de ce moment, l'entrée à Bel-Air, qui avait lieu jusque là par la rue du Champ-de-la-Rive, se fit par le Portail.

nons-nous avec respect : voici le berceau d'une des gloires de Saint-Pôl, Mgr de Léséleuc de Kerouara, évêque d'Autun, Châlons et Macon.

CHAPITRE VI

MONSEIGNEUR DE LÉSÉLEUC (1)

I

Celui qui devait mourir dans un palais Léopold-René de Léséleuc de Kerouara, naquit le 29 juin 1814, dans une simple masure. Quel autre nom donner à un étage suspendu au-dessus d'une porte cochère, resserrée entre un plancher vermoulu et un plafond en torchis, où l'on accède péniblement par un escalier extérieur ? Là rien ne frappe l'imagination, si

(1) Léséleuc s'écrivait et se prononçait au siècle dernier Léserec (voir les archives de Saint-Pôl) ; aujourd'hui encore, à Saint-Pôl on dit Léserec et non point Léséleuc. Léséleuc n'est d'ailleurs qu'une corruption de Léserec. On aura changé *ec* en *euc* comme dans Thymadec, dont on a fait Thymadeuc. Il y a depuis quelques années chez les bretons, une tendance fâcheuse à transformer en *eu* les *e* fermés. Pour *en*, *den* on met *eun*, *d'n*, pour *barner*, *barneur*, et ainsi de suite. C'est l'avachissement de la langue. La lettre *r* de Léserec a été remplacée par *l*, Léséleuc, en vertu d'un procédé assez en usage dans les cantons de Pont-l'Abbé et de Plougastel-Saint-Germain, que M. de Léséleuc lui-même appelait la Phénicie de la Cornouailles. Phénicie vraiment, si l'on considère surtout la coiffure. Cette coiffure rappelle, à s'y méprendre, les insignes que portaient les femmes aux Mystères de Cybèle ou d'Astarté.
Léserec vient de *lez* ou *lech* (palais ou lieu), *érec* ou *aërec* (fertile en serpents). C'est un synonyme de Kernaerel, Ker an Aëret, repaire des serpents.

ce n'est l'aspect du dénument le plus complet. Point de cheminées monumentales, point de poutres sculptées, point de boiseries artistiques. Des fenêtres sans style et sans ornements ne laissent pénétrer qu'un jour douteux; des murailles inflexibles et hautaines arrêtent partout le regard, brisant la vue, interceptant le passage de l'air. C'est à peine si l'on réussit, par une petite lucarne, à découvrir un ou deux contreforts de la cathédrale. Saint Siméon Stylite, du haut de sa colonne, apercevait au moins le désert ; de ce réduit obscur on ne voit rien. Ce n'est pas une demeure pour des hommes ; c'est moins qu'une caverne, c'est un véritable cachot.

Mais le jeune Léopold-René n'y restera point prisonnier. Son père était percepteur à Saint-Pôl. La fortune ne l'avait pas comblé de ses dons, il était chargé de famille ; il trouvera pourtant moyen, dans son étroite médiocrité, de préparer à la médecine un praticien de valeur, et de former pour l'Eglise un serviteur distingué.

Le collège de Léon n'est pas loin ; deux de ses enfants y puiseront des connaissances variées, qui leur permettront, chacun dans sa sphère, de prendre leur essor vers de plus hautes destinées. Pendant qu'Auguste travaille à se rendre utile à ses semblables, en étudiant les causes et les remèdes des maladies du corps, son frère puîné entrera au Séminaire pour apprendre à guérir les blessures de l'âme.

Quimper n'est pas un champ assez vaste pour l'activité du jeune lévite, un théâtre assez digne pour sa généreuse ambition. Il prend le chemin de Rome, il va chercher la pure doctrine théologique à sa source, et il y trouvera Testard du Cosquer, Chesnel, Cazalès, trois compatriotes dont le nom, associé au sien, ne périra jamais dans le Finistère. Nous avons dit trois compatriotes, ils le sont en effet : car Cazalès lui-même est un breton par sa mère. Le plus célèbre des Cazalès, le député si connu de la noblesse du Midi aux Etats-Généraux, de 1789, l'avait eu d'une Roquefeuil, veuve en premières noces d'un autre Roquefeuil, son cousin, fusillé à Vannes le 14 thermidor 1795, par les ordres de la Convention (1). Quant à Chesnel et à Testard, ils sont nés parmi nous, l'un à Lesneven, l'autre à Quimperlé ; nous avons vu de près leurs parents (2).

---

(1) Cette Roquefeuil s'appelait Marie-Jeanne ; élevée par la comtesse de Roquefeuil, femme de l'amiral du même nom, elle avait épousé en 1786, au château de Boisgarin ou Kerlouët, Charles-Balthazar-François, baron de Roquefeuil, capitaine de vaisseau, le prisonnier de Quiberon. Voici quelques lignes de la lettre touchante que Charles-Balthazar écrivit peu d'heures avant sa mort à celle qui allait être sa veuve : « Je passe de cette vie dans l'autre avec la même sérénité qu'un voyageur se transporte d'une ville à une autre. Plus de trois cents personnes qui sont ici dans la même position ont la même sécurité. Nous nous reposons tous sur l'infinie bonté de la Providence divine. A elle seule, malgré mes fautes, je me confie pour obtenir miséricorde. Ces sentiments seront une douce consolation pour toi qui est si pieuse. »

(2) C'est un tableau que nous avons voulu faire et non point une biographie -- Pour tracer une histoire exacte et complète de l'enfance et de la jeunesse de Mgr de Léséleuc, il aurait fallu parler de la Psalette, de la Terrasse, des

II

Les quatre amis se séparèrent en 1847 ; Testard resta seul dans la ville éternelle, où il faillit être victime des évènements terribles qui signalèrent le règne sanglant du Triumvivat Italien. L'abbé de Cazalès devint représentant du peuple en 1848. On le voit un peu plus tard se concerter avec les trois autres pour acheter l'un des rejetons de Bangor, à savoir l'antique monastère du Relecq en Plounéour-Ménez, où ils voulaient fonder quelque chose de semblable à la solitude laborieuse de La Chesnaye.

Leur projet ne réussit pas ; ils se dispersèrent sans jamais s'oublier. Cazalès devint grand-vicaire de Montauban. Testard, après avoir passé comme directeur dans le Séminaire de Quimper et comme curé aux Carmes de Brest, fut chargé par le Saint-Père de négocier un Concordat avec le Gouvernement Haïtien, et mourut archevêque de Port-au-Prince. Chesnel s'adonna spécialement à l'étude. Professeur remarquable, auteur d'ouvrages profonds, excellent orateur, théologien du Pape au Concile du

---

vendredis de la Grand'Mère, du pèlerinage de Callot, de la première communion à Sainte-Anne d'Auray, des R. P. Jésuites, de l'abbé Polloup, du petit clerc de la chapelle des Tuileries, du serment du duc de Nemours, de la laïcisation du collège de Léon, du professeur improvisé, de l'abbé Pételot, de la chanoinesse de Courson, de la reine Amélie, de Saint-Sulpice, de M. de Glesieux, et que sais-je encore ? Autant de chapitres qui devraient tenter une plume plus exercée que la nôtre, et que l'éloquence de M. le vicomte de la Houssaye n'a fait qu'effleurer.

Vatican, il allait toucher au faîte des honneurs dans l'Église, quand l'excès de son travail creusa sous ses pas une tombe prématurée. Léséleuc vécut assez pour verser des pleurs à leurs funérailles. On n'a pas encore oublié les accents attendris de sa vive éloquence, lorsqu'il prononça dans Lesneven la magnifique oraison funèbre de Mgr Testard du Cosquer.

Il était alors vicaire-général honoraire, mais par la grâce de Mgr Sergent (1). Signalé à l'Empire pour ses opinions légitimistes irréconciliables, il ne pouvait espérer aucun titre effectif, aucun poste hiérarchique quelconque, qui dépendît de l'agrément de l'État. Aussi n'arriva-t il jamais sous le règne de Napoléon, à la place bien modeste pour lui, de curé de canton.

Un autre, se drapant dans son orgueil, aurait posé en martyr, et se serait fait une auréole de l'ostracisme dont il était frappé; il avait trop d'humilité pour jouer un personnage de théâtre; et voulant être utile à quelque chose, il accepta sans murmure comme sans forfanterie, la direction d'une paroisse de campagne à Plougonven, dans le Tréguier. M. Maupied, cette gloire des Côtes-du-Nord, cet homme éminent dans toutes les branches des connaissances humaines et divines, n'avait pas cru déroger en devenant le

(1) M. de Léséleuc fut invité à faire l'oraison funèbre de Mgr Graveran. En entrant dans le diocèse, Mg Sergent le fit nommer grand-vicaire honoraire. C'est d là qu'il fut appelé au siège d'Autun.

dernier vicaire de Guingamp. Léopold-René, à son tour, ne fit aucune difficulté de remplir les humbles fonctions de pasteur rural.

III

Jeunes lévites et prêtres de tout âge qui croyez avoir beaucoup de talent, d'étude, de mérite et de savoir, profitez de ces deux beaux exemples. Si l'attention de vos supérieurs se détourne de vous, si les circonstances sont malheureuses, ne vous révoltez point contre les injustices prétendues de la fortune; mais persuadez-vous, et vous serez dans le vrai, que vous n'avez aucun droit aux plus insignifiantes faveurs. N'est-ce point assez pour vous d'être embarqués, n"importe à quel titre, sur la barque de Pierre, sur le navire qui porte les destinées immortelles de l'Eglise? — Mettez-moi, disait Philoctète, à la poupe, à la proue, à la sentine même, partout où j'incommoderai le moins. — Les sentiments de ce païen devraient vous faire rougir de honte, si vous n'aviez pas pas comme lui la noble indifférence des grands cœurs. Sachez que la manœuvre se fera bien sans vous, et mieux que si vous y portiez la main. L'Evangile vous crie de prendre la dernière place, n'attendez pas qu'on vous y jette; et quand vous y serez, réjouissez vou dans le secret de votre âme, en avouant de bonne grâce avec le divin Maître, que vous n'êtes et ne pouvez être, quoi qu'il arrive, qu'un serviteur inutile. Dieu n'a pas besoin de vous, c'est vous qui avez besoin de Dieu.

IV

Dans la position infime de pasteur de campagne, l'abbé de Léséleuc a laissé derrière lui une trace lumineuse. Nous ne parlerons pas de la conception élevée qu'il s'était faite du ministère paroissial, de la distinction qu'il mit à remplir ses devoirs, des fruits de son zèle apostolique, de son dévouement sublime au milieu des ravages d'une terrible épidémie (1). Mais, dans un autre ordre d'idées il y a un point qu'il est impossible de passer sous silence. C'est lui, c'est cet esprit délicat, cet appréciateur presqu'infaillible des hommes et des choses qui a su deviner, sous l'écorce d'un jeune manouvrier breton, le génie d'un véritable artiste, d'un statuaire hors ligne (2). Nous avons nommé Larhantec (3).

(1) Pendant le choléra de 1853 qui fit tant de victimes, il convertit son presbytère en pharmacie et presque en hôpital.

(2) A vrai dire, c'est M. Roger, curé d'Arzano, qui a découvert Larhantec, et commencé à l'instruire et à le former. M. de Léséleuc l'a surtout encouragé

(3) Il est assez curieux de remarquer que notre grand peintre, Yan'Dargent et notre grand sculpteur Larhantec, portent absolument le même nom, l'un en français, l'autre en celtique. D'argent et arhantec sont synonymes. La lettre *l* de Larhantec n'est que l'article français remplaçant l'article breton *an*, comme dans Lhostis, Lazennec, Lozac'h, qu'on devrait écrire L'hostis, L'azennec, etc... Letty n'est pas dans le même cas ; il vient de *ledan-ty*, maison large, ou de *led-ty*, *ty-led*, maison du devoir. — Comparez *lettiès*, qui est un pluriel.

Sa réputation n'est plus à faire. Il a peuplé le Léon, le Tréguier, la Cornouailles et bien d'autres pays encore, de magnifiques calvaires, d'autels et de tombeaux, de Saintes et de Madones, tirés par la magie de son ciseau des flancs si réfractaires du granit armoricain. Les pleurs d'attendrissement qu'il verse lui-même en travaillant à ses admirables Crucifix, la fleur de ses chefs-d'œuvre, deviennent chaque jour, pour les populations pleines de foi qui les contemplent, une source intarissable de nouvelles larmes de componction et d'amour. Ce compagnon attardé du Moyen-Age, ce digne héritier du glorieux enfant de Saint-Pôl, Michel Colomb (1), prêche par la pierre, avec autant de force et de saisissante originalité, que le faisait jadis, dans la chaire évangélique, son compatriote et comtemporain, l'abbé Teurnier.

On lui reproche de ne pas connaître suffisamment l'anatomie ; si c'est un défaut, et c'en est un, c'est celui de Fra Angelico. Mais à qui la faute ? Il n'a point suivi les grandes écoles, il n'a point reçu les leçons des Maîtres ; il s'est formé tout seul. Dans ces derniers temps, il a pu profiter des conseils de Buors, un autre artiste breton, dont le souvenir ne périra point

(1) Michel Colomb, tailleur d'images des rois Charles VIII et Louis XII, époux de la bonne duchesse Anne, est mort en 1512. Il a été le fondateur de l'école de Tours, et son nom est attaché à une salle du Musée de la Renaissance au Louvre. C'est le plus grand sculpteur de l'époque ; son chef-d'œuvre est le tombeau de François II, à Nantes.

tant que restera debout sur son piédestal la Sainte Anne de Quimper. Mais Buors lui-même, caractère indépendant et personnel, nature primesautière, esprit indocile et nonchalant, était plus apte à concevoir et à exprimer le beau qu'à en tracer les règles. Larhantec a pourtant gagné au contact de Buors, et il est aujourd'hui, on peut le dire à l'apogée de son talent. Ajoutons, pour être complet, qu'il a également tiré bon parti des charitables indications du vénérable M. Clec'h, ancien professeur de dessin au collège de Léon.

V

M. de Léséleuc ne devait pas rester jusqu'au bout relégué dans l'ombre. Après le cataclysme qui balaya la dynastie des Bonaparte, et qui fit à la France des blessures si cruelles, il fut enfin placé en pleine lumière, et choisi par le Pape lui-même pour gouverner l'insigne diocèse d'Autun.

Trop court fut son épiscopat ; sacré le 16 février 1873, il mourut le 16 décembre de la même année ! son passage rapide sur le siège de Saint Amator et de Saint Léger fut marqué cependant par une de ces fêtes religieuses qui font époque, non-seulement dans la vie d'une étroite région, mais encore dans l'histoire d'une Eglise nationale, et l'on pourrait dire, dans les annales d'une portion notable de la chrétienté. Il eut la joie de voir réunis, à Paray-le-Monial des représentants de la France entière, de la Grande-Bretagne, de la Belgique, de la Hollande et des pays slaves, accourus, sur son invitation pressante, pour offrir des supplications solennelles au Sacré-Cœur de Jésus. Son clergé était encore sous le coup des belles instructions qu'il avait distribuées avec une généreuse profusion, dans le cours de la retraite ecclésiastique annuelle, en exposant lui-même les grands enseignements qui conviennent au sacerdoce.

C'est au milieu de ce double triomphe qu'il rendit son âme à Dieu. Son corps est resté sous la garde fidèle des populations de l'Autunois et du Morvan ; mais il voulut que son corps reposât au sein de sa ville natale, de sa patrie bien aimée. Il est placé dans la cathédrale de Léon, du côté gauche de la chapelle Saint-Joseph, non loin du tombeau de Mgr de La Marche, auquel il avait consacré un éloquent hommage, lors de la translation de ses restes en 1866.

VI

Saint-Pôl est fier de posséder, parmi tant de précieux vestiges du passé, la noble relique d'un tel prélat. Pas plus les petits que les grands n'ont perdu le souvenir de Mgr de Léséleuc. Son nom est toujours populaire, *an aoutrou Lésérec*. Il n'y a peut-être pas de cité plus patriote, plus orgueilleuse de la gloire de ses enfants.

Une femme de condition infime, gagnant péniblement sa vie par un négoce peu lucratif, dont la pauvreté a pénétré le nom, comme la grandeur, suivant une expression célèbre, a pénétré celui de Charlemagne, *Marig-ar-C'haro-baour*, s'est saignée aux quatre membres pour acheter le lit modeste où l'évêque d'Autun a couché dans son enfance. Elle n'a point voulu que ce lit passât en des mains étrangères. C'est un héritage sacré pour elle, qui ne sera vendu qu'à un parent de Léopold, ou, ce qui est tout un, à un prêtre né comme lui à l'ombre du Creisker ; dans l'un et l'autre cas, il ne sortira point de la famille Saint-Politaine.

La personne qui professe des sentiments si élevés tient son petit commerce dans une enclave de Bel-Air, dans un coin du manoir des Salles. Mais il est temps de parler enfin de Bel-Air lui-même.

CHAPITRE VII

LES ANCIENS MAITRES ET LES ANCIENS BATIMENTS

I

Avant d'être acquis pour le compte du séminaire de Quimper, Bel-Air, nous l'avons vu, avait appartenu à M. Boëxel qui l'avait acheté de M. Berdelo (1), le 28 octobre 1834. Le prix du manoir n'avait point varié ; il avait coûté 16.000 francs à M. Boëxel, il fut revendu pour une somme égale dans l'étude de M. Macé, notaire à Saint-Pol, qui rédigea l'acte et l'enregistra.

C'était un bien national, compris dans la succession des époux Adrien-Maurice de Roquefeuil et Dame Suzanne-Vincent-de-Paul Lalande de Calan, ex-nobles émigrés. Il fut adjugé avec ses dépendances, maisons, jardins, terres labourables, le 17 prairial an III de la République, au citoyen Ménez, marchand boucher de la localité, dit le Grand-Boucher, qui habitait encore rue Verderel vers 1825 (2). Le prix d'achat fut de 82.100 livres, chiffre exorbitant, si l'on oublie qu'il dut être soldé en assignats (3).

---

(1) Berdelo devrait peut-être s'écrire Berthelot. Un abbé Berthelot a été le prédécesseur immédiat de Mgr Nouvel dans la cure de Toussaints, de Rennes. Berthelot semble un diminutif à terminaison française de Berthel, comme Pierrot et Perrot, de Pierre et de Per. Berthel et Berthélé sont synonymes de Barthélémy. Nous avons connu l'abbé Berthel de Rennes, professeur de quatrième à Saint-Pôl jusqu'en 1855. Dans l'Inventaire dressé par ordre de Mgr de La Marche, Tregondern, tome 1, 8e liasse, n° 1, on trouve à la date du 10 octobre 1573 : à Jehanne Berthelot dû chacun an un boisseau froment, etc...

(2) La rue Verderel, par euphonie pour Berderel, signifie rue des avocats (*de Berder, avocat, et el, suffixe ; pleine d'avocats*). L'important tribunal des Regaires, dont on appelait directement au seul Parlement de Rennes, attirait et fixait à Saint-Pôl un grand nombre d'hommes de loi. (Voir dans les archives de la ville les doléances des habitants, lors de la suppression des Regaires sous la Révolution).

(3) Du 17 Prairial an III, adjudication définitive du manoir de Bel-Air et enclos en dépendant, provenant des héritiers d'Innocent-Adrien-Maurice de Roquefeuil. Ce bien a été adjugé au citoyen Jacques-Ménez, boucher, demeurant à Saint-Pôl, moyennant la somme de 82,100 livres. Il existe un procès-verbal d'estimation assez détaillé, en date du 2 Ventôse an III. (Archives du Finistère),

IV

Les Roquefeuil n'étaient que les successeurs des Kergus à Bel-Air ces derniers en avaient eu la propriété pendant des siècles. On en trouve la preuve dans l'Inventaire des Extraits des afféagements, aveux, contrats, partages et autres titres concernant la mouvance des héritages situés dans les sept paroisses du Minihy de Saint-Pol-de-Léon, fait par ordre de Mgr de la Marche sous la direction de M. Duchâtellier, avec la collaboration au moins partielle d'un nommé Sévézen. (1).

Nous n'avons pu nous procurer tous les in-folios qui composent ce riche document, et celui même qui nous aurait été le plus utile,.et qui intéresse directement notre travail, a échappé à toutes nos recherches. Néanmoins, dans les quatre gros volumes qui ont passé sous nos yeux, nous avons trouvé des indications précieuses. Ainsi, dans le tome I pour Trégondern, page 91 recto, numéro 76, on lit à la date du 13 Juillet 1641 : — aveux de noble homme Louis de Kergus, seigneur de Crazhallec, Bellair (sic) et autres lieux. A la même date, mais dans le tôme consacré au-Crucifix-des-Champs, on lit encore, page 76 verso, numéro 68, 9e liasse : — aveux d'écuyer Louis de Kergus, seigneur de Crazhallec, Bellair, etc. — Enfin pour la paroisse de Toussaints, et toujours à la même date, l'écuyer Louis de Kergus est de nou-

(1) On lit dans le tome II de Trégondern, à la fin : Sevezon scripsit.

veau appelé, mais avec une orthographe légèrement différente, seigneur de Grazhalec et de *Belaire*, page 88 recto, 4e liasse, numéro 110

Suivant toute apparence, ce Louis de Kergus, devait être le père ou l'oncle de François de Kergus, seigneur de Troffagan, qui, d'après M. Paul de Courcy, le savant auteur du Nobiliaire de Bretagne, et de plusieurs autres ouvrages remarquables sur les antiquités de notre pays, (1) était propriétaire de Bel-Air dans la première moitié du XVIIe siècle. De l'union de François de Kergus avec Françoise de Kergoët, naquit Hamon de Kergus de Troffagan, seigneur de Bel-Air, marié en mars 1665 à Anne-Marie du Parc. Hamon de Kergus mourut en 1707 et fut inhumé dans la cathédrale, laissant Louis de Kergus, seigneur de Bel-Air, gouverneur de Saint Pol, mort en 1747, et inhumé aussi dans la cathédrale. Il avait épousé en 1714 Anne de Kermenguy, fille de Sébastien-Joseph, seigneur de Saint-Laurent (2), et d'Anne Hervé dame de Kergo.

On ne connait qu'une fille de Louis de Kergus et d'Anne de Kermenguy ; c'est Marie-Gabrielle de Kergus, dame de Troffagan et de Bel-Air, mariée dans la chapelle du château de Bel-Air le 23 octobre 1741 à Joseph-Aymar, comte de Roquefeuïl, lieutenant de vaisseau, fils de Jacques-Aymar, marquis de Roquefeuil, lieutenant des Armées navales, et de Louise-Jeanne Dangérez

(1) M. de Courcy, cette gloire de St-Pol, vient de mourir le 29 Avril 1891, âgé de 70 ans.

(2) Saint-Laurent est aujourd'hui occupé par la famille Kermadec.

du Main. Elle mourut à Bruxelles en émigration, l'an 1792.

Du mariage du comte de Roquefeuil et de la dame de Bel-Air, naquirent : — 1° Louise-Marie-Thérèse-Adélaïde de Roquefeuil, qui épousa en 1775, au château de Kerlouet en Plévin, Charles-Dymas-Pierre de Brilhac, comte de Crévy, officier au régiment du roi ; — 2° N. de Roquefeuil, mariée à Jacques-Claude de Cleuz, marquis du Gage, morte en émigration.

Il n'est question nulle part, dans cette généalogie, d'Adrien-Maurice de Roquefeuil, ni de Suzanne-Vincent-de-Paul Lalande de Calan, sur lesquels Bel-Air a été vendu nationalement le 17 prairial an III de la République. On peut supposer cet Adrien-Maurice issu d'un frère puîné du comte Joseph-Aymar ; la branche de ce dernier s'étant éteinte, ses biens auraient passé à la ligne cadette. Mais ce n'est là qu'une hypothèse, et il serait facile d'en imaginer d'autres. L'essentiel est d'avoir constaté la fusion de la famille Kergus dans la famille de Roquefeuil. On s'explique ainsi que Bel-Air, si longtemps fief des Kergus, se soit trouvé entre les mains d'un Roquefeuil au moment de la Révolution Française. Nous avons dit que Ménez en fit d'abord l'acquisition, et qu'il le revendit à Berdelo le premier avril 1808. Après avoir passé par les mains de Boëxel, il devint la propriété du diocèse.

III

L'asile des Vieux-Prêtres était acheté, agrandi par des acquisitions successives. On y respirait un air pur, on y jouissait d'un coup d'œil magnifique. Mais le logement répondait-il aux vues de Mgr de Poulpiquet ? Après les constructions exécutées plus tard, et qui ont fait table rase des premiers édifices, il est difficile de se faire une idée exacte de ce qu'ils étaient. M. de Courcy nous apprend que l'ancien manoir de Bel-Air datait de la fin du xve siècle. Plusieurs appartements avaient conservé jusqu'au jour de la démolition des boiseries peintes au xviie siècle, où se trouvaient plusieurs fois reproduites les armes de la famille de Kergus. Tout a disparu, sauf les portes en ogive et une cheminée monumentale replacée dans la cuisine Les nouveaux travaux firent découvrir dans une cachette, soixante à quatre-vingts monnaies d'or du xve siècle, dites *francs à cheval*, à l'effigie du duc de Bretagne, François II, qui y est représenté armé de toutes pièces sur un cheval caparaçonné à ses armes. Parmi ces pièces il y en avait une autre, plus rare, à l'effigie de Charles, duc d'Aquitaine, frère de Louis XI.

Les bâtiments avaient été négligés sous la Révolution, puis occupés par la gendarmerie, deux causes de délabrement et de ruine. Mgr Graveran, qui venait de succéder à Mgr de Poulpiquet sur le siège épiscopal de Quimper, jugea qu'il valait mieux les remplacer entièrement, que d'y faire des réparations coûteuses et peut-être inutiles. On construisit sur son ordre en 1842, le corps de logis simple à deux étages et mansardes, qui court de l'est à l'ouest.

IV

Nous aurons occasion plusieurs fois de prononcer le nom de l'éminent prélat qui a commandé ces travaux. S'il n'a pas été le fondateur de l'œuvre des prêtres infirmes, il en a été l'organisateur intelligent et dévoué ; de sorte qu'on peut dire avec raison qu'il appartient à Bel-Air par ses bienfaits, comme il appartient au diocèse et à la Bretagne entière par son éclatante renommée. La reconnaissance, à défaut même d'autres sentiments, nous impose donc le devoir de donner ici un petit aperçu de sa vie.

La tâche nous est rendue facile avec l'histoire remarquable composée par M. le chanoine Téphany, son neveu. Cet actif et savant écclésiastique qui ne laisse pas reposer un instant les presses d'imprimerie, a écrit la biographie de son oncle, *con'amore* sans doute, mais aussi avec une touchante impartialité. Nous pouvons le suivre sans défiance et sans crainte.

CHAPITRE VIII

MONSEIGNEUR GRAVERAN

I

Joseph-Marie Graveran nâquit à Crozon le 16 Mars 1793, d'une famille honorable. A treize ans on le mit en troisième au collège de Léon, à quinze ans il avait terminé ses études classiques. Après un séjour d'un an au Grand-Séminaire de Quimper, Mgr Dombideau de Crouseilhes, l'envoya se perfectionner à Paris dans les sciences et les lettres. Il passa trois années consécutives au célèbre collège Stanislas, d'où il suivait les cours du lycée Napoléon, sur les mêmes bancs que Casimir Delavigne, Salvandi, Casabianca, Trognon, Royer, Poiloup. Ce Poiloup, devenu l'abbé Poiloup, fut de 1827 à 1830 le Maître de Mgr de Léséleuc à Vaugirard, et en 1834 son collaborateur dans la même institution.

Au mois de mai 1812, le jeune Graveran fut rappelé dans son diocèse, et attaché comme régent de mathématiques au collège de Léon. Mais il aspirait au sacerdoce. L'évêque de Quimper le fit donc entrer à St-Sulpice, après deux ans d'enseignement secondaire, et trois ans plus tard, en décembre 1817, il voulut le consacrer prêtre lui-même dans la chapelle de son palais. Le nouvel ordinand recevait le même jour le poste de professeur de théologie dogmatique et de directeur au Grand-Séminaire diocésain. Il y resta jusqu'au mois de juillet 1827 ; à cette date il recueillit l'héritage de M. Labous, curé de St-Louis de Brest.

II

Nous ne dirons pas toutes les luttes qu'il eut à soutenir dans une ville populeuse, composée d'éléments hétérogènes, en face de tant d'autorités diverses, à une époque où les partis étaient en guerre les uns contre les autres. Son tact et son intelligence triomphèrent de la plupart des difficultés ; sa vigueur apostolique, et au besoin, la force d'inertie qu'il tenait de son caractère breton, brisèrent successivement les résistances, ou amortirent les chocs les plus violents. Il ne craignait pas de compromettre un brillant avenir pour répondre à la voix du devoir ; et la crosse de Mgr de Poulpiquet, qui allait tomber bientôt de la main défaillante de ce vénérable vieillard, cette crosse qu'aucun autre ne songeait sérieusement à lui disputer, il fut sur le point de la perdre au dernier moment, parce qu'il mit toujours le verdict de sa conscience au-dessus des visées d'une ambition même légitime.

Le gouvernement d'alors, éloigné du champ de bataille où s'exerçait la vertu courageuse de l'abbé Graveran, et par celà même, juge plus impartial et plus libre de préventions mesquines, n'épousa point les colères locales de quelques exaltés. Il écouta de préférence le témoignage imposant de l'immense majorité de la population brestoise, qui rendait justice au mérite du curé de St-Louis ; il agréa les vœux unanimes du clergé diocésain et confirma, par ordonnance royale du 26 mai 1840, le choix officiel du chapitre de la cathédrale de Quimper. Sept jours après, le nouvel évêque prononçait avec éclat l'éloge funèbre de son auguste prédécesseur ; vers le milieu du mois d'août, il recevait ses bulles de la Cour romaine ; le 23 du même mois, il était sacré par Mgr Affre devant une brillante assistance où l'on remarquait l'illustre breton Chateaubriand ; enfin, le dimanche 13 septembre, il faisait son entrée solennelle dans son Eglise épiscopale.

III

A Brest, pendant les rares intervalles de paix relative que lui laissaient ses combats de chaque jour, il avait fondé différentes œuvres de charité et de rénovation sociale, qui lui ont survécu. Assis sur le siège de Saint Corentin, il étendra davantage son action, il multipliera ses efforts, à proportion des besoins de l'innombrable troupeau qu'il dirige. On se rappelle encore, dans les villes ses belles pièces d'éloquence apostolique, et dans les campagnes les plus ingrates ses allocutions pittoresques, d'une admirable simplicité, frappées au coin du pur génie de la langue celtique. Ses mandements de Carême étaient des évènements littéraires, en même temps que des sources de lumière chrétienne pour les pasteurs et pour les fidèles. Dans l'administration de son diocèse, il ne négligeait rien, il s'occupait de tout, il répondait à tous indifféremment. On le voit composer ces admirables statuts, qui, malgré les nombreux changements survenus dans les habitudes et les lois, ne demandent guère que des retouches pour s'adapter aux conditions actuelles de la société religieuse. Il ordonne la reprise du bréviaire romain qui n'avait subi chez nous qu'une courte éclipse de 10 ans (1835-1845). Voulant se rattacher à l'Eglise-mère par des liens encore plus intimes, il condamne d'une part les doctrines gallicanes de Bailly et emprunte d'autre part à la ville des Papes son majestueux cérémonial. Son influence s'exerce bien au-delà des limites du Finistère. On le consulte, on l'écoute sur la question brûlante de l'enseignement libre. Sans se jeter bruyamment dans la mêlée des partis, il encourage de la voix et du geste les champions de la bonne cause, et donne au Pouvoir des avertissements salutaires. A la chute de Louis-Philippe, sa place était toute marquée dans l'Assemblée constituante.

Il y tint un rang distingué, soit en séance, soit dans les comités ; rien d'important ne se traitait ou ne se concluait sans lui. L'estime et l'amitié de Cavaignac faillirent après le meurtre de Mgr Affre, lui imposer la lourde charge d'archevêque de Paris, qu'il aurait sans doute refusée de toute façon, moins par la crainte d'assumer des responsabilités écrasantes, que par un vif sentiment de patriotisme breton. Il rentra dans son diocèse, mais pour se livrer à de nouveaux travaux ; il en sortit encore momentanément pour assister au conseil provincial de Tours, où il se fit remarquer, parmi tant d'hommes éminents, par sa dignité, sa sagesse et l'étendue de ses connaissances. A l'issue de ces grandes assises, il convoqua un synode particulier qu'il présida avec une incontestable supériorité.

IV

Depuis quelques années déjà sa robuste constitution était sérieusement atteinte par un mal qui ne pardonne jamais. Il trouva encore assez de forces pour promulguer le dogme de l'Immaculée-Conception, pour consacrer son diocèse au Sacré-Cœur de Jésus et pour organiser l'Œuvre du Sou de Saint-Corentin qui devait doter les tours de sa cathédrale de deux magnifiques flèches. Son dernier acte important fut le rétablissement du titre de l'évêché de Léon. Il avait commencé sa carrière à Saint-Pol comme élève et comme professeur, c'est à Saint-Pol qu'il désira la terminer. Au reste, il n avait garde d'oublier que le pays privilégié du Léon avait fourni de tout temps et fournissait encore à la Cornouailles une bonne partie de ses prêtres. Le Léon n'était pas à ses yeux un pays conquis, mais le plus riche fleuron de sa couronne épiscopale. Il demanda donc et obtint du Souverain-Pontife l'honneur de porter un titre illustré par tant de prélats. La prise de possession eut lieu le 5 août 1854. Laissons à un enfant du pays le soin de décrire cette touchante cérémonie. Voici dans quels termes éloquents s'exprime à ce sujet Mgr de Léséleuc, alors missionnaire apostolique, chanoine honoraire de Saint-Brieuc et simple recteur de Plougonven (*Orais. fun*).

« Son heure approchait, et déjà le regard de la science et celui de l'amitié, croyaient entrevoir sous des apparences trompeuses de santé je ne sais quel symptôme fatal d'épuisement aux sources de la vie. Pourtant Dieu voulait encore, avant de le reprendre à la terre, consoler son serviteur en le conviant à une fête de famille. »

« C'est à notre tête, Messieurs, escorté d'une foule immense de ses prêtres, qu'il vint se présenter aux portes rajeunies de la vieille cité de Léon, et montrer à son peuple cette autre couronne pontificale qu'une précieuse faveur du Siège apostolique venait d'ajouter à la sienne, non pas comme accroissement de juridiction, mais comme un ornement et comme une relique de ce beau passé dont il est permis à notre foi de regretter les richesses spirituelles.

« Cette ville, qui a si bien gardé l'empreinte épiscopale, sembla tout à-coup n'avoir jamais perdu, malgré ses soixante ans de deuil, le souvenir et la tradition de ses pompes. C'était, comme au temps où elle régnait sur les beaux rivages de l'Armorique, la même majesté dans ses hommages, la même éloquence dans l'expression de son respect si affectueux pour ses pères en Jésus-Christ ; c'étaient jusqu'aux mêmes familles qui venaient accueillir et entourer le successeur des vieux évêques, et témoigner comme leurs pères de la forte foi qu'aucune épreuve n'a pu altérer. Quelle vie dans cette cathédrale et quel coup d'œil dans ce beau chœur rendu à toutes ses gloires ! La prophétie de Jérusalem restaurée semblait s'accomplir une fois de plus : *Exulta et lauda, habitatio Sion, quia magnus in medio tui sanctus Israël* (Isaïe, XII, 6). Lui aussi était heureux. Huit jours entiers il ne put s'arracher aux souvenirs de sa jeunesse, à ces lieux, à ce touchant accueil. Pourtant, il fallut partir ; et quand il partit, il savait qu'il ne revenait à Quimper que pour se coucher dans sa tombe ».

V

Avant de quitter St-Pol, Mgr Graveran y laissa deux souvenirs précieux. Il donna un camail à M. Naveau, le principal le plus populaire qu'ait eu le collège, et il présida la distribution solennelle des prix. Celui qui écrit ces lignes était bien jeune alors, il avait reçu la confirmation l'année précédente dans la chapelle du Creisker, il terminait sa sixième, il n'avait pas douze ans. Cependant il n'a pas oublié l'impression profonde que produisit le discours de circonstance prononcé par l'éminent prélat. Mgr Graveran traçait un saisissant tableau de la vie laborieuse que lui et ses compagnons d'étude avaient menée autrefois sur les mêmes bancs où nous étions assis, et il terminait en s'écriant avec un geste magnifique : « Voilà ce que nous avons fait, nous vos aînés ; si vous ne faites comme nous, si vous ne faites mieux que nous, courbez humblement le front, nous resteront vos maîtres. » L'auditoire, pétrifié par l'admiration resta quelques instants sans applaudir ; puis ce fut un tonnerre. On commença la proclamation des récompenses. Heureux les lauréats qui reçurent en ce jour une couronne de la main du premier pasteur, un sourire, un baiser, un encouragement, une bénédiction de sa bouche ! Heureuse, et plus heureuse encore leur mère ! Nous le savons par expérience.

La brillante improvisation de Mgr Graveran à cette occasion, fut pour lui le chant du cygne. On n'entendit plus sa voix en public. Après avoir présidé une dernière retraite ecclésiastique et repassé par Crozon pour dire un dernier adieu à sa terre natale, il rentra dans son palais de Quimper, où il mourut le 1er février 1855, au milieu du deuil et des larmes de tout son diocèse.

CHAPITRE IX

ORGANISATION DÉFINITIVE

I

Une des pensées les plus chères au cœur du grand évêque avait été d'assurer, contre toute éventualité fâcheuse, le sort matériel du prêtre, que les infirmités ou la vieillesse empêchent d'exercer le saint ministère. Nous avons déjà vu avec quelle effusion, dans l'éloge funèbre de son prédécesseur, prononcée 7 jours après sa propre nomination, il louait Mgr de Poulpiquet des efforts qu'il avait tentés dans ce but. On entrevoyait dès lors ce qu'il ferait lui-même ou ce qu'il essaierait de faire. A peine intrônisé sur son siège, il se mit à l'œuvre. Le 5 janvier 1841 paraissait une circulaire au clergé, où le cœur du père de famille se montre tout d'abord. Elle commence par ces mots :

« Depuis que nous avons pris en main l'administration du diocèse, la position du clergé est devenue l'objet constant de nos préoccupations et de nos sollicitudes. »

Dans cette circulaire, il fixe avec une admirable précision la manière dont il faut entendre la comptabilité en général, et en particulier la perception des fonds destinés à soutenir la maison des prêtres âgés et infirmes. Puis il fait un appel au bon vouloir et à l'exactitude *de ses chers coopérateurs* en leur disant que *leur fidélité en ce point deviendra le premier élément de son appréciation de leur zèle, et la mesure de sa confiance et de son affection*. La pensée d'assurer une position convenable à ses prêtres invalides, *à ses dignes vétérans*, comme il les appelait, préoccupa le charitable évêque tout le temps de son épiscopat. Aussi est-ce à lui qu'on doit la constitution définitive et légale de la Maison de retraite ecclésiastique, qu'il obtint par ordonnance royale du 15 Mars 1843. Voici dans quels termes il annonçait au clergé cette heureuse nouvelle par une lettre datée de Quimper le 11 Janvier 1844.

« Messieurs et chers coopérateurs, nous avons la consolation de vous annoncer qu'une ordonnance royale du 15 Mars 1843 a autorisé, à titre d'établissement d'utilité publique, la fondation dans le diocèse de Quimper, d'une Maison de retraite pour les prêtres âgés ou infirmes.

« La même ordonnance, article IV, nous permet d'acquérir, au nom de notre evêché, le Manoir de Bel-Air, situé à Saint-Paul-de-Léon, pour servir à cet établissement.

« L'article V rappelle les décrets du 13 Thermidor an XIII et 24 Mars 1838, en vertu desquels les fonds provenant du produit des chaises, bancs et places dans les églises, doivent être affectés à ladite Maison de retraite.

« Les statuts rédigés par Nous et visés par Son Excellence le Garde-des-Sceaux, ministre de la Justice et des Cultes, comptent parmi les ressources de l'établissement (outre le produit des chaises sus-mentionné).

« Les quêtes qui pourront être ordonnées ;

« Les souscriptions annuelles et volontaires du clergé du diocèse ;

« La pension que pourront payer les prêtres admis dans la maison, et qui sera fixée, s'il y a lieu, par l'évêque, sur l'avis du Conseil d'administration.

« Les mêmes statuts portent, article VI, qu'après l'entier acquittement des charges de la maison, il pourra être fourni des secours aux prêtres dont la situation l'exigerait, et qui seraient étrangers à l'établissement.

« Vous savez, Messieurs et chers coopérateurs, que la Maison de St-Paul remplit depuis plusieurs années sa pieuse destination. Depuis longtemps aussi, nous assurons des secours plus ou moins abondants à plusieurs ecclésiastiques répandus dans le diocèse.

« Le nombre de ceux que nous aurons à soutenir ne peut que s'accroître de jour en jour, soit à raison de l'accroissement général du clergé, soit à raison du nombre relativement plus grand de ces vieillards ; car nous nous éloignons de l'époque où les prêtres étaient tous jeunes encore ou dans la force de l'âge.

« Pour suffire à ces obligations, nous comptons avec confiance sur votre zèle et votre esprit d'équité : vous veillerez aux intérêts de vos Fabriques de manière à ne pas léser les droits de vos vénérables confrères.

« Nous comptons aussi sur votre généreuse charité. nous lui demandons annuellement 20 francs pour les besoins de nos séminaires, 10 francs pour nos dignes vétérans. Quel prêtre reculerait devant ce sacrifice ? Qui voudrait se montrer sans souvenir ou sans reconnaissance pour le passé, sans affection ou sans prévoyance pour l'avenir ? Mais nous n'insisterons pas sur ces considérations, et si dans la vue d'une équitable répartition, nous devons tenir un compte exact de la contribution que chacun de nous aura librement déposée dans nos mains, nous croyons sans hésiter que la liste de vos souscripteurs ne nous laissera jamais apercevoir des vides fâcheux.

« L'article III des statuts est ainsi conçu : il sera formé pour l'administration de l'établissement un Conseil composé de l'évêque, d'un vicaire général, d'un chanoine, d'un curé et d'un desservant, tous nommés par l'évêque. Ce conseil choisira dans son sein un secrétaire et un trésorier qui sera nommé par le ministre des Cultes, sur la proposition de l'évêque.

« Pour nous conformer à cette disposition, nous avons nommé membres du Conseil d'administration : MM. Keraudy, vicaire-général; Mével, chanoine ; Nédélec, curé de la cathédrale, Pouliquen, desservant de St-Mathieu de Quimper. Nous avons proposé pour trésorier M. Keraudy, dont la nomination a été sanctionnée par arrêté de Son Excellence le Garde-des-Sceaux ministre de la Justice et des Cultes, à la date du 10 juin 1843.

« Ainsi se trouve définitivement constituée une œuvre à laquelle notre vénérable prédécesseur attachait une grande importance, et à laquelle nous sommes heureux d'avoir donné nos services et notre concours. »

L'asile des vieux prêtres existait donc désormais en droit comme en fait. Mais dans un établissement de ce genre, destiné à des ecclésiastiques, pour la plupart souffrants et débiles, il fallait nécessairement une chapelle, où ils pussent satisfaire leur dévotion et célébrer à l'aise, quand leurs forces le leur permettraient, le Saint-Sacrifice de Messe. Mgr Graveran y pourvut.

CHAPITRE X

SAINT-JOSEPH

I

Lorsque Bel-Air fut acheté par le diocèse, l'ancien oratoire où Marie-Gabrielle de Kergus avait épousé en 1741 le comte de Roquefeuil, existait encore dans sa simplicité primitive. M. Bohic y fit les restaurations indispensables et le 10 octobre 1837 il obtenait de M. Jégou vicaire général, l'autorisation de la bénir à nouveau. Cet oratoire disparut avec le reste de l'édifice seigneurial du xve siècle, pour faire place, en 1842, au grand corps de logis dont nous avons parlé. Nous avons omis de dire que l'on construisit en même temps que celui-ci une maison rectangulaire à un seul étage, très large et séparée en deux parties égales par un mur dans le sens de sa plus grande dimension. Cette maison, basse mais double, se voit encore du côté gauche quand on entre à Bel-Air. Sa façade méridionale est le prolongement en droite ligne, mais avec solution de continuité, du côté nord de l'habitation principale. Aujourd'hui, à la suite de nouveaux travaux dont nous aurons plus tard à nous occuper, elle est raccordée à tout le système, dans le principe elle était isolée du reste. Sa partie sud fut convertie en une sorte de bâtiments de services pour les couturières, lingères, repassseuses. La seconde moitié, prenant tout l'intérieur jusqu'au toit et recouverte d'une espèce de voûte servit pour les besoins du culte. Mais cette chapelle était insuffisante, elle ne pouvait être que provisoire.

II

A peine les logements indispensables furent-ils terminés, qu'on se mit en devoir de préparer pour le Dieu de l'Eucharistie une demeure convenable. On acheta la maison Bédée, avec la cour et le jardin, et l'on commença immédiatement à creuser les fondations. L'ouvrage fut achevé en 1846.

L'édifice est orienté du nord au sud ; il figure une croix parfaitement régulière, dont les branches sont à l'est et à l'ouest. La nef, qui communique par un portail avec la rue de Bel-Air, appelé aussi chemin de la Rive, est abandonnée au public. Les transsepts sont destinés au personnel laïque de l'intérieur, et le chevet renferme, avec le maître-autel, les stalles des vieux prêtres, disposées en demi-cercle sur deux rangs, dans le fond, au nombre de 38. Le sanctuaire, y compris tout l'espace réservé, est élevé de plusieurs marches au-dessus du sol. Les ecclésiastiques y viennent de plain-pied, par une porte de derrière, qui est au niveau du premier étage de la maison; les personnes attachées à l'établissement ont un escalier dérobé dans la muraille, qui les conduit directement de la cour à leurs places respectives.

Tout est parfaitement aménagé; la sacristie elle-même ne pouvait être mieux que là où elle se trouve; c'est littéralement le vestibule du chœur. Elle est pratiquée dans un fort boyau de maçonnerie qui joint la chapelle aux appartements des vieillards, ne laissant entre ceux-ci et celle-là que le corridor commun. Au-dessous, il y a une remise et une décharge; au-dessus, on a rangé les livres de la bibliothèque; et plus haut, dans les mansardes, on peut disposer d'un local assez vaste pour enfermer différents objets du culte qui ne servent que dans les circonstances exceptionnelles.

Le lieu de la prière est ainsi comme plongé de toutes parts dans une atmosphère de silence et de recueillement; aucun bruit n'y pénètre soit du dehors soit du dedans ; ceux qui entrent et ceux qui sortent ne peuvent gêner ni troubler en aucune façon ceux qui restent ; on se croirait dans une de ces retraites délicieuses où les solitaires d'autrefois aimaient à s'entretenir cœur à cœur avec Dieu.

Trois autels y ont été dressés et plus tard un quatrième ; ils n'ont rien de remarquable. L'autel central étale piteusement sa plaque de marbre exotique, quand on pouvait facilement trouver dans le pays quelques-uns de ces blocs de granit rose ou bleu qui forme la charpente indestructible du sol Armoricain. Un chemin de croix, une chaire à prêcher, un confessional et quelques statues complètent l'ameublement intérieur.

III

Le vaisseau n'a point de style, mais il porte un très joli clocher à fines dentelures qui mérite de fixer notre attention et qu'on regarde encore après avoir contemplé les tours de la cathédrale et du Creisker. Sa hauteur est de 33 mètres environ ; il provient de l'ancien couvent des Ursulines, fondé en 1630. Le couvent supprimé et vendu nationalement, la chapelle abattue, restait le clocher, que le nouveau propriétaire venait de vendre en 1841 ou 1842 à un recteur de Trébeurden dans les Côtes-du-Nord, pour être, après numérotage des pierres, transporté par mer et reconstruit sur la dite église de Trébeurden. M. de Courcy, alarmé de voir la *ville aux clochers à jour*, dépossédée d'un de ses ornements, écrivit au ministre de la marine que le clocher en question servait de balise aux navires traversant la Manche, et que sa suppression offrirait des dangers aux navigateurs.

Le ministre ignorant l'existence du Creisker qui, avec ses 80 mètres de hauteur, était un point de repère autrement important, donna ordre de suspendre la démolition projetée, menaçant d'exproprier le clocher, et pour en vérifier l'état de conservation, d'ouvrir un chemin de ronde dans l'enclos du propriétaire. Ce dernier, voulant échapper à cette servitude, en fit hommage au diocèse pour être annexé à la nouvelle chapelle de Bel-Air. Le clocher fut donc transporté à la place qu'il occupe depuis, et l'on se garda bien d'avertir le ministre de son déplacement. D'ailleurs, s'il avait été utile jusque là aux gens de mer, il pouvait l'être encore, puisque sa position restait approximativement la même.

Le travail fut exécuté par un simple maçon de la localité, généralement connu sous le nom de Gaïc. On est surpris du bon marché de l'entreprise. En effet la dépense pour la démolition, reconstruction et remplacement des pierres manquantes, ne s'éleva qu'à la somme de 300 francs. L'établissement des prêtres infirmes fournit en outre un cheval et un tombereau pour le transport.

Il ne manquait à la tour que d'avoir une voix ; on y mit deux cloches. La dernière, après avoir été refondue, fut bénite en 1888 par Mgr Lamarche, lors de sa prise de possession solennelle de l'évêché de Léon. La chapelle avait reçu dès l'origine le vocable de St Joseph. St-Joseph est bien le véritable patron des vénérables vieillards qui ne se retirent à St-Pól que pour se préparer à une mort prochaine. Il y avait aussi des raisons de convenance : Mgr Graveran et M. Bohic s'appelaient Joseph. Le nom de St-Joseph passa de la chapelle à l'asile tout entier, et désormais nous le designerons de la sorte.

IV

Nous ne quitterons pas ce sujet sans dire un mot des orgues. Elles furent inaugurées le 15 août 1852 par M. Heyer, facteur d'orgues à Quimper. Elles se composaient seulement dans le principe de sept jeux avec deux claviers, mais elles étaient disposées de manière à recevoir plus tard sept autres jeux. Le prix de revient, buffet non compris, se montait à 4.000 francs. Cette somme fut payée le 17 août de la même année, moins les derniers 600 francs, qui ne furent versés que dans le courant de novembre et de décembre. M. Heyer s'engageait à entretenir ces orgues pendant dix ans consécutifs. « Il est bien entendu, ajoutait-il dans l'acte passé entre lui et le supérieur, qu'aucun autre facteur n'y mettra la main. Mon obligation cesse aussitôt qu'un autre y aura touché. A compter du 15 août 1852, j'aurai par an une somme de 24 francs, pour le simple accord des susdites orgues, c'est-à-dire douze francs par voyage, qui me seront soldés en deux termes. »

Les dépenses accessoires pour l'érection et l'aménagement de la tribune semblent avoir été de 2.500 francs; car nous trouvons dans une note de M. Ollivier, à la date du 20 novembre 1865, que l'orgue a coûté en tous 6.500 francs. Il fallait en outre payer l'organiste, d'une somme qui varia de 120 à 200 francs par an.

Soit que ce traitement parût une charge trop lourde pour la Maison, soit pour tout autre motif, on se dégoûta bientôt des orgues, et sur le conseil du facteur lui-même, on témoigna le désir de le vendre. Vers la fin de 1865, le collège proposa de les acheter, après estimation de M. Heyer. On attendit ; une année se passa, au bout de laquelle le principal du collège déclara ne pouvoir ni ne vouloir en faire l'acquisition dans le moment. L'idée ne fut pas abandonnée par les supérieurs de St Joseph, et enfin M. Caroff se débarassa de ses orgues en 1872 ; elles furent livrées à la fabrique de Plougasnou pour une somme de 4.000 rancs payables en trois termes. Le vœu de M. Ollivier, formulé dans une lettre à M. Le Guen-Kerneizon le 31 août 1866, avait été de les remplacer par un harmonium ; on ne donna aucunesuite à ce vœu en apparence si légitime.

CHAPITRE XI

Monsieur Bohic, quatrième supérieur

I

C'est du temps de M. Bohic que toutes les créations dont nous avons parlé jusqu'ici ont été faites. M Bohic est resté à la tête de la Maison pendant 26 ans, de 1836 à 1862 ; son supériorat est le plus long et le mieux rempli dans l'histoire de l'Œuvre des vieux prêtres. Sous lui les terrains ont été achetés, les édifices construits, à quelques exceptions près ; il n'a laissé presque rien à faire à ses successeurs, au point de vue des grands travaux matériels d'établissement ; on peut dire qu'il est sous ce rapport le vrai fondateur de St-Joseph.

Et pourtant, il n'a jamais eu de son vivant, ni après sa mort, le renom d'un homme de valeur. Ceux qui l'ont suivi dans ses fonctions, ont tous obtenu pour une chose ou pour une autre, à un degré quelconque, l'estime et la faveur générales. Lui, n'a conservé ni dans le peuple ni dans le clergé des sentiments sympathiques. On va même jusqu'à charger sa mémoire d'une foule de griefs plus ou moins imaginaires.

II

Eh bien ! nous tenons à le proclamer ici, M. Bohic ne méritait nullement cette mauvaise réputation. Examinons les principaux méfaits qu'on lui reproche.

Il aurait badigeonné la cathédrale ! Mais on sortait de la Révolution ; les fabriques n'avaient pas de ressources ; nos édifices religieux étaient effondrés, envahis par les ronces, presque ruinés, tapissés à l'intérieur de lichen et de mousse. Ne fallait-il pas les rapproprier un peu, avant d'y célébrer les cérémonies du culte ? Et si l'on ne pouvait entreprendre les travaux coûteux qui s'exécutèrent plus tard, était-il interdit de passer un lait de chaux sur des murailles verdâtres, sourdement minées par les plantes parasites, et par l'humidité funeste qu'elles entretenaient ?

Les constructions dirigées par M. Bohic ne seront jamais classées parmi les chefs-d'œuvre de l'architecture. D'accord ; ce qu'il nous a laissé manque de grâce et de solidité. Mais vous qui lui jetez la pierre, qu'avez-vous fait de mieux ? ou, pour ne pas outrer les choses, qu'avez-vous fait qui commande à ce point l'admiration ? J'avoue que vous êtes en progrès sur les premières années du siècle ; mais malgré vos efforts, malgré votre louable émulation, malgré les sommes considérables dont vous avez pu disposer, je ne vois pas que vous souteniez dignement la comparaison, ni dans les bâtiments civils avec le splendide collège de Léon, ni dans les églises ou chapelles avec le Folgoët, Guimiliau, Saint-Thégonnec, et mille autres monuments élevés comme en se jouant par vos ancêtres.

Il y a un commencement à tout; et le lion informe qui se dégage à la voix de Milton, de l'argile humide de la création primordiale, ne ressemble pas encore au roi majestueux du désert. Quand vous aurez construit une cathédrale, ébauché un Creisker, vous pourrez, mais alors seulement, parler avec dédain de l'Arabe qui, après les ravages du Simoun, plante un modeste abri de peaux de moutons au pied des pyramides.

M. Bohic a eu le mérite au lendemain du choas révolutionnaire, d'entreprendre un premier travail de relèvement, il a réussi dans des limites suffisantes. S'il n'a pas réalisé votre idéal, c'est sans doute que vous n'existiez pas encore pour lui proposer vos plans merveilleux. Effacez-le dans l'admiration des hommes, mais n'essayez pas de l'amoindrir, ni surtout de réduire à néant toutes ses œuvres; ce serait une injustice criante qui appellerait un prompt châtiment. Ne voyez-vous point surgir autour de vous une génération nouvelle, qui déjà, le sourire de l'ironie sur les lèvres, s'apprête à se servir pour vous critiquer, des griefs dont vous êtes si prodigue dans la circonstance ? Vous n'aurez pas les mêmes excuses: ni le temps ni les fonds ne vous ont manqué; vous n'obéissez pas aux lois inflexibles de la nécessité. Apprenez donc à devenir équitables pour vos devanciers, si vous désirez qu'on vous épargne à notre tour.

III

Il nous reste à dire un mot de la dureté proverbiale de M. Bohic. En ce qui nous concerne personnellement, nous n'en avons jamais découvert les effets. Les séminaristes de notre temps étaient parfaitement accueillis à Saint-Joseph; ils avaient leur couvert toujours mis au réfectoire commun. La table était en fer-à-cheval. Pour ménager notre timidité qui paraîtrait surannée à la jeunesse de nos jours, on nous faisait asseoir dans l'intérieur de l'hémicycle, le dos tourné au supérieur. De la sorte, nous n'avions pas à craindre de rencontrer les regards du maître; et comme M. Bohic avait l'oreille très-paresseuse, nos entretiens étaient absolument libres. Nous entendions tout ce qui se disait, nous pouvions tout voir et tout deviner, sans être vus nous-mêmes ou entendus. Au charme de l'intimité, nos repas joignaient le plaisir d'une observation variée et l'agrément d'une conversation très-intéressante que nous suivions avec délices sans y prendre part et sans nous départir d'une discrète réserve. C'était une vraie fête pour nous, une fête où nous assistions comme spectateurs irresponsables, et que nous aimions à renouveler souvent; car nous étions toujours choyés, toujours traités comme des benjamins.

IV

Que M. Bohic ait été moins aimable à l'égard de ses pensionnaires, pourquoi s'en étonner? il avait débuté jeune dans un poste difficile: il avait dû faire plier sous la règle des hommes vénérables, habitués à la vie libre et indépendante des presbytères, ayant vieilli dans l'exercice du commandement, et qui trouvaient pénibles les moindres exigences de l'autorité. Une énergie virile était indispensable pour bien diriger l'établissement.

On eût souhaité un peu plus de douceur; quelques gouttes d'huile répandues à propos sur les ressorts de la machine auraient facilité le jeu des rouages, et prévenu des grincements trop aigus. Mais M. Bohic appartenait à cette forte race de prêtres qui étaient nés, qui avaient grandi sous l'œil de la tribu glorieuse des confesseurs de la foi. Inflexible pour lui-même, il était raide et presque dur pour les autres. Son vicariat s'en était ressenti; comme catéchiste de la cathédrale il menait au pas les légions d'enfants qu'on lui confiait. C'était dans les idées du jour; on sortait à peine du despotisme militaire qui avait converti la France en une vaste caserne. On ne connaissait que l'ordre impérieux et l'obéissance passive.

Les confrères de M. Bohic agissaient comme lui, et M. Bohic agissait comme tout le monde.

A cette époque une discipline de fer était admise partout. Les populations étaient généralement plus soumises qu'aujourd'hui, plus malléables, plus respectueuses du clergé. On pouvait, sans inconvénient, pendant les offices mettre les grandes personnes elles-mêmes à genoux sur les marches du chœur, et assigner pour place à une demoiselle de X... l'endroit jadis réservé aux lépreux sous la corde de la cloche.

Le plus obscur des ecclésiastiques possédait une puissance sans limites. Nul n'aurait osé soulever la moindre protestation. Un seul mot lancé du haut de la chaire par M. Le Goff, le digne curé de la paroisse, aurait imposé silence aux plus récalcitrants. Combien de fois, pour de simples peccadilles, ce vénérable pasteur n'a-t-il pas fulminé avec vigueur ses foudres vengeresses, contre ceux qu'il nommait déjà *les fils de la Révolution* avant que Montalembert les eût appelés *fils de Voltaire*. On s'inclinait sans murmure à la premiere observation. Les temps n'étaient pas venus ou des mésaventures pareilles à celle de M. Gustave Bernard devenaient possibles. Cette anecdote mérite de trouver ici sa place.

La procession ordinaire du dimanche se déroulait à travers le dédale harmonieux de la cathédrale. Un ouvrier, la tête appuyée à une colonne, faisait un peu haut sa prière, comme il est raconté de la mère de Samuel. M. l'abbé Bernard le croyant ivre s'approche vivement, et, semblable au grand-pontife Héli, se met en devoir de le secouer avec une certaine brutalité nerveuse.

L'ouvrier se détourne brusquement vers le vicaire, lui porte quelque part un violent coup de pied et s'écrie en frappant : « M. Bernard si votre tête est sacrée, le reste du corps ne l'est pas ! » (1) M. Bernard s'était trompé d'époque, mais on ne peut en vouloir à M. Bohic et à ses contemporains d'avoir employé les moyens coercitifs matériels, quand ils étaient de saison et comme ancrés dans les mœurs.

V

Nous avons du reste une réponse peremptoire aux récriminations dirigées contre le supérieur de St-Joseph, et à toutes celles qu'on pourrait articuler encore : il a joui constamment de l'affection confiante de l'administration diocésaine. Sans invoquer comme pour preuves les lettres qui lui furent adressées à différentes dates par Mgr Graveran et ses vicaires-généraux, nous nous contenterons de citer en témoignage ces quelques lignes écrites le 10 octobre 1837 par M. Jégou, qui d'ordinaire n'était pas tendre pour le prochain : « Je profite de l'occasion pour vous assurer que je n'oublie pas les anciennes connaissances ; c'est encore *le petit cousin* qui se dit votre dévoué et affectionné serviteur *in Christo Jesu.* » Ce n'est

---

1) Ma de sakr o penn, o penn all ne de ket.

point ici, on l'avouera bien, une formule banale de politesse.

CHAPITRE XII

La reddition des Comptes

I

Hâtons-nous pourtant de le reconnaître, une des causes de la grande influence et de la faveur prolongée de M. Bohic, c'est qu'il sut tenir, jusqu'au bout, avec une habileté incontestable, les cordons de la bourse.

On a beau dire, l'argent est une puissance, et la plaisanterie de don Juan, *je vous serai toujours redevable*, est une vérité palpable et certaine, contre laquelle il est inutile de protester. Le riche aura, quoi qu'il arrive, des amis ; et s'il fait un bon usage de sa fortune, personne au monde n'a le droit de lui reprocher les liaisons que lui procurent ses écus.

Les largesses appellent la reconnaissance, et à sa suite les distinctions et les dignités qui sont une forme de la reconnaissance humaine Dieu lui-même promet son paradis pour un verre d'eau ; on aurait donc mauvaise grâce d'en vouloir à ceux qui le représentent sur la terre, quand ils répondent par des faveurs signalées aux sacrifices que l'on veut bien consentir dans l'intérêt général. Les fondateurs d'autrefois, les protecteurs d'églises ou de chapelles, les donateurs insignes recevaient en retour des prééminences et d'autres droits d'enfeux ou d'armoiries, proportionnés à leurs bienfaits.

Pourquoi n'encouragerait-on pas aujourd'hui la générosité des fidèles ou des prêtres par différentes récompenses ? Il est si difficile à l'opulent d'éviter l'égoïsme, qu'il faut lui savoir gré d'en être sorti. Et vous qui lui enviez le prix de sa libéralité, seriez-vous libéral à sa place ? On peut en douter, tant que l'expérience ne sera point venue confirmer vos belles intentions. Souffrez donc que les honneurs aillent chercher et couronner, même chez des talents médiocres, le mérite d'un patrimoine consacré aux bonnes œuvres.

II

Ces réflexions s'étendent à d'autres qu'à M. Bohic ; mais elles trouvent aussi leur application dans la vie du supérieur de St-Joseph. Il a fait un noble emploi des ressources qu'il tenait de sa famille ; il n'a pas seulement avancé des fonds au diocèse dans une foule de circonstances, il s'est encore dépouillé, sans espoir de retour, d'une partie de ses revenus. Nous en avons la preuve dans une note, écrite de sa main le 15 août 1852 à propos des orgues :

« Ces orgues, dit-il, n'ont rien coûté à la Maison, M. le Supérieur a pourvu à toute la dépense par lui-même ou par d'autres. »

Il ne se chargeait pas toujours des frais, c'eût été trop onéreux pour un particulier ; mais le plus souvent il y mettait du sien, tantôt avec un désintéressement louable, tantôt avec l'intention bien légitime de récupérer plus tard les sommes qu'il versait. Comme il avait de la sorte un intérêt propre dans la plupart des opérations, il passait les actes sous son nom personnel. Cette situation était anormale ; la mort pouvait venir ; ses héritiers seraient-ils aussi magnanimes que lui ? et n'avait-on pas lieu de craindre que St-Joseph avec les dépendances, ne fût un jour réclamé par ses neveux.

III

On voit déjà percer cette appréhension toute naturelle dans une lettre adressée à M. Bohic par Mgr Graveran, le 9 novembre 1841 ; en voici le texte :

« Nous n'avons pas encore l'ordonnance royale autorisant l'acquisition de Belle-Vue (*sic*) au nom du diocèse : je l'attends. Le contrat dit que vous l'avez acheté agissant pour le séminaire et autorisé à ce en dûe forme. *Item* que vous l'avez payée 16.000 francs. Mais je n'ai pas vu qu'il soit dit positivement que ces 16.000 francs vous ont été comptés à cette fin par la caisse du diocèse. Si on allait croire que vous avez avancé cet argent de vos *fonds personnels !* Pour obvier à tout inconvénient. Je voudrais que vous m'adressiez sur timbre la déclaration que les 16.000 francs que vous avez payés pour Belle-Vue, vous ont été avancés *par la caisse diocésaine*. »

Soit négligence, soit oubli, soit calcul, M. Bohic ne semble pas avoir tenu grand compte de ces observations. En effet, lorsque sa surdité croissante et l'état général de sa santé l'obligèrent à donner sa démission en 1862 et à se retirer à Carantec, sa paroisse natale, M. Rosec, son successeur, fut mis tout d'abord dans un grand embarras. La lettre qu'il écrivit le 3 décembre 1862 au trésorier de l'Œuvre, M. le Guen-Kerneizon, le démontre amplement. Voici ses propres paroles :

« Mon cher ami, depuis ton départ je n'ai pas cessé mes recherches pour retrouver nos titres de propriété, mais le résultat est peu favorable :

« 1° La première acquisition faite par acte notarié en 1837, a été ratifiée par acte notarié en 1839 et en 1841 ou 1842. J'ai trouvé les minutes chez M. Macé. La Maison a été érigée par ordonnance royale du 15 Mars 1843, l'acquisition de Bel-Air a été autorisée par l'article IV de cette ordonnance. Mais je n'ai pas encore pu trouver l'acte qui a dû intervenir en conséquence de cette ordonnance ;

« 2° Je n'ai encore pu rien découvrir relativement à la maison Léséleuc ou Sallette (*sic*) ; j'en ai parlé à M. Bohic qui a esquivé la réponse : comme l'acquisition a dû précéder l'autorisation de l'Etablissement, il se peut qu'elle figure dans l'acte intervenu par suite de l'ordonnance du 15 Mars 1843; je n'en sais rien.

« 3° La première moitié de la Maison Bédée acquise par acte notarié dont je trouve une expédition, était pour emplacement de la chapelle. Une partie de cette acquisition fut payée par la Ville, et une autre partie par M. Bohic agissant au nom de l'Etablissement. Rien ne me prouve que cette acquisition ait été autorisée et que les héritiers de M. Bohic ne puissent pas élever des prétentions;

« 4° Un bout de fossé a été acquis par acte sous-seing privé d'Hamon Quéméner et enfants;

« 5° La seconde moitié de la maison Bédée a été acquise par acte sous-seing privé par M. Bohic et payée de son argent. Quand j'ai voulu lui exprimer combien ces irrégularités étaient dangereuses pour nous, il m'a répondu que rien n'était à craindre parce que les héritiers n'en avaient pas connaissance.

« 6° Tu m'as dit que l'Etablissement est en règle pour la dernière acquisition. Je n'en trouve aucun titre et je ne sais où m'adresser pour en avoir.

« Tu comprendras que nous sommes exposés du jour au lendemain à de graves difficultés et à des tracasseries sans fin. Hâte-toi de mettre ordre à toutes ces affaires pendant que M. Bohic vit; une fois qu'il sera mort, ce sera trop tard.»

« Je continuerai mes recherches à Saint-Pôl, mais je ne puis me charger de voir M. Bohic aussi souvent qu'il serait nécessaire pour terminer tout cela : 1° à cause de l'hiver qui ne me permet guère de voyager ; 2° parce que ma présence ici est continuellement nécessaire ; 3° parce que je ne puis pas m'exposer aux brusqueries de M. Bohic. »

Nous n'insisterons pas sur les derniers mots relatifs aux brusqueries de M. Bohic ; ils sont un commentaire court mais éloquent de ce que nous avons dit plus haut sur les manières un peu rudes de M. Bohic. Nous ferons simplement observer que la maladie avait encore aigri son caractère, et que M. Rosec, aux prises avec des désagréments sans nombre, a sans doute forcé la note. En tout cas, le désordre était à son comble, et l'on pouvait tout redouter pour l'avenir. Le nouveau supérieur ne se découragea point et le 8 décembre, une semaine après la première lettre, il écrivit à M. Le Guen :

« Mon cher ami, j'ai continué mes recherches, et je n'ai pas été trop malheureux.

« 1° Acquisition de Bel-Air autorisée par ordonnance royale du 15 Mars 1843. La même ordonnance reconnait la Maison de Saint-Pôl comme établissement d'utilité publique. Je ne trouve ni original, ni copie authentique de cette ordonnance, je ne trouve pas non plus d'acte notarié dressé par suite de cette ordonnance, et néanmoins les actes antérieurs ne sont pas réguliers, vu qu'ils ont été faits avec un mineur (séminaire ou évêché) non autorisé à contracter ;

« 2° La maison Léséleuc ou Psallette a été adjugée par suite de licitation, à M. Bohic agissant au nom de l'Evêché de Quimper, le 20 février 1843. La minute de cet acte est à l'étude de M. Le Comte, successeur de M. Miorcec.

« J'ai l'expédition de l'acte d'acquisition de la première moitié de la maison Bédée, et le sous seing-privé de la seconde moitié.

« 4° Quant à la propriété Le Coq ou Quéméner, je n'ai pu encore rencontrer M. du Penhoat en l'étude duquel se trouve la minute.

« J'ai pris communication de la matrice cadastrale et j'ai vu que toutes les acquisitions faites par M. Bohic y sont portées au nom de l'évêché de Quimper ; on y a même porté 25 ares de prairie dépendant de la propriété Le Coq et dont personne ici n'avait connaissance. Je mettrai cette affaire au clair dès que je pourrai rencontrer M. du Penhoat ; l'un des deux, ou cette portion est à nous et nous devons en jouir par main ou par location, ou elle a été vendue à un autre et nous n'en devons pas subir les contributions.»

La lumière commençait à se faire. Encore quelques jours, et M. Rosec pouvait annoncer à M. Le Guen, le 17 décembre, qu'il avait enfin mis la main « sur tous les titres de la maison Léséleuc ou Psalette ou Sperlette (*sic*). » — « Ils sont conformes, ajoutait-il, à la minute dont M. Le Comte m'a donné communication. »

IV

Avant d'aller plus loin, qu'on nous permette de signaler la façon pour le moins bizarre dont M. Rozec désigne la maison Léséleuc. Il l'appelle Psalette ou *Sperlette*, et ailleurs (3 décembre 1862) *Sallette*. Pour ne point hésiter entre les trois orthographes. il n'avait qu'à se souvenir de l'étymologie du mot ; mais il avait d'autres préoccupations ; et son oubli peut s'expliquer. D'ailleurs, il n'est pas le seul qui se soit trompé en ce point. Les copistes de Mgr de La Marche, dans l'inventaire auquel nous avons plusieurs fois recouru ont écrit tantôt Spalletta, ce qui est acceptable, tantôt Salletar et Salette, ce qu'on ne saurait excuser en aucune façon (Trégonnern, tome II, pages 117 et 125).

V

Pour en revenir à notre objet principal, toutes les pièces qui intéressaient St-Joseph étaient désormais réunies. On possédait même celles qui ont trait à la dernière acquisition dont il est parlé au n° 6 de la lettre du 3 décembre. Cette acquisition n'était autre qu'une portion notable du manoir des Salles, affectée depuis au Cercle catholique, comme nous l'avons mentionné en son lieu. Un décret de Napoléon, du 17 février 1857, avait approuvé le contrat de vente dans ces termes :

« Art. 1. — L'évêque de Quimper, au nom de la Maison de Retraite des prêtres âgés et infirmes de son diocèse, est autorisé à acquérir des sieur et dame Quéméner, moyennant 2660 fr., une maison et dépendances sises à Saint-Pol-de-Léon, connues sous le nom de dépendances du manoir des Salles, dont l'adjudication a été prononcée provisoirement au profit dudit établissement par actes publics des 24 et 25 mai 1855. »

VI

On pouvait croire que les affaires étaient en règle, que tout était terminé, qu'il n'y avait plus d'inquiétudes à concevoir. Pas du tout ; la lettre suivante, datée du 23 Mars 1863, et envoyée par M. Rosec à M. Le Guen, va nous tirer de notre erreur. Elle peint admirablement les incertitudes et les difficultés de la situation. M. Rosec écrivait :

« Je crains fort que la visite de Mgr à Carantec n'ait produit aucun résultat favorable pour nous. C'est dit-on, Mgr lui-même qui a transcrit sur timbre fourni par moi la pièce procurée par M. Chamaillard, et le vicaire de Carantec a réussi le lendemain à la faire signer par M. Bohic.... Je ne rencontre que difficultés sur difficultés, embarras sur embarras.

« Que ne m'a-t-on laissé tranquille dans mon petit

nid de Lampaul, au lieu de me jeter et de me laisser en aveugle dans cette bagarre ! »

Malgré les plaintes bien naturelles de M. Rosec, on peut croire que la dernière démarche de l'évêque à Carantec aura suffi, soit pour nantir définitivement le séminaire, soit pour désarmer les héritiers de M. Bohic. En tout cas, il n'est plus question, dans la correspondance administrative qui nous est tombée sous les yeux, ni de négociations subséquentes, ni de craintes, ni de méfiances d'aucune sorte, relativement à la propriété de St-Joseph.

CHAPITRE XIII

Monseigneur Sergent

I

L'évêque dont il a été parlé dans le chapitre précédent, sans que son nom ait été prononcé, est Mgr Sergent. Son zèle à revendiquer pour le séminaire, la pleine possession de tout ce qui constituait l'établissement des vieux-prêtres, l'activité qu'il sut imprimer dans cette affaire importante à tous ses subordonnés, la part personnelle qu'il a prise pour assurer le succès définitif, nous imposent la douce obligation de faire connaître en peu de mots les principales circonstances de sa vie. D'ailleurs, la suite nous révèlera d'autres bienfaits, pour lesquels la Maison de retraite lui doit une reconnaissance inviolable.

II

René-François-Nicolas Sergent a vu le jour à Corbigny dans le Nivernais, le 12 Mai 1802. Dieu qui le prédestinait à porter la couronne épiscopale de St-Pol et de St-Corentin, le fit naître d'une famille chrétienne et sacerdotale, dans un pays accidenté comme le nôtre, au milieu d'une population virile dont le mâle caractère rappelle à s'y méprendre l'énergie bretonne.

Malgré sa piété précoce, ses premières idées ne se tournèrent point vers le sanctuaire. Après un stage insignifiant dans une étude d'avoué, il se rendit à Paris où il étudia la médecine conjointement avec le droit. Témoin des dangers qui entouraient la jeunesse dans la capitale, et auxquels il avait miraculeusement échappé grâce à sa dévotion pour le rosaire qu'il récitait tous les jours, il se dégoûta du monde et vint revêtir l'habit ecclésiastique à Nevers, son diocèse d'origine. La première place qu'on lui confia comme prêtre, fut la cure de Mars-sur-Allier, où il trouva moyen, dans les loisirs que lui laissaient ses fonctions pastorales, de travailler à l'instruction des fils du comte de Bouillé. Ses aptitudes remarquables pour l'enseignement lui firent donner bientôt la chaire de rhétorique au collège de Nevers. Il y était depuis le 7 novembre 1826, lorsqu'en

1830, après la laïcisation de l'établissement, il se mit sous la direction de Lamennais à Juilly.

Lamennais ne devait pas tarder à s'engager dans la voie funeste où il s'est perdu. L'abbé Sergent, avec les disciples du grand homme, voulut l'arrêter sur la pente fatale. Avertissements, prières, supplications, larmes de douleur et de t.ndresse, tout fut inutile. L'indomptable Breton s'enfonça de plus en plus dans l'abîme de l'apostasie, et le jeune prêtre Nivernais le quitta sans retour, pour rentrer dans son pays.

Il ne fit que passer à Bazoches qu'il administra sous la direction nominale d'un vieux prêtre encore imbu du rigorisme jansséniste, à Impury dont il fut curé titulaire, à la cathédrale de Nevers où il remplit comme vicaire les fonctions ecclésiastiques. On n avait pas oublié ses succès antérieurs dans le professorat : aussi l'envoya-t-on enseigner la rhétorique au petit-séminaire de Corbigny ; il y devint successivement préfet des études et supérieur. Dans ces différentes positions, non-seulement il se montra toujours à la hauteur de sa tâche, mais il se distingua par des qualités éminentes qui attirèrent sur lui les regards bienveillants des premiers personnages du département. Quand l'évêché de Nevers fut vacant par la translation de Mgr Naudo sur le siège d'Avignon, il fut sérieusement question de lui pour le remplacer.

Le Ministre des Cultes l'appela dans ses

bureaux; la nomination était prête; le décret n'attendait plus que les dernières signatures; mais il brisa volontairement sa crosse par une réponse digne des siècles primitifs de l'Eglise. Après l'avoir sondé sur ses principes, le représentant de l'Etat lui posa cette question : Si vous étiez évêque, quelle serait votre attitude vis-à-vis du gouvernement sur tel et tel point qu'il désigna ? — L'abbé Sergent répliqua fièrement : « Je n'aurais pas cru que Votre Excellence eût témoigné le désir de me voir, pour m'infliger l'humiliation d'une telle demande; si j'avais le malheur d'être évêque, je ferais mon devoir et pas autre chose. » Il avait prononcé sa propre sentence. C'est M. l'abbé Dufêtre, vicaire général de Tours, qui fut envoyé à Nevers. Mais le nouveau prélat voulut donner immédiatement une preuve éclatante de son estime au prêtre généreux qui lui avait en quelque sorte frayé la route; il joignit à son titre de supérieur celui de grand-vicaire.

III

Au bout de quelques mois, un malentendu déplorable éclata entre ces deux hommes si bien faits pour se comprendre; il s'agissait de la gestion financière de la maison de Corbigny. L'abbé Sergent, abreuvé d'amertume, résigna sa charge et eut un instant l'idée de se retirer chez les reliligieux de Picpus. Il n'en fit rien, mais il prêta l'oreille aux propositions de ses amis qui briguaient pour lui un canonicat de second ordre à Saint-Denis. Cette combinaison échoua. Comme il persistait à se démettre de ses fonctions au petit-séminaire, il accepta en 1847, la cure de Brinon-les-Allemands, l'une des plus petites paroisses du diocèse.

Le modeste presbytère où il resta trois ans, devint comme un lieu de pèlerinage pour les prêtres et les laïques de tout rang. C'est là que la faveur populaire vint lui offrir une candidature à la Constituante. Il eut le malheur de signer dans la circonstance un programme plus ou moins anodin, rédigé par les conservateurs de l'endroit, et qui lui fut amèrement reproché 25 ans plus tard; nous avons été témoins du chagrin profond que ces accusations rétrospectives causèrent à son âme si droite et si loyale. Il échoua aux élections avec une minorité respectable.

IV

Après tant de traverses, le jour de la justice allait enfin luire pour l'abbé Sergent. Grâce à la protection des députés de la Nièvre, grâce surtout à la faveur de M. Dupin, président de l'Assemblée nationale, il fut nommé en 1850 recteur d'Académie dans son propre département. C'était une position difficile. Il avait à lutter contre les sociétés secrètes qui prenaient fait et cause pour des instituteurs anarchistes et des professeurs sectaires, dont fourmillait sa circonscription. La vigilance et l'énergie ne lui manquèrent jamais pour atteindre et frapper les coupables. Il bravait les menaces, et ne tenait aucun compte des attroupements hostiles qui se formèrent souvent autour de sa maison ou sur son passage. Le sentiment du devoir le soutenait au milieu des plus ardentes contradictions. Tantôt il excitait le zèle des Frères eux-mêmes, tantôt il réveillait de leur assoupissement les maîtres négligents ou paresseux. Il parcourait les campagnes et les villes, il visitait les écoles, il interrogeait les parents et les élèves, il mettait en mouvement les inspecteurs, il frappait quelquefois de son autorité privée des coups terribles, il s'efforçait surtout d'aplanir les difficultés et de corriger avant de punir ; puis, entre un voyage et un rapport à l'administration supérieure, entre une conférence religieuse au collège de Nevers et une séancedu Conseil académique, il traduisait les *Méditations* du docteur Kroust.

C'est au milieu de ces travaux multiples, qu'un décret de l'empereur vint le surprendre. Le 6 février 1855, cinq jours après la mort de Mgr Graveran, il était appelé à recueillir sa succession.

Pendant que les cloches sonnaient à toute volée dans la cité de Nevers, et que le premier pasteur du diocèse, accompagné du chapitre, des vicaires généraux, et d'une troupe nombreuse d'amis dévoués, accourait à sa demeure pour lui adresser des félicitations, le nouvel élu était à genoux devant son confesseur et lui demandait son avis. Au nom de la sainte obéissance il dut accepter le fardeau. Sa consécration eut lieu à Paris le 20 Mai devant plusieurs personnages distingués ; l'ancien évêché de Léon y était représenté par l'archiprêtre de St-Pol. M. Salomon Pouliquen, neveu, frère, oncle, cousin de tant d'ecclésiastiques éminents, et l'un des curés les plus estimables et les plus regrettés dont s'enorgueillisse la Ville-Sainte. Ajoutons que ce prêtre vénéré avait été au collège de Léon condisciple et rival de Billaut, l'un des ministres marquants du second Empire, et l'un des avocats les plus illustres du siècle.

V

Il y aurait trop à dire, s'il fallait raconter par le détail les fêtes de la réception solennelle de Mgr Sergent à Quimper, à St-Pol, dans les principaux centres du Finistère, et jusque dans les bourgades les plus obscures de la campagne. Les populations avaient compris dès le premier moment que celui qui venait à elles au nom du Seigneur, était breton dans l'âme, s'il ne l'était pas par la naissance. Elles ne s'étaient pas trompées. Il favorisa notre langue maternelle, ce drapeau de notre nationalité, ce bouclier de notre foi ; il fonda

Feiz ha Breiz notre organe aujourd'hui muet ; il encouragea la traduction de plusieurs livres de piété dans l'idiôme si riche et si sonore de Conan Mériadec ; il bannit de la chaire, tantôt par une fine ironie, tantôt par des avis motivés, cette élocution moderne et bâtarde qui n'était qu'un français déguisé ; il réveilla jusqu'à la harpe des anciens bardes, et rendait possible ce recueil admirable de cantiques qui sera la gloire ineffaçable de l'abbé Guillou, de Cléder.

Aucun prélat n'a travaillé comme lui au progrès des quatre dialectes du pays d'Armor, et du dialecte principal, qui est le dialecte harmonieux du Léon.

Ce que Walter Scott avait été pour l'Anglo-Saxon, il le fut pour le Celtique ; et penché sur sa tombe, il pouvait dire avec une légitime fierté : « Quand je suis venu en Bretagne, je comprenais ou du moins je devinais suffisamment ce qui se prêchait dans les Pardons ; aujourd'hui, je n'entends plus rien ; on parle enfin comme les ancêtres ; on emploie sans mélange hybride les formes grammaticales et la pure terminologie des Pôl et des Corentin. »

C'était toute une révolution. La Renaissance nous avait envahis au XVIe siècle par les églises et les châteaux ; une civilisation qui se prétendait supérieure parce qu'elle était affublée de grec et de latin, nous avait un instant fascinés : elle dut reculer devant notre indomptable énergie, et nos estomacs rejetèrent le poison. *L'Ia* raisonna aussi vigoureux que jamais sur les deux versants de l'Aré ; personne n'osa plus, dans le journal ou dans le livre, dans le discours public ou dans la conversation, se parer d'éléments étrangers ; et cet instrument merveilleux, qui n'a point voulu jusqu'à nos jours se rendre complice de l'hérésie, a recouvré sa pureté virginale.

VI

La réforme se fit également sur le terrain de la doctrine ; Mgr Graveran avait commencé, son auguste successeur eut l'honneur incomparable d'achever son œuvre. La morale janséniste fut réduite à néant, le gallicanisme expira. Aux applaudissements unanimes du diocèse, celui que Pie IX appelait *son Sergent* soutint avec ardeur l'infaillibilité pontificale. Il avait précédemment lutté contre le gouvernement impérial dans la question romaine. Il avait honteusement chassé de la chambre législative ce Boudin de Tromelin qui insulta publiquement dans un jour de démence les zouaves de Lamoricière. On connaît la réponse d'un député catholique au représentant mal inspiré de la région trégoroise du Finistère. Boudin de Tromelin avait dit, du sang généreux qui coula sur le champ de bataille de Castelfidardo : *C'est le sang des mercenaires !* On lui répliqua : *Ce n'est pas le sang dont on fait des boudins !* Notre évêque recueillit le mot, et punit l'outrage en retirant à son auteur la candidature officielle.

Cependant, le séminaire renaissait plus vaste et plus beau; les édifices diocésains revêtaient une splendeur inconnue; Saint-Joseph prenait des développements sur lesquels nous aurons à revenir; le palais épiscopal devenait digne d'un prince de l'Eglise. La cathédrale de Quimper déposait ses marques de décrépitude, et se plaçait au rang des premiers monuments de l'art gothique. Sans condamner ni critiquer les travaux qui furent entrepris pour restaurer la vieille basilique de Saint-Corentin, qu'il soit permis à un enfant de Saint-Pôl d'exprimer un regret. Notre cathédrale à nous tombait en ruines; depuis, on y a exécuté des réparations considérables. Mais alors il était urgent d'aviser. Néanmoins Mgr Sergent, préoccupé de sa Cornouailles, nous enleva 20,000 francs. Qu'il eût frappé d'un impôt proportionnel toutes les Fabriques du diocèse, personne n'eût protesté. Ce qui nous affligea, ce fut de voir lever un tribut exorbitant sur la seule capitale du Léon. Après ce coup, les armes de M. Sergent ont été placées dans l'arc triomphal de notre église, au bas du chœur, du côté de l'Epître, vis-à-vis de celles de Mgr de la Marche, en dessous des écussons de Jeanne de Valois et de Jean V, insignes bienfaiteurs de notre sanctuaire vénéré. Que n'a-t-on mis plutôt le chiffre de Mgr Graveran, premier titulaire du siège de Léon rétabli!

Mais étouffons nos plaintes dans le respect. L'auteur a des motifs personnels pour ne pas insister. Il n'a pas cessé de recevoir des preuves incontestables de la bienveillante estime de cet évêque.

Il ne veut pas attaquer sa mémoire.

Mais il ne pouvait passer sous silence une mesure déplorable, dont les effets sont aujourd'hui conjurés par le dévouement de ses compatriotes. La cathédrale de Léon n'a jamais été plus belle ; il ne fera donc aucune difficulté d'unir sa faible voix à celles qui célèbrent l'administration vraiment intelligente de Mgr Sergent. Nous avons déjà vu ce prélat obtenir de M. Bohic la signature nécessaire pour assurer au diocèse la possession indiscutable de Saint-Joseph ; examinons ce qu'il fit encore dans l'intérêt de cette Maison.

CHAPITRE XIV

MONSIEUR ROSEC, CINQUIÈME SUPÉRIEUR

I

Le supérieur qu'il avait nommé à la tête de l'établissement se trouva tout d'abord dans une position difficile. Nous ne reviendrons pas sur les déboires qui lui furent causés par les irrégularités de son prédécesseur. M. Bohic, autrefois si allègre, si dispos, si actif, avait ressenti les atteintes de la vieillesse, et laissait du désordre un peu partout. Il fallut écrire à

Quimper pour connaître le reliquat qu'il avait en caisse à la fin de 1861. (Lettre du 3 décembre 1862). Les bâtiments tombaient en ruine, le mobilier était dans un état déplorable, la maison manquait presque totalement des objets même les plus nécessaires et les plus usuels. Il est instructif d'entendre à ce sujet les lamentations de M. Rosec, habitué dans son bon presbytère et son excellente paroisse de Lampaul-Ploudalmézeau, au milieu des délices du Léon, à ne rencontrer sur son chemin que des roses sans épines. Si la fortune envieuse l'avait jeté quelque jour dans un pays presque sauvage, sous un toit croulant, en face d'une église inachevée, et d'une fabrique insolvable, devant une population dont les chefs égarés se croyaient tout permis même contre les croix, réduit aux seules ressources de sa propre force morale, il aurait été moins surpris par les circonstances nouvelles.

De l'idéal il passait sans transition à l'implacable réalité. Aussi, son désenchantement fut cruel, et il paya vite et cher des années de calme et de béatitude inaltérable. Laissons-le peindre lui-même dans les épanchements de l'amitié cette triste situation :

« Demain, écrivait-il avec une pointe d'ironie amère, je commencerai l'inventaire de notre beau mobilier... La dépense marche ici, mais les réparations avancent peu. Je fais mon possible pour consolider les murs et nous mettre à l'abri. J'ai le plus souvent que je puis les menuisiers, serruriers vitriers, peintres, couvreurs, etc.. Ce que tu as vu n'est rien ; ce n'est qu'à mesure que l'on veut faire quelque chose, que l'on connaît l'état véritable des édifices, du mobilier et des approvisionnements. J'ai commencé l'inventaire du mobilier, mais cette affaire comme les autres marche plus lentement que je ne voudrais ; néanmoins j'ai quelquefois à peine le temps de dire mon bréviaire. Ma santé se soutient néanmoins, grâce à Dieu... Mon inventaire avance lentement ; tu le recevras *assez tôt*. Le temps me contrarie dans mes réparations. »

La chapelle laissait aussi à désirer ; les objets les plus essentiels au culte étaient en mauvais état :

« Tu auras la complaisance, lisons-nous dans une lettre du 8 janvier 1863, de m'expédier ou faire expédier le plus tôt possible trois pierres d'autel, celles que nous avons ne portant aucun sceau. »

Le bon M. Rosec en avait par-dessus la tête. Il lui suffisait en quelque sorte d'ouvrir les yeux pour découvrir ici ou là des causes d'ennui et de désagrément.

« S'il existe encore, disait-il un jour, des imprimés des prières pour le Pape, tâche de m'en envoyer 6 ou 12. »

Aussi désirait-il ardemment voir à St-Joseph le trésorier de l'œuvre.

« Fais ton possible, lui écrivait-il à la date du 23 février 1863, pour arriver à St-Pol quelque temps avant la retraite, afin que nous puissions nous entretenir de nos affaires. »

II

Les embarras vont s'accroître plus que jamais. L'évêque, Mgr Sergent, attentif aux besoins des vieux-prêtres, et voulant leur procurer la plus grande somme de bien-être possible, avait décidé la construction d'une nouvelle aile. C'est maintenant que le Supérieur s'écriera avec un accent de touchante conviction : Que ne m'a-t-on laissé tranquille dans mon petit nid de Lampaul,, au lieu de me jeter dans cette bagarre ! » La pensée seule de sa responsabilité devant Dieu le soutient au milieu de ces extrémités ; il s'anime, il s'encourage lui-même, et il est résolu à s'acquitter au mieux des obligations qu'on lui impose. « Je commencerai mes travaux, c'est lui qui parle ainsi, dès que je pourrai avoir les ouvriers. » Les ouvriers ! ce seul mot l'épouvante ; car il ajoute avec un effroi qu'il ne cherche pas à dissimuler (26 mars 1863) : « Il me faudra simultanément des couvreurs, des charpentiers et des maçons ! » Le désordre même de cette phrase, où les maçons passent après les charpentiers et les couvreurs, montre assez l'effarement de M. Rosec au début de l'entreprise.

Il n'entre pas dans notre dessein de suivre pas à pas les progrès de la construction. Qu'il nous suffise de proclamer qu'elle fut bien conduite, vivement exécutée, couronnée enfin d'un plein succès. En deux ans presque jour pour jour, c'est-à-dire du mois d'Août 1863 au mois d'Août 1865, le gros œuvre était terminé. M. Rosec n'entendit pas les derniers coups de marteau, car il était mort le 4 Avril précédent. Son corps avait été transporté à St-Vougay paroisse de sa famille.

IV

On aurait pu croire qu'instruit par son expérience personnelle, il eût épargné à son successeur les déboires dont il avait souffert lui-même, dans la question des titres de propriété de la Maison St-Joseph. Il n'en fut rien. Le règlement de ses propres affaires devint une source de préoccupations constantes pour l'administration, jusqu'à la fin de 1867. Que faire des mille et vingt francs trouvés dans un tiroir secret de sa chambre ? Comment se rendre compte de la destination exacte de plusieurs coupons pontificaux, séparés de leurs titres qu'on ne découvrit jamais ? Que répondre au domestique qui réclamait 70 fr. de gages arriérés, à l'organiste qui déclarait n'avoir point touché ses honoraires ? A qui s'adresser touchant les 420 ou 450 fr. de messes versés pour le compte de Mgr Sauveur ? On s'arrangea comme on put sur ces divers articles ; mais on se heurta à des obstacles sans nombre, et à des embarras de tout genre, lorsqu'il fallut liquider la succession de M. Rosec.

IV

M. Rosec avait acheté les deux maisons Michaud et Jacques Le Rest dans la rue de Bel-Air, avec l'intention bien arrêtée de les céder à sa mort à l'établissement dont il étai. 'e supérieur. Eclairé par l'exemple de M. Bohic, il n'avait qu'une chose à faire, c'était de porter dans le contrat de vente le Séminaire ou l'Évêché comme véritable acquéreur des immeubles ; on aurait obtenu facilement, surtout à cette époque, les autorisations nécessaires, ainsi qu'on les avait eues pour le manoir des Salles. Au lieu de suivre une marche aussi simple et aussi naturelle, il agit en son nom privé, il paya de sa bourse, il signa de sa main, et se contenta de rédiger un testament olographe, daté du 18 février 1865, par lequel il léguait à Saint-Joseph les deux maisons susdites. Mais il laissait encore un autre testament, olographe aussi, antérieur de dix mois, où il instituait Marguerite Rosec sa sœur, légataire universelle. Les héritiers de M. Rosec étaient pauvres : quelle tentation pour eux ! C'était une somme de 15 à 1800 francs, dont ils pouvaient espérer la jouissance. Leur convoitise s'allume ; ils commencent une campagne en règle contre les dispositions formelles de leur parent défunt.

En vrais paysans bretons, fins et cauteleux, ils ne soulèvent d'abord que des objections secondaires. « Ils sont gênés, disent-ils ; comment parviendront-ils à payer les frais de délivrance, pour un legs qui les frustre dans leur légitime attente ? Ne serait-il pas juste de les rembourser, ou du moins de verser une somme promise pour l'éducation d'un enfant de la famille ? » Quand on leur propose un compromis, en vertu duquel les débours accessoires seraient à la charge du diocèse, ils n'osent plus accepter ; ils demandent le temps de la réflexion, ils témoignent le désir de voir l'Évêque ou de lui écrire. Ce sont des moyens dilatoires, dont le succès les rend plus exigents.

L'administration supérieure est saisie ; elle demande des renseignements supplémentaires ; on lui envoie tout le dossier, et on avertit en même temps les héritiers qu'ils doivent choisir entre un consentement explicite et une opposition formelle.

Ceux-ci continuent à se renfermer dans une résistance passive. L'huissier prend peur de cette attitude, et craint d'aller de l'avant. L'affaire traîne en longueur ; le préfet s'en mêle et réclame une copie du testament. M. Ollivier, qui avait pris la direction de l'Etablissement, écrit lettres sur lettres, mais en pure perte. Ni les intéressés ne lui répondent, ni le maire de Saint-Vougay. Cependant presque tous les locataires s'esquivent, prétextant que M. Rosec avait manifesté l'intention de ne pas renouveler leur bail.

Les revenus s'arrêtent, les impôts courent toujours, il faut payer 14 francs de contributions sans toucher un centime, et prévoir encore bien d'autres dépenses qui ne feront d'ailleurs que s'accroître par les lenteurs de la partie adverse, et par le délabrement progressif des édifices. Enfin, on en arrive aux mesures de rigueur ; une sommation est lancée contre la famille Rosec.

Alors les difficultés se multiplient. L'Évêque, le préfet, le sous-préfet, le maire de Saint-Pol, entrent tour à tour en scène : on se livre à des expertises, on apprécie la valeur réelle et la valeur de convenance des objets du litige, on examine l'actif et le passif de la succession, on scrute les intentions du testateur, on ouvre une enquête *de commodo et incommodo*, on accumule les hypothèses, on varie les tentatives sans obtenir un résultat pratique. Beaucoup de questions, peu ou point de réponses. Faut-il vendre, faut-il acheter ? Faut-il réparer, faut-il abattre ? Faut-il poursuivre en justice, faut-il attendre les évènements ?

Le désarroi est partout. Au milieu de cette confusion générale, M. Ollivier poursuit paisiblement ses démarches Il écrit de tous les côtés suivant qu'on l'interroge, il pèse et résout les doutes, il suggère sans cesse de nouveaux expédients, il met en lumière les raisons les plus plausibles sur lesquelles on doit s'appuyer, il dresse lui même le plan de campagne qu'il convient d'adopter.

Si on lui reproche un jour de ne pas fournir les renseignements dont on a besoin, il rassemble en un clin-d'œil les documents, et démontre qu'il les a déjà expédiés en gros ou en détail à leurs adresses respectives. D'ailleurs il ne fait rien sans consulter, il n'agit qu'à bon escient; mais jamais il n'est pris au dépourvu. Son activité, sa présence d'esprit, sa souplesse, sa tenacité, sa patience inaltérable, triomphent successivement de tous les obstacles; il obtient tantôt une concession, et tantôt une autre; bref, il reste maître de la place, et la cause est gagnée.

Ceci n'est qu'un pâle résumé; mais il fera comprendre que Mgr Sergent avait eu la main heureuse en mettant un tel homme à la tête de Saint-Joseph.

CHAPITRE XV

Monsieur Ollivier, sixième supérieur

I

Celui que nous avons vu à l'œuvre dans cette affaire compliquée était de St-Pol; il y avait fait ses études, le diocèse l'avait envoyé à St-Sulpice; il était devenu successivement vicaire de Saint-Mathieu, directeur du séminaire, professeur d'écriture sainte, économe, aumônier des Ursulines à Morlaix. C'est de ce dernier poste qu'il vint à Saint-Joseph. Saint-Joseph avait alors sa chapelle, ses dépendances, ses bâtiments; mais à vrai dire, il n'avait pas encore eu de supérieur. Pouvait-on donner ce nom à M. Bohic, âme honnête sans doute et ferme, mais étrangère aux mille petites délicatesses de procédés si utiles dans les relations de chaque jour? Pouvait-on donner ce nom à M. Rosec, ombre plaintive et larmoyante, pieuse colombe dépourvue de la finesse du serpent, plus capable d'édifier ses frères que de les gouverner? Il fallait dans une maison de vieux prêtres un homme respectueux du caractère sacerdotal, mais en même temps capable de se faire respecter lui-même. Cet homme fut M. Ollivier (1).

Énergique sans rudesse, affable sans vulgarité, pieux sans affectation, rigide sans aigreur, actif sans précipitation, savant sans pédantisme, M. Ollivier est à la hauteur de toutes les situations, et ne se laisse surprendre par aucune éventualité. Toujours et partout il se montre ce qu'il doit être, toujours et partout il est prêt. A ce propos, je n'oublierai jamais un mot remarquable tombé de la bouche de Mgr Lamarche. C'était le 20 du mois d'août 1889.

Le bon évêque entre brusquement dans la chambre de M. Ollivier : « Je vous demande bien pardon, dit-il avec sa grâce habituelle, je viens à l'improviste vous réclamer telle feuille dont j'ai

(1) Ce chapitre et deux ou trois autres qu'on lira plus loin sur M. Ollivier, ont été maintenus sans beaucoup de changements, malgré les protestations du principal intéressé. Nous n'avons pas cru manquer de respect à un prêtre que nous vénérons, en pensant que son humilité l'empêche d'être bon juge dans sa propre cause.

besoin ; mais je sais qu'on peut compter sur vous à la minute. »

III

L'éloge est complet, nous ne saurions y rien ajouter de plus. S'il nous était permis cependant de jeter un coup d'œil rapide sur la vie du supérieur de Saint Joseph, avant et après son séjour dans l'établissement des vieux prêtres, nous n'aurions pas de peine à corroborer par des faits nombreux ce flatteur témoignage. Dans chacun des postes où il a été le maître, il a laissé des traces fécondes de son passage, on ne voit pas qu'il ait été effacé nulle part. A Morlaix, au début de sa carrière, soit dans le vicariat, soit dans l'aumônerie, il dirige avec une compétence rare les personnes du monde qui viennent réclamer ses avis, ou les âmes d'élite qui veulent progresser dans la voie de la mysticité. Au séminaire, lors de son premier stage, il forme déjà quoique en sous ordre, des ecclésiastiques remarquables par leur régularité. Le souvenir de ces premiers succès n'a pas peu contribué plus tard à lui faire donner la conduite générale de la jeune tribu lévitique.

Mais voyons auparavant ce qu'il sut réaliser à St-Pol, quand on le nomma curé de la cathédrale. Il établit dans la paroisse, dans les congrégations, au cercle catholique, à l'hospice, au couvent, l'ordre le plus parfait. Tout se ressent de sa bienfaisante influence. Il n'entend pas qu'on lui résiste pour le bien qu'il a résolu d'accomplir. Les principes ne fléchissent pas entre ses mains, et il préfère détruire une œuvre dans son germe, plutôt que de la laisser vivre en dehors des conditions exigées par la pure doctrine apostolique. La lutte est quelquefois terrible, mais toujours fructueuse. Peu à peu les préventions tombent, on reconnaît qu'il a eu raison, chacun oublie sa sévérité, et ne conserve à son égard que du respect, de l'admiration et de l'amour.

IV

Qui donc viendra soutenir maintenant qu'il envisage les objets sous leur côté le plus mesquin ? Bien loin de là ; il commence par poser dans toutes ses entreprises le fondement inébranlable de l'Evangile. Qu'ensuite il construise pierre à pierre l'édifice, qu'il remarque les moindres défauts et les signale, qu'il tienne un compte rigoureux des détails en apparence les plus insignifiants, quoi de répréhensible en cela ? Le divin Maître n'a-t-il pas dit : Celui qui manque dans les petites choses faillira dans les grandes, et celui qui néglige les prétendues minuties, négligera insensiblement le reste ? Dieu qui a ordonné l'univers et qui le maintient par sa providence, a-t-il donc abandonné au hasard les faits secondaires ? N'a-t-il pas constamment l'œil sur le moucheron comme sur l'éléphant, et du même bras infatigable dont il pousse à travers l'espace immense les corps célestes, ne fait-il pas mouvoir dans son orbite restreint l'atome insaisissable ? Le Créateur est admirable dans les infiniment petits aussi bien que dans les infiniment grands, et la créature ne le sera plus, si elle embrasse d'un seul et même regard le but à poursuivre et les moyens de l'atteindre ? Pour moi je proclame avec Platon : Heureux qui sait bien diviser et bien définir ! Heureux, en d'autres termes, celui qui a mesuré la somme des forces individuelles nécessaires pour obtenir un beau résultat, et qui n'en laisse perdre aucune sans l'utiliser ! Il n'y a point de quantité négligeable ; car il a suffi, nous dit Pascal, d'un grain de sable dans l'urètre de Cromwell pour changer la face du monde.

V

Chose digne de remarque ! ils sont rares les hommes qui distinguent les parties dans le tout, et qui embrassent le tout sans oublier les parties. Et pourtant c'est là la vraie science, dans le domaine de l'application comme dans celui de la théorie.

M. Ollivier possède à fond cette science supérieure. Il en a donné des preuves en réussissant sur tous les théâtres où s'est exercé son zèle. Avoir transformé Saint-Joseph, transformé St-Pol, transformé le séminaire, voilà ses titres.

Ajoutons qu'il étend son action bien au-delà du champ spécial qui lui est assigné. C'est lui qui a créé ou vivifié, c'est lui qui conduit et soutient la plupart des grandes œuvres diocésaines de réparation ou de conservation sociale. Les lieux qu'il a quittés vivent toujours à son ombre. On le consulte, on l'écoute, on lui obéit avec plaisir et confiance. Où il a été une fois connu, rien ne saurait plus le faire oublier.

Aussi Mgr Nouvel disait-il en mourant : « Si le Juge suprême se montre sévère à mon égard, comme j'ai toute raison de le craindre, je lui montrerai pour désarmer son courroux le supérieur accompli que j'ai placé à la tête de mon séminaire. »

Nous terminons sur ce mot, nous bornant à relater désormais ce qui a spécialement trait à la Maison de Saint-Joseph. Inutile d'annoncer à l'avance des actions éclatantes. Saint François de Sales n'en demandait à personne ; mais il voulait que les petites choses fussent bien faites. M. Ollivier est de l'école de cet aimable Saint ; il remplit chaque devoir en son temps, et de la manière la plus achevée ; il ne regarde pas à la nature de l'entreprise, mais à sa perfection dans son genre ; il attache plus d'importance à une vertu modeste qui est dans l'ordre de ses obligations journalières, qu'à un héroisme intempestif. Et voilà comment il a toujours évité de dispenser ses efforts sur des chimères idéales, pour s'appliquer uniquement et sans réserve, à ce qu'on lui demandait dans le moment. Dieu l'a béni : il a réalisé dans la mesure du possible le bien qu'on pouvait tirer de chaque circonstance particulière.

CHAPITRE XVI

Le cimetière de Saint-Joseph

I

L'affaire de la succession Rosec ne fut pas la seule qui sollicita l'attention de M. Ollivier pendant les premières années de son supériorat. La nouvelle maison était construite ; mais il y manquait encore bien des choses, les gouttières, les persiennes, les lieux d'aisance, les paratonnerres, les canaux souterrains pour aménager les eaux pluviales, que sais-je ? Les portes n'étaient pas peintes, les ferrures n'étaient pas à leur place, les déblais n'étaient point emportés. Il fallait en même temps rapproprier les anciens bâtiments, commencer les armoires de la sacristie, relever le mur-nord du jardin, et consolider les clochetons de la tour qui menaçaient ruine.

Les ouvriers allaient et venaient, réclamant leur salaire et refusant quelques fois leurs services, parce que la caisse était vide, et que le diocèse, malgré de nombreuses réclamations, ne se hâtait pas de la remplir. La succession Pelléter vint encore augmenter les embarras ; cete affaire reçut pourtant une prompte solution, grâce aux dispositions conciliantes des héritiers.

Au milieu de tous ces tracas, la maison Mouchet est mise en vente, ainsi que la seconde partie de la maison Le Coq (1) Quelle belle occasion de s'arrondir un peu ? Malheureusement, les ressources ne sont pas abondantes ; il faut aviser au plus pressé, et satisfaire l'architecte et les entrepreneurs. On finit par leur verser à diverses échéances 63,523 fr. 87 : c'était, à 3,000 fr. près, le prix total de la nouvelle maison. Il ne restait plus qu'à la bénir.

II

Cette cérémonie eut lieu le 14 septembre 1865, par les soins de Mgr Sergent lui-même, qui avait fait le voyage de Saint-Pôl, accompagné du trésorier de l'œuvre des vieux-prêtres, M. Le Guen-Kerneizon. Dans une petite allocution après le dîner, sa Grandeur marqua le but élevé de la vie des pensionnaires de Saint-Joseph : « Vous êtes, leur dit-il, comme autant de Moïse sur la montagne, pendant que votre évêque et vos confrères combattent dans la plaine. » Le digne pasteur témoigna porter à l'Etablissement le plus vif intérêt, et ses vénérables auditeurs, en applaudissant à la fin, prouvèrent par leur figure épanouie, qu'il avait su trouver le chemin de leur cœur.

---

(1) Le diocèse toujours malheureux, vient de voir adjuger la maison Mouchet à un fabricant de chandelles pour 6.000 fr, et la seconde partie de la maison Le Coq à M. Jules Paul pour 14.000 fr. Cette dernière affaire a été conclue le 17 avril 1891, et l'autre, deux ou trois ans plus tôt

III

Mgr Sergent ne quitta point Saint-Joseph sans y répandre de nombreuses et précieuses faveurs. Notamment, il autorisa M. Ollivier à commencer les démarches nécessaires pour la construction d'un cimetière privé dans l'enclos. Par une lettre du 11 juin précédent, le supérieur avait déjà sondé le pasteur du diocèse à cet égard.

Le 7 juillet, il était encore revenu à la charge auprès de M. Jégou, vicaire-général. Maintenant fort de l'acquiescement du prélat, il va pousser l'affaire avec vigueur. Deux jours après le passage de sa Grandeur, il écrivait à M. Le Guen pour le prier de lui envoyer *au plus vite*, les pièces dont il avait besoin. Elles sont à peine arrivées, qu'il s'adresse à M. le Cure de Saint-Pôl pour obtenir son concours dans les limites exigées par la loi ou les convenances.

M. Pouliquen ne paraît pas aussi pressé que lui; cette lenteur le contrarie visiblement : « J'attends, dit il à M. Le Guen dans une lettre du 29 septembre, la réponse du presbytère. » Quelques jours se passent, et personne n'a bougé. Le Supérieur laisse percer son impatience le 7 octobre, en correspondant avec Monseigneur. « La question du cimetière, c'est ainsi qu'il s'exprime, est toujours en suspens. M. l'archiprêtre n'a pu voir M. le Maire; si les retards se prolongent, je me propose d'aller m'entendre personnellement avec le magistrat de la commune. » Enfin, au bout de deux semaines consciencieusement employées, « l'affaire est en train, les papiers indispensables ont été fournis par le sous-préfet et transmis au maire. » Le 12 novembre, le cimetière est accordé, mais les pièces officielles ne sont pas encore parvenues.

IV

Elles n'arrivèrent à Saint-Pôl qu'un mois plus tard, le 10 décembre 1865, et elles causèrent une déception au supérieur; en effet, la permission d'inhumer à Saint-Joseph n'était ni absolue ni générale, comme on peut en juger par une instruction du préfet dont voici la teneur:

« La législation sur les sépultures ne permet pas la création de cimetières privés. Le décret du 23 prairial an XII art. XIV, reconnait, il est vrai, à tout propriétaire le droit individuel de se faire inhumer dans sa propriété, si elle est à 35 mètres au moins de l'enceinte des villes et bourgs ; mais d'après les instructions ministérielles, ce serait donner une trop large extension à cette disposition, restrictive de sa nature, que d'en induire le droit d'établir un lieu de sépulture affecté aux seuls membres d'une congrégation religieuse. Un tel privilège, que chaque communauté pourrait réclamer à son profit, aurait pour effet de rendre illusoires les sages précautions prises par le législateur dans l'intérêt de l'ordre public et de la salubrité. Cette doctrine est conforme à la jurisprudence du Conseil d'Etat et à celle du ministre des cultes.

« Il en résulte que la Maison des prêtres âgés et infirmes, ne saurait être autorisée à créer un cimetière privé, et que l'administration locale pourrait seulement, sur une demande spécialement faite pour chacun des membres décédés de l'Etablissement, lui permettre des inhumations individuelles dans les dépendances de la Maison, si elles réunissent du reste les conditions légales. »

M. Ollivier ne se découragea point ; ne pouvant obtenir tout ce qu'il désirait, il voulut au moins profiter des concessions de la préfecture, quelques réduites qu'elles fussent. Il se hâta d'écrire au maire de la ville la lettre suivante :

« Je vous remercie de m'avoir donné communication de la réponse de M. le préfet à la demande que nous faisions relativement au cimetière. Nous n'avons pas réussi, M. le Maire ; je vous suis néanmoins très reconnaissant de la bienveillance que vous nous avez témoignée, ainsi que tout le conseil municipal, dans cette circonstance.

« Le dernier alinéa de la lettre de M. le Préfet est ainsi conçu : Il en résulte que la

Maison..... et que l'administration locale seulement.....

« Je vous prie, M. le Maire, de me dire s'il y aurait indiscrétion de ma part à demander la permission de ces inhumations individuelles, le cas échéant.

« Si je savais que l'administration locale pût en être le moindrement contrariée, je ne voudrais, en aucune façon, lui exprimer ce désir. Ayez la bonté, M. le Maire, de me faire connaître votre pensée sur cette simple question.»

M. de Kerhorre, maire de St-Pôl, se montra comme à l'ordinaire, non seulement conciliant mais courtois. Il se rendit lui-même à St-Joseph, et annonça qu'il permettait de faire des inhumations particulières dans l'enclos, à condition de demander pour chaque sépulture une autorisation spéciale. Il accordait en même temps toute latitude pour choisir et clore le terrain.

V

Le Supérieur se mit aussitôt à l'œuvre; l'emplacement qu'il crut devoir préférer à tout autre, fut un endroit retiré au bas du jardin, dans la direction du midi, longeant la route de Vézen-Dan. Il employa tous ses soins à observer aussi exactement que possible les prescriptions du 23 prairial, an XII, relativement aux cimetières; on doit même ajouter qu'il dépassa les exigences légales, et prit toujours le chiffre le plus fort. La superficie du champ de repos est calculée d'après le nombre présumé des décès en 5 ans.

A Saint Joseph, la moyenne des enterrements n'est jamais de plus de six ou sept pour une période quinquennale; on supposa qu'elle monterait jusqu'à 10. Les dimensions et les distances obligatoires des tombes furent aussi augmentées de beaucoup; on les porta, tout compris, à 1 mètre 40 en largeur, et 2 mètres 50 en longueur, ce qui faisait, multiplié par 10, 14 mètres de côté sur 25, soit 350 mètres carrés. Avec un pareil espace disponible il n'y avait plus rien à craindre : la mort pouvait venir, implacable, cruelle, multipliant ses coups: elle aurait demandé grâce avant de peupler ce cimetière.

M. Ollivier n'oublia pas d'exhausser la muraille extérieure jusqu'à concurrence de deux mètres; il fit aussi quelques plantations de ces arbres vivaces, qui deviennent, en poussant leurs branches toujours vertes au-dessus des cadavres enfouis, l'emblème de la résurrection finale. Mais il ne voulut pas, en les serrant outre-mesure, empêcher la libre circulation de l'air, ni convertir le funèbre asile en un bocage païen. Au milieu, sur un socle de granit, fut érigée une croix de bois peint, avec l'image du divin Crucifié.

La clôture intérieure se composa d'une simple claire-voie, pour que les vieux-prêtres apercevant de leurs chambres le sacré guéret, fussent invités sans cesse à de salutaires méditations. Il ne manquait plus que la bénédiction de rigueur. Mgr Sergent, par une lettre du 19 avril 1868, délégua le Supérieur à cet effet; la cérémonie eut lieu le 29 novembre de la même année; une indulgence de 40 jours fut accordée à quiconque réciterait dévotement 3 *Pater* et 3 *Ave Maria* au pied de la croix, qui fut bénite en même temps que le reste.

Mais déjà un des pensionnaires de Saint-Joseph, occupait une place dans le nouveau cimetière. M. l'abbé François Caroff, ancien aumônier de l'hospice de Quimper, né à Saint-Pôl le 12 juillet 1802, entré dans l'établissement le 14 janvier 1848, y était mort le 1er février 1867. Il ne voulut pas en sortir, et demanda que sa dépouille mortelle, au lieu d'aller à Saint-Pierre, restât sous la garde des compagnons de ses derniers jours. Depuis, 35 tombes se sont ajoutées à la sienne, notamment celles de deux supérieurs dont nous aurons à parler bientôt, M. Caroff et M. Le Guen.

La Maison compte désormais plus de membres dans la partie réservée aux défunts que dans celle où s'achève l'existence des vivants. Mais quelle consolation pour ceux-ci d'être enfin assurés qu'ils trouveront au milieu de leurs frères un asile honorable après leur trépas! Le prêtre que la vieillesse ou des infirmités précoces ont chassé de son poste, n'a souvent plus aucun parent sur la terre; ou ceux qu'il conserve encore ne le regardent déjà plus que d'un œil indifférent, depuis qu'en cessant de gagner quelques sous, il a dû mettre un terme à ses libéralités. Il est seul et sans espérances du côté de ce monde, il envisage avec une terreur légitime ce qu'on fera de ces cendres. Personne n'a voulu de lui quand il était tombé dans le besoin; qui donc s'occupera de ses restes, lorsqu'il aura disparu?

Ses héritiers viendront à coup sûr réclamer avec arrogance les quelques vêtements, les quelques livres qu'il aura laissés; mais ils attendront prudemment que plusieurs jours soient écoulés. Et lui, que deviendra-t-il? qui prendra soin de ses funérailles? où sera-t-il déposé? Lui fera-t-on l'injure de le jeter dans la fosse commune? Poignante perspective! Angoisses cruelles! Incertitude affreuse!

Reprenez confiance, vénérable vieillard, soldat meurtri dans les combats du Christ, invalide du sacerdoce! L'Eglise qui a pris soin de vos dernières années, veillera sur votre suprême repos. Ici dans cette pieuse enceinte pleine de verdure et de fleurs, à quelques pas de votre austère cellule, vous aurez un terrain réservé que personne n'aura le droit de vous disputer. Vous y serez porté avec respect au milieu des chants liturgiques par une troupe d'amis fidèles. On vous couchera sur un lit de gazon à côté de ceux qui vous ont précédé. Vous n'aurez qu'une dalle de pierre brute pour recouvrir votre corps, mais on y lira votre nom. Vos confrères ne vous oublieront pas; quand la température sera douce, quand la nature s'épanouira dans un sourire, quand l'oiseau chantera dans les cieux le retour de la belle saison, ils se traîneront péniblement, appuyés sur de longs bâtons jusqu'à votre sépulture. Ils s'agenouilleront au pied du modeste mausolée, ils méditeront sur les mystères de l'éternité, ils répandront des larmes avec des prières, et s'entretiendront avec vous des espérances immortelles. Vous entendrez leurs voix caressante et affectueuse, et si vous gémissez encore dans le séjour de l'épreuve, vous recevrez par leur généreuse entremise un soulagement à vos peines.

CHAPITRE XVII

Les Offices a Saint-Joseph

I

Le culte des Morts est une partie essentielle du Christianisme ; mais il ne suffit pas de prier chacun en son particulier pour les personnes qui nous ont été chères ; il faut encore des supplications publiques, et pour ainsi dire officielles, adressées à Dieu dans les temples au nom de la religion, et par l'organe des ministres députés à cette fin. Aussi Mgr Sergent, le jour où il décida la création d'un cimetière, ordonna-t-il une messe d'enterrement et un service d'octave pour tous les prêtres décédés à Saint-Joseph. On se procura tout ce qui était indispensable pour des obsèques solennelles, croix, chandeliers, draperies de deuil bénitier, catafalque.

L'usage règne encore dans nos pays, d'exposer à la vénération des fidèles, non-seulement sur un lit de parade à l'intérieur, mais jusque dans l'église au moment de l'obit, les prêtres trépassés. On les revêt de tous les ornements de couleur violette qu'ils portaient à l'autel pendant le Saint Sacrifice; on les coiffe de la barette, on leur met une croix entre les mains; c'est aussi dans cet appareil qu'on les transporte au cimetière. A Saint Joseph on a maintenu cette pieuse coutume Il existe donc dans l'établissement, une châsse sans couvercle qui sert successivement à tous les ecclésiastiques. Elle est toujours prête; rien n'y manque, ni les coussins qui doivent supporter le corps, ni les bourrelets de petite dimension qui doivent assujettir les jambes et les chaussures, ni l'oreiller qui doit appuyer la tête : béante, elle attend un cadavre.

Une pensée austère l'a fait placer dans une des pièces les plus fréquentées de la maison, dans le vestibule de la bibliothèque.

Les hôtes de St-Joseph passent sans cesse devant cet objet sinistre : les uns apportent les livres d'étude ou de piété qu'ils ont lus, ou viennent en chercher d'autres ; ceux-ci éprouvent le besoin de consulter les collections volumineuses sur un point d'histoire, de théologie ou d'Ecriture ; ceux-là se donnent le plaisir de bouquiner pendant une heure, de voler de fleur en fleur, comme l'abeille laborieuse ou commé le folâtre papillon, de parcourir les rayons allongés ou les gros ouvrages accroupis. Mais tous sans exception, soit qu'ils entrent et soit qu'ils sortent, sont obligés de voir la bière menaçante qui leur crie d'une voix plus forte encore et plus lugubre que celle du Trappiste : *frère, il faut mourir !*

II

A côté de ces sombres apparitions, il y a des fêtes joyeuses et des cérémonies consolantes. Tous les évêques qui se sont succédé à Quimper depuis les débuts de l'Œuvre, ont été préoccupés de cettte pensée, qu'on ne pouvait priver du spectacle des pompes religieuses, des prêtres vieillis dans le ministère actif des paroisses. Ils ont voulu faciliter aux débris du sacerdoce l'assistance aux belles manifestations du culte extérieur, conciliables avec les exigences des lieux et des temps. Aussi, le premier réglement qui fut dressé à l'origine sous Mgr de Poulpiquet, lorsqu'on vint s'établir comme à titre d'essai dans l'ancien évêché de Léon, porte-t-il à l'article XXI, cette disposition formelle : « Tous les ecclésiastiques, auxquels leur santé le permettra, se rendront les dimanches et fêtes aux offfices de la cathédrale. »

Une pareille mesure ne pouvait être que provisoire, comme les chapelles domestiques en vue desquelles on les prenait. Il est difficile, en effet de concevoir que d'anciens pasteurs, souvent aussi recommandables par les services rendus que par leurs cheveux blancs, soient obligés de s'asseoir habituellement dans une église où ils ne sont que des étrangers, sans qu'on ait songé à leur assigner une place fixe et indiscutable.

III

Mgr Graveran, et avant lui M. Bohic, l'avaient bien compris. Dès que la chapelle définitive fut construite, on y célébra les offices publics. L'évêque accorda même à St-Joseph un privilège qui n'appartenait en propre qu'aux principales paroisses du diocèse. Voici la lettre qu'il écrivait le 18 octobre 1853 :

« Je vous envoie l'arrêté par lequel j'autorise vos commensaux de Saint Joseph à porter le camail à capuchon. J'en donne une description précise. D'ailleurs vous pouvez faire demander un modèle à Brest.

« Vous remarquerez qu'on ne doit pas porter sous ce camail le rochet à manches, et que l'usage en est restreint à la chapelle de la Maison. Le capuchon se met sur la tête, en place de la barrette, dans le temps où la rubrique marque que l'on doit être découvert. »

Les pensionnaires de Saint-Joseph étaient assimilés de la sorte à des chanoines de second ordre, et c'était justice. N'avaient-ils pas usé leurs forces au service de l'Eglise, et ne devait-on pas entourer leurs derniers jours de respects et d'honneurs ? L'usage du camail à capuchon tomba vite en désuétude. Nos bons vieillards ne savaient pas s'en servir avec décence ; ils s'affublaient comme ils pouvaient, et leur accoutrement prêtait quelquefois à rire. On y renonça ; mais les offices publics se maintinrent sans changement notable jusqu'au supériorat de M. Ollivier.

IV

A cette époque, et dans les années précédentes, le diocèse avait fait de très grosses dépenses pour la Maison ; il y avait déficit dans la caisse, on essaya de quelques économies. Elles ne portèrent pas d'abord sur le culte. Toutes les concessions antérieures furent confirmées le 14 septembre 1865, et des faveurs nouvelles y furent ajoutées. On autorisa, non-seulement la grand'messe et les vêpres, mais encore des prédications régulières.

L'exposition des Quarante-Heures fut établie, avec l'adoration pendant les trois derniers jours de la Semaine-Sainte. On permit la bénédiction du Saint-Sacrement le dernier dimanche de chaque mois et tous les dimanches de mai ; à Noel, la Circoncision, l'Epiphanie ; — au 1er dimanche du Carême ; — à Pâques, l'Ascension, la Pentecôte ; — pendant la semaine du Sacre ; — le 19 Mars et le 3e dimanche après Pâques; — à la Nativité de Saint-Jean-Baptiste, à la fête de Saint-Pierre et Saint-Paul; — à l'Assomption, au Rosaire, à la Toussaint, à la Dédicace; — le 1er dimanche après la Saint-Corentin le 3 mai et le 3 décembre.

Deux ans plus tard, on acheta un *Via Crucis*; et le 4 août 1867, M. Ollivier l'érigea canoniquement par délégation de l'Évêque. Enfin on étendit les bénédictions à tous les dimanches de l'année.

Cependant les plaintes de l'administration supérieure s'accentuaient de jour en jour; les découverts s'accumulaient à chaque budget, et les dépenses ne diminuaient guère. C'est alors qu'on parla pour la première fois de supprimer les orgues et les offices chantés, et de réduire les frais extraordinaires du culte. En effet le 28 juillet 1868, la grand'messe de neuf heures fut remplacée par une messe basse; l'organiste et les chantres furent congédiés; on ne conserva que les bénédictions du soir, annoncées par les deux cloches. Pendant la vacance qui suivit la mort de M. Le Guen, la messe basse elle-même a été abolie sur la demande de M. Messager, curé de St-Pol. Depuis on a trouvé un biais: Nous avons des messes fixes à 5 h. 1/4, 6 h. 1/2, 7 h. 1/2, 8 h. 1/2, mais sans assistance solennelle du clergé et sans *Asperges*.

Pour ce qui est des bénédictions du St-Sacrement, elles continuent à se donner comme à l'ordinaire. Le supérieur actuel, M. Le Roux, en a même obtenu une pour le premier vendredi de chaque mois, une autre pour les mercredis de Mars, les samedis de Mai, les vendredis de Juin, et les jours fériés d'octobre. Il a établi en outre dans notre chapelle la dévotion de la Sainte-Face. Enfin, nous célébrons avec une certaine solennité les mois de St-Joseph, de Marie, du Sacré-Cœur, et du Rosaire; bientôt sans doute nous aurons aussi celui des Trépassés.

CHAPITRE XVIII

LES ENNUIS DE M. OLLIVIER

I

M. Ollivier avait combattu jusqu'au dernier moment pour les offices de St-Joseph. Il combattait avec la même vigueur sur tous les terrains où il croyait que son devoir l'obligeait à s'engager. Partout il rencontra des obstacles et souvent des déboires. Nous ne reviendrons pas sur le testament Rosec, sur la succession Pelléter, sur la question du cimetière et de la chapelle, où nous l'avons vu aux prises avec différentes sortes de difficultés. Mais après avoir dit un mot de l'opposition latente qu'il trouva dans l'intérieur même de l'Etablissement, nous nous étendrons davantage sur ses relations officielles avec les autorités diocésaines.

Avez-vous vu quelquefois, dans les plaines fortunées de la Beauce, ces chiens infatigables de berger qui tournent sans cesse autour du troupeau, ramenant les brebis qui s'éloignent, poussant devant eux celles qui restent traîner, et les obligeant toutes à marcher d'une allure égale vers le bercail? Jamais ils ne mordent, à peine entend-on sortir de leur gosier un petit grognement amical; ils réservent leurs plus forts aboiements pour signaler l'approche du loup. Tel parut M. Ollivier dans la maison St-Joseph.

Depuis quelques années, plusieurs abus de médiocre importance, nous l'avouerons sans peine, mais enfin des abus susceptibles d'entraîner à la longue de fâcheux inconvénients pour une communauté, s'étaient introduits et glissés peu à peu dans l'Etablissement. La vieillesse avait rendu la main de M. Bohic moins ferme, son ouïe n'était plus aussi fine, ses jambes ne lui permettaient point de parcourir d'un pas rapide les appartements, les corridors et les jardins. Grâce à sa réputation de sévérité, on avait pris l'habitude, de lui cacher ces innocentes peccadilles, qu'un subordonné candide révèle sans détour à son supérieur. Comme il n'accordait pas facilement des permissions, on évita de lui en demander. Chacun se mit insensiblement sur le pied d'agir à sa guise, d'interpréter avec bonhomie le règlement, d'apprécier sans façon les cas où l'on est raisonnablement admis à se prévaloir d'une exception passagère, et de ne reconnaître en pratique d'autre borne à sa liberté que la loi vivante, la loi incarnée dans la personne du maître, celle enfin que sa présence venait sanctionner à propos. Avec un pareil régime, dans une société d'hommes du monde, la discipline eût été totalement anéantie ; parmi des prêtres éclairés et consciencieux, qui avaient pour se conduire des considérations élevées, le relâchement s'arrêta aux limites précises où commence la faute. Il n'en est pas moins vrai que, si la morale ne fut pas atteinte, le bon ordre eut à souffrir.

La situation ne se modifia pas sensiblement sous M. Rosec pour plusieurs raisons. D'abord, M. Rosec ne fit que passer, en outre sa santé débile n'offrait pas à l'énergie de son caractère un point d'appui solide ; de plus la liquidation du passé, les réparations des vieux édifices, les constructions nouvelles absorbèrent toutes ses facultés. Il avait à peine le temps de dire son bréviaire, c'est lui-même qui l'écrit à M. Le Guen le 17 décembre 1862. Dans ces conditions, comment aurait-il pu avoir l'œil et la main à la direction efficace de l'établissement ? On continua à se gouverner soi-même, à jouir sous le regard de Dieu seul d'une autonomie complète, à goûter les charmes de l'Habeas Corpus et du Home Rule.

II

M. Ollivier, esprit correct et méthodique, ne put souffrir cette aimable insouciance, ce naïf et gracieux abandon. Il voulut moins d'indépendance et plus de régularité dans les mouvements. Il prit à M. Bohic et à M. Rosec leurs qualités en y joignant les siennes. Ayant remarqué que la seule présence de M. Bohic était un frein, il se rendit présent partout. Rien n'échappait à son regard. Il était impossible de rien dire, de rien risquer, de rien projeter sans qu'il en eût vent; si la chose était bonne en soi et conforme aux idées droites qu'il avait conçues pour la marche générale de la Maison, il lâchait la bride, sans se départir toutefois d'une surveillance attentive. Mais quand il n'approuvait pas, il le donnait clairement à comprendre, il arrêtait court une initiative déplacée, imprudente, hors de saison. Semblable à la fatalité antique, il planait au-dessus des moindres manifestations de la vie à Saint-Joseph ; ou plutôt, semblable à l'infatigable Providence, il voyait tout, dirigeait tout et se mêlait à tout sans se lasser jamais Aucun manquement ne restait impuni ; il prévenait même l'action chez les uns, et signalait chez les autres une défaillance avant qu'elle se produisît. Nul n'osait sortir du rang, ou s'il en sortait par hasard, il était bien vite contraint d'y rentrer.

L'ordre se rétablit ainsi, mais non sans résistance. On criait à la réforme; c'était faire l'éloge du réformateur. Comme il donnait l'exemple, il était invincible autant qu'irréprochable. Aussi pieux que M. Rosec, non moins affable que lui, d'une délicatesse et d'une charité plus grande que la sienne, il avait soin de mélanger, avec discrétion, l'huile de la mansuétude chrétienne au vin de l'énergie virile. S'il ne pardonnait rien, il ménageait amoureusement les personnes; vis-à-vis surtout des infirmes, des faibles et des souffrants, il était admirable de prévenances et d'attentions. Rien n'égala son dévouement pour les malades; il les assistait dans les besoins du corps et de l'âme; il passait des nuits entières à leur chevet; il se multipliait pour leur rendre tous les services que réclamait leur état; c'était un fils de M. Olier dont il porte le nom dans notre langue, doublé d'une fille de Saint-Vincent-de-Paul. Que dirons-nous de plus? On l'a vu comme Tobie, ensevelir de ses mains les victimes de la mort.

III

Tous étaient obligés de lui rendre justice. On murmurait un peu; on grommelait entre les dents, on témoignait de l'impatience et de la mauvaise humeur, en reconnaissant néanmoins qu'il était pleinement dans son droit et ne se laissait conduire que par un vif désir de réaliser le bien.

Ce qui fatiguait de sa part, c'était son inexorable assiduité à reprendre sur le champ ce qu'il jugeait répréhensible. Il n'est jamais agréable d'être relevé, même avec précaution ; il est particulièrement déplaisant de voir signaler à la minute chacun de ses faux pas. On l'aimait au fond, il aimait lui-même, et il avait la noble ambition de se faire aimer. M. Bohic était presque indifférent aux sentiments de son entourage, et on le lui rendait bien. Au contraire, M. Ollivier n'était réellement heureux, que, lorsqu'ayant fait son devoir, il avait conquis en même temps l'affection générale.

Avec quel bonheur il écrivait un jour : « Les difficultés sont moins grandes ; quelques bizarreries de caractère, mais en définitive, un grand esprit de respect, surtout parmi les plus anciens. » Une visite de l'évêque le ravit, moins encore pour l'honneur qn'il en a reçu, que pour la satisfaction qu'elle a causée « à ses vénérables ». Il est au milieu d'eux comme un bon père de famille, partageant leurs joies et leurs tristesses. Quand vient sa fête onomastique, il la célèbre en grande pompe dans l'intérieur de la maison. Son vrai plaisir est de recevoir en ce jour les vœux de ses pensionnaires ; et s'il accueille avec bonté les prêtres de passage, s'il encourage les étrangers à venir s'asseoir à la table hospitalière de Saint-Joseph, il y voit avant tout une marque de déférence et une distraction pour les vieillards. Il souhaite ardemment que ces bons vieillards occupent une place distinguée dans l'estime du public ; c'est un de ses premiers soucis, c'est un des motifs secrets qui le pousse à les rendre de toutes façons convenables et dignes. Autant il exige qu'ils se montrent irréprochables pour mériter le respect, autant il s'efforce de leur procurer la plus grande somme possible de bien-être. Il veut qu'ils soient bien traités ; dans ce but, il presse, il supplie, il harcèle l'administration ; si l'administration est sourde, il revient à la charge ; on le tuerait plutôt que de lui imposer silence, quand ce qu'il croit être son devoir lui commande de parler.

CHAPITRE XIX

LES RELATIONS OFFICIELLES

I

Consulté de partout, St Jérôme lançait dans toutes les directions des nuées d'épîtres, qui ssmblables à des flèches rapides dardées par un bras sûr, ne manquaient jamais le but ; aussi le représente-t-on souvent une plume à la main, dans sa grotte de Bethléem. L'activité épistolaire de M. Ollivier est comparable à celle du Dalmate. Nous n'avons heureusement à nous occuper que de sa correspondance avec les autorités diocésaines.

Il ne leur laisse pas un moment de repos. Prenons quelques exemples:

La nouvelle maison allait être terminée, il fallait bien la bénir. Une première lettre est écrite à ce sujet le 11 juin 1865, pour Monseigneur. Pas de réponse. Au bout de quelques jours, M. Le Guen est prié à son tour de rappeler la chose à l'évêque. M. Le Guen fait la sourde oreille. On s'adresse alors à M. Jégou, et pour attirer davantage l'attention, il est parlé des invitations qu'il convient de lancer. Enfin le prélat se décide à venir en personne; mais il faut que le voyage se fasse dans les meilleures conditions. Il y a tant de points à éclaircir, tant de questions à résoudre, tant d'affaires à traiter, qu'une soirée à St-Joseph est à peine suffisante. Mais au moins, qu'on accorde cette pauvre petite soirée. De Plouescat à St-Pol, le trajet n'est rien. On sera vite rendu, on verra les travaux, on donnera la bénédiction. Peut-être serait-il à désirer qu'on couche dans la Maison: *les vénérables* seront si flattés! En insistant, on se défend bien d'insister. Bref, Sa Grandeur arrive; je laisse à penser si l'on profita de son passage. N'oublions pas que les legs Rosec, la succession Pelléter, les orgues, le cimetière, la croix, mille autres négociations plus importantes les unes que les autres, étaient menées de front.

II

A ce propos ce serait vraiment dommage que de passer entièrement sous silence ce qui eut lieu pour la bénédiction du cimetière et de la croix qu'on y avait plantée. La croix est debout, il faut la bénir; le cimetière est en état, il faut lui donner la consécration religieuse, mais sans délai. M. Ollivier entre aussitôt en campagne. Les choses ne vont pas assez vite à son gré; il trépigne d'impatience. Pourquoi tant de retards? c'est une question très simple; il ne s'agit que d'un *oui* ou d'un *non*. Le *oui* n'arrive pas. Puisque je me dépense en pure perte, semble se dire M. Ollivier, voyons si Herd sera plus heureux. Herd déclare tome III, page 158, que je puis bénir la croix sans autorisation. Herd n'est pas plus écouté que celui qui le cite. Herd à la rescousse! Cette fois, il est accompagné de Craisson.

« Répondez, lisons-nous à la date du 18 Avril 1867, sur la bénédiction de la croix et du cimetière. D'après Herd, je puis bénir la croix, d'une bénédiction non solennelle; mais le cimetière, non. Ne peut-on pas suivre Craisson (Droit Canon, tome III, p. 374), qui permet d'ensevelir en lieu profane en bénissant seulement la fosse?

Que pensez-vous de ces appels *in extremis*, de ces recours aux auteurs, quand on se trouve soi-même à bout de moyens. Quelle persévérance, quelle indomptable énergie ! *Justum ac tenacem propositi virum*, aurait dit *Horace*. *Montaigne* aurait ajouté : si le Français n'y peut mais, il faut que le gascon y passe. Quant à nous, dans notre humble appréciation des hommes et des choses, nous croyons voir les zouaves de Charette s'avançant au pas ordinaire vers la redoute de Patay sous une grêle de mitraille. La force morale vaut bien le courage militaire.

III

La note dominante dans toute la correspondance du supérieur de Saint-Joseph, c'est qu'on a besoin d'argent ; il en faut, et beaucoup. Les ouvriers réclament ; les couvreurs et les ferblantiers se plaignent ; où se procurer des ressources ? Et pourtant que de travaux ! Les vieilles latrines à démolir, les canaux d'irrigation à placer, le jardin à mettre en état, ainsi que la cour, les boiseries et les ferrures ! N'est-il pas sage aussi de se garantir du tonnerre et de prendre des assurances contre l'incendie ? Cependant, les notes pleuvent de toutes parts : MM. Ducoin, Déroft, Pondaven, Graveline, Le Gall, Dublé, deviennent exigents. Où puiser ? La caisse est vide ! C'est le quart d'heure de Rabelais. Sera-t-on réduit à tout laisser en suspens ? Peut-être M. Deschamps, de Roscoff, avancera-t-il une somme ? Les versements du clergé sont rares. Et si l'on s'adressait à M. Sou? Force est d'aviser d'une manière ou d'une autre.

Mgr Sergent s'émut enfin de ces réclamations pressantes Visiblement agacé, il envoya une lettre sévère au supérieur, qui lui répondit à peu près dans ces termes le 8 décembre 1865 :

« Je ne reçois pas d'argent sans autorisation spéciale. Pour ce qui est des dépenses, j'ai pu en exagérer l'utilité dans certains cas, mais les grosses dépenses étaient certainement nécessaires, et sont faciles à justifier.

« Je ne réponds pas seul des tuyaux de fonte. Le mur nord de l'enclos exigeait des réparations urgentes. Plusieurs notes étaient arrivées: deux ou trois s'expliquent par l'imprévu de la construction et par le défaut d'entretien. Les approvisionnements de blé, vins, épiceries, sont en souffrance. La position est fausse, la situation déplorable; voilà l'état réel : je ne dissimule rien, ni ne charge les couleurs. »

Après cette défense dont nous ne donnons qu'un pâle résumé, M. Ollivier, allant toujours de l'avant, osait ajouter :

« Je prie humblement Monseigneur de réunir le bureau et d'envoyer de l'argent. »

Le bureau fut-il réuni? C'est probable. On dut y voter quelques fonds, mais ils prenaient trop lentement à son gré, le chemin de Saint-Pôl. Sans se rebuter de ces retards, et pour les faire cesser, il indique à M. Le Guen un moyen facile de les expédier : « Profitez, dit-il, du retour des abbés pour m'enrichir. » Une semaine après, il mettait en quelque sorte le comble à sa courageuse importunité en terminant ses souhaits de bonne année à Mgr par ces mots fatidiques :

« Plus d'ouvriers, frais extraordinaires pour refus de paiement. »

Comme s'il avait craint de blesser la susceptibilité de l'évêque, il se complaisait trois jours plus tard à décrire la pose des paratonnerres, en détaillant, comme toujours, le prix de revient.

« Le fer de Bruxelles pour la partie extérieure et apparente a coûté tant..... le fer ordinaire pour la partie cachée sous terre, a coûté tant..... les deux tiges viennent se perdre dans le puits, où elles descendent à une grande profondeur. C'est Louis Le Lay, *ouvrier ordinaire de la maison* pour la serrurerie, qui a exécuté le travail. »

Cette affection à parler de l'ouvrier ordinaire de la Maison, avait manifestement un but, celui de montrer qu'on usait d'économie quand on pouvait ; en même temps le calcul des frais était un appel de fonds peu déguisé.

Le cri « plus d'ouvriers », qui reparaît encore dans les lettres suivantes, était poussé dans la même intention. Sur ces entrefaites, le curé de Plouzévédé dépose une somme à St-Joseph en l'absence du supérieur. Celui-ci la renvoie au curé, et avise simultanément l'évêque et M. Le

Guen de sa conduite dans cette circonstance. Sa Grandeur se montra satisfaite. M. Ollivier « *profita de la bonne humeur du prélat* » pour lui adresser indirectement par l'intermédiaire de M. Le Guen, un vrai plaidoyer *pro domo sua.*

« Permettez-moi quelques réflexions : Je suis et reste ici par obéissance, malgré mes répugnances personnelles. Il y a exagération, ardeur fâcheuse et malencontreuse irritation de la part de M. X, dans cette affaire de comptabilité. En administration, on ne doit laisser aucune place à l'amour-propre ni à de mesquines susceptibilités.

« L'œuvre de Saint-Joseph est excellente ; mais pour réussir, il faut loyauté, prévenance, patience chez les administrateurs ; il faut aussi prévoir l'avenir. Aujourd'hui nous avons à subir les suites d'un passé négligé ; je n'accuse personne, mais je voudrais qu'on eût le courage d'avouer les fautes commises. Le bien ne se fait jamais, ni sans peine, ni sans quelques tâtonnements, ni sans malentendus. On se donne quelquefois des libertés pour l'accomplir ; ces libertés elles-mêmes ont des limites. Si Mgr me croit capable de désobéir à des ordres formels, je n'ai plus sa confiance, et il m'est impossible de rester ici. Les Ursulines de Morlaix me désirent ; j'y retournerais volontiers. Loin de moi de chercher à contrarier personne ; mais je ne veux avoir rien de caché pour mes supérieurs. »

LV

L'accalmie ne fut pas longue. M. Ollivier, inflexible dans sa ligne de conduite, continuait à présenter stoïquement les dettes criardes, manège souverainement désagréable à un banquier récalcitrant. Il n'en contractait pas de nouvelles sans une permission expresse; mais la permission, il la demandait avec insistance quand il la croyait raisonnable. On épluchait alors ses comptes, qui ne ressemblaient pourtant pas à des comptes d'apothicaire.

Un jour, le 24 Mai 1866, on lui reproche d'avoir dédoublé un total présenté en bloc par l'économe, c'était une simple méprise, et la justification était facile. Une autre fois, le 25 Mars 1868, les chiffres n'étaient plus assez détaillés, il fallut les diviser en petits groupes. Voici maintenant un budget qui n'est pas clair ; nécessité majeure d'entrer dans les explications les plus minutieuses. Le budget suivant n'est point parvenu ; pardon, il n'est qu'égaré dans les bureaux de l'évêché, où il a été expédié à telle date précise. Tous les points vulnérables, ou qui paraissent l'être, sont attaqués successivement. Le Supérieur répond de son mieux, et ne se fait pas faute de lancer à toute occasion ces mots sinistres : « Je suis à sec ! Dépenses urgentes ! Expédiez finances ! Les débiteurs attendent ! Je suis débordé ! etc., etc..! »

On lui dit de vendre le cheval. — Le cheval

sera vendu, réplique-t-il ; mais ce n'est là qu'une économie illusoire, puisqu'un cheval de louage deviendra indispensable.

On se rejette sur les bestiaux. — Les bestiaux, fait-il observer, n'ont tant coûté dans le présent exercice, que parce qu'il a fallu les changer, pour en avoir de bons.

On insiste : les domestiques sont trop nombreux. — Eh bien ! l'un d'eux sera congédié à la fin de l'année ; mais qui veillera sur les malades ?

Qu'on supprime donc les offices chantés ! — Soit, ils seront supprimés : mais quel chagrin pour *nos vénérables !*

Il est pourtant de toute nécessité qu'on réduise les frais. — Les frais seront réduits ; on prendra du vin à 120 fr. la barrique, et du blé de moindre qualité.

Le budget grossit toujours. — Il est facile d'y porter remède en le dressant à Quimper, etc.

V

Ce dialogue, dont nous n'avons esquissé que quelques traits, dura longtemps. Il se termina au mois d'août 1868, comme on devait s'y attendre, par la démission de M. Ollivier. Elle ne fut pas acceptée ; mais cette démarche eût un premier résultat très avantageux pour Saint-Joseph : en demandant sa réintégration aux Ursulines de Morlaix, le Supérieur déposa son bilan, ce que n'avait fait aucun de ses prédécesseurs.

Il avait déjà réglé les affaires antérieures à son administration ; il réglait maintenant les siennes ; de sorte qu'aujourd'hui on peut facilement, avec les pièces qu'il a laissées, se rendre un compte exact de tout ce qui concerne la Maison jusqu'au commencement de 1869.

Après cet éclat, M. Ollivier ne conserva guère sa charge que l'espace d'une année. On croira peut être qu'il aura changé, sinon de système, au moins de tactique. Ce serait fort peu le connaître. Persuadé qu'il était dans le vrai, il continua comme par le passé, réclamant à cors et à cris les sommes dont il avait besoin, demandant un domestique supplémentaire pour les malades, répondant à toutes les objections, et se plaignant même à l'occasion, de la manière la plus formelle, qu'on lui envoyât des pensionnaires sans les annoncer.

« M. Le Gall, écrit-il, est arrivé sans lettre d'avis. C'est le troisième qui me vient dans ces conditions. Est-ce oubli ? Trois oublis au moins singuliers. Je reçois ces Messieurs, mais provisoirement. »

Sur ces entrefaites, Mgr Sergent meurt ; Mgr Nouvel fait son entrée à Quimper le 15 février 1872 ; et le 15 mars suivant, M. Ollivier est nommé curé-archiprêtre de Saint-Pol. Avant de prendre possession de sa paroisse, il expédie à l'évêché son dernier budjet et ses derniers comptes allant jusqu'au jour de sa sortie. Son successeur, tranquille sur le passé, n'aura qu'à s'occuper du présent et de l'avenir.

CHAPITRE XX

COUP D'ŒIL RÉTROSPECTIF

I

Ce que nous avons dit sur M. Ollivier dans les chapitres précédents, peut se résumer assez brièvement. Nous allons essayer de le faire, dans le seul but de marquer clairement la nature et la portée de son œuvre. En même temps, nous signalerons certains points, sur lesquels nous avons glissé rapidement, ou que nous n'avons pas même effleurés, bien qu'ils méritent une mention spéciale.

Les difficultés de toutes sortes, contre lesquelles M. Rosec eut à lutter, ne disparurent pas avec lui. A propos de sa succession et de ses divers testaments, le nouveau supérieur dut combattre les prétentions des parents, expliquer des lettres incomplètes, débrouiller un véritable chaos. Les détails que nous avons donnés nous paraissent assez clairs par eux-mêmes, sans qu'il soit besoin de les ramener à quelques chefs principaux

II

Délivré de ces premiers embarras, M. Ollivier devait songer à continuer et à développer le bien commencé par ses prédécesseurs, et notamment par M. Rosec.

Il fallait surtout relever la Maison sous le rapport de la piété et de l'esprit sacerdotal. Sans doute, un prêtre qui a passé quatre ans au Séminaire, et qui a trouvé dans un long ministère ecclésiastique mille aliments journaliers pour son âme, n'arrive pas les mains vides à Saint-Pol. La messe, le confessionnal, l'administration des sacrements, la visite des malades, la prédication, le bréviaire, les lectures spirituelles, l'oraison, les examens de conscience, l'étude des matières sacrées, lui ont formé un tempérament vigoureux, capable de résister à bien des secousses. Mais une fois confiné dans St Joseph, il change complètement de genre d'existence. C'est le repos complet succédant à une activité presque fiévreuse, surtout dans les grandes paroisses. Il n'a plus pour stimuler son zèle, le commandement impérieux du devoir, et la vue immédiate des misères morales de l'humanité déchue, qui le tenaient sans cesse en haleine. On peut craindre qu'il ne s'endorme dans une douce quiétude, ou du moins qu'il n'apprécie plus au même degré la nécessité de certains exercices. Habitué à donner de son trop plein aux populations dont il était le pasteur responsable, il se croira peut-être assez riche pour se suffire à lui-même, et il s'imaginera n'avoir plus besoin de rien acquérir personnellement, après avoir si largement distribué les dons célestes au troupeau qu'il a nourri.

C'est une erreur trop commune, et c'est en même temps la plus funeste des erreurs La grâce est une eau vivifiante qu'il faut renouveler constamment, une eau qui s'évapore ou qui croupit, dès qu'elle cesse de courir et de communiquer avec sa source. De même que la vie des corps s'éteint quand le sang s'épaissit dans les veines, de même aussi, la vie des âmes languit et s'arrête, si ces âmes ne reçoivent plus les éléments qui leur conviennent. Il faut à toute force conserver les bonnes habitudes contractées pendant le noviciat lévitique, et maintenues avec un soin jaloux au milieu des péripéties multiples de l'âge mûr.

III

Le jeune supérieur de St-Joseph ne pouvait suivre chacun de ses pensionnaires dans l'accomplissement de leurs pratiques de dévotion. Mais il établit deux usages. qui étaient de nature à réaliser son but le plus cher, en les encourageant, en les rappelant au besoin dans les voies de la ferveur.

Le premier de ces usages était la Retraite du mois en commun. On se réunissait à jour fixe. La veille on avait lu en public, tantôt les prières de la recommandation des âmes, tantôt les formules de l'Extrême Onction, tantôt le *Dies iræ*, tantôt l'une ou l'autre de ces funèbres supplications dont l'Eglise se sert pour nous préparer au grand passage de l'Eternité. Puis le lendemain matin, une méditation se faisait à haute voix. Elle roulait sur l'emploi du temps pendant les quelques semaines qui s'étaient écoulées depuis la dernière Retraite mensuelle. C'est le supérieur qui se chargeait de cette méditation.

Il s'interrogeait rigoureusement lui même ; mais en s'interrogeant ainsi, il ne perdait pas de vue son assistance. On eût dit une mère, indiquant avec amour et sollicitude à son jeune fils de sept ans, les petits secrets de sa conscience enfantine, avant de le conduire pour la première fois au tribunal d'un confesseur. Rien n'était oublié, ni les articles de la Règle, ni les prescriptions plus hautes de la mysticité ; c'était une sorte de coulpe monastique. On sortait de là, quelquefois avec des regrets sincères, toujours avec la ferme résolution de se perfectionner à l'avenir.

IV

Le second usage consistait en des conférences spirituelles plus générales, adressées aux *Vénérables confrères* de St-Joseph sur les devoirs de leur état. Nous en reparlerons plus longuement ailleurs; aussi bien, la coutume n'en est pas abolie parmi nous. Qu'il nous suffise de dire pour le moment, que plusieurs de ces instructions nous sont tombées entre les mains, et le temps que nous avons consacré à les parcourir n'a pas été du temps perdu. On les goûtait fort sur le coup; souvent même on les admirait, comme on peut le voir par l'anecdote suivante.

Au sortir de l'une de ces pieuses réunions, où il avait été question de l'amour qu'on devait avoir pour la Ste-Eucharistie dans la Maison, un des *bons vieux* alla trouver M. Ollivier, et lui demanda: — « Oh! M. le supérieur, voudriez-vous me dire dans quel livre vous avez trouvé ces belles considérations? » — Le supérieur, un peu surpris, se mit à rire doucement, et répondit: — « Dans quel livre? J'ai réfléchi à nos obligations de prêtres envers l'Eucharistie, et je vous les ai exposées comme je les entends. » — « Ah oui! répliqua l'excellent M. Milin, car c'était bien lui; vous allez me faire croire que vous avez fait cela tout seul! »

L'œuvre des Conférences, jointe à la Retraite mensuelle, est ce qui réforma le plus l'esprit et la tenue de la Maison. C'est encore pour mieux établir la vie de communauté et de famille, que M. Ollivier voulut avoir un cimetière. Nous avons raconté que cette dernière faveur ne s'obtint pas sans difficultés; on finit néanmoins par réussir, grâce au puissant concours et à l'aimable et gracieuse prévenance de M. le baron de Kerhorre, maire de St-Pôl.

V

Les prêtres avaient eu jusque-là pour Saint-Joseph une sorte de crainte superstitieuse. Mais quand ils surent que le repos de leurs cendres était assuré; quand ils apprirent que leurs derniers soleils seraient entourés d'honneur et de respect dans un établissement que les habitudes pieuses des pensionnaires relevaient chaque jour davantage aux yeux du public, ils eurent beaucoup moins de répugnance à s'y retirer.

Nous devons pourtant le reconnaître; on remarque encore parfois chez quelques uns des nouveaux arrivants une impression fâcheuse et irréfléchie, suite d'anciens préjugés. Combien de traits piquants n'aurions-nous pas à rapporter dans cet ordre de choses, si la discrétion, ou plutôt la réserve sévère que nous nous sommes librement imposée, ne retenait notre plume! Mais au bout d'une semaine, au bout de vingt-quatre heures, cet état mental disparaît comme par enchantement, absorbé par l'influence salutaire du milieu.

Les plus moroses deviennent souvent les plus gais; d'un vieillard soupçonneux on fait un joyeux compagnon, qui contribue à son tour, par sa régularité, par son entrain, par la douceur de ses relations, à augmenter la somme du bonheur commun. Puissions-nous, dans le cours de ce modeste travail, où nous avons voulu, suivant le vœu charitable de l'évêque, peindre Saint-Joseph sous des couleurs aimables, désabuser enfin ceux qui ont encore conservé des idées fausses et préconçues sur notre véritable situation !

Un membre original du clergé qui avait lu quelques-uns de nos extraits, nous a écrit récemment dans ces termes : — « Prêchez-vous ? Etes-vous chargé de faire de la propagande ? Vous proposez-vous d'attirer dans votre Thébaïde des légions de solitaires ? »

Non, ce n'est là ni notre but ni notre mission ; mais en retraçant ce que l'on a tenté pour rendre notre vie heureuse, en annonçant d'avance ce que l'on doit faire encore, nous tâchons de montrer, dans l'intérêt de nos confrères, qu'un prêtre impotent, débile, incapable, est infiniment mieux chez nous qu'au sein même de sa famille.

VI

On ne s'occupe pas seulement des âmes à Saint-Joseph ; on a aussi le plus grand souci possible du bien-être matériel des pensionnaires. M. Ollivier, qui s'entend à tout mener de ront, n'a pas négligé ce côté si important pour des constitutions déjà usées, ou du moins affaiblies.

L'ordre et la propreté laissaient à désirer ; les hôtes de l'établissement y étaient bien pour quelque chose. Leur jeune supérieur s'employa de toutes ses forces à ramener dans les chambres, dans les corridors, jusque dans les lieux les plus obscurs ou les plus retirés, une exacte et rigoureuse décence. Jamais pourtant il ne blessa, par une humeur acariâtre ni revêche, la susceptibilité de ses vénérables subordonnés ; une assiduité de tous les instants, une douce persuasion, des manières plutôt enjouées qu'austères, étaient ses armes favorites. C'est de lui qu'on aurait pu dire, mieux encore que de la comédie :

Castigat ridendo mores

Certaines historiettes plaisantes, que nous avons entendu raconter à St-Pôl, nous font connaître avec quelle bonhomie et quelle joviale rondeur il sut obtenir le résultat désiré. Ces récits, très agréables en société, seraient peut-être déplacés dans un livre, et nous les omettons ; mais nous dirons quelque chose de ce qui concerne l'enclos.

L'enclos actuel, si beau avec ses plates-bandes étagées, rendu plus beau tous les jours par différents travaux successifs d'amélioration, et notamment par le magnifique parterre anglais qu'on vient d'achever il y a deux mois, n'était à cette époque qu'un vaste champ cultivé, labouré comme les fermes des environs, semé de céréales et de plantes fourragères. M. Ollivier voulut en faire un jardin.

Il avait calculé qu'après la première dépense qui serait considérable (car il ne se faisait aucune illusion snr ce point), on pourrait créer à la Maison un revenu annuel de mille à 1500 fr. Et par le fait, à son départ au bout de sept ans, il était parvenu à réaliser dans sa dernière campagne un bénéfice net de mille francs. Mais il n'arriva pas sans tribulations à transformer ainsi la propriété. Les lettres que nous avons citées nous le montrent assez vivement blâmé par l'administration diocésaine, pour les fortes sommes qu'il engagea, et qu'il engagea surtout trop vite. La chronique rapporte même que sa nomination de chanoine honoraire, qui lui avait été presque officiellement annoncée, fut retirée brusquement pour le punir de ses dépenses jugées excessives.

Aujourd'hui on recueille les fruits de son initiative ferme et courageuse, et l'on ne comprend pas bien qu'il ait fallu tant lutter pour atteindre un résultat si évidemment utile. Le premier supérieur qui fut appelé à jouir des avantages de la nouvelle situation, est M. Caroff.

CHAPITRE XXI

MONSIEUR CAROFF, SEPTIÈME SUPÉRIEUR

I

M. Caroff, né à St-Pol le 20 janvier 1818, de Pierre et de Claudine Richard, fut désigné le 31 Mars 1872 pour occuper la place laissée vacante par le départ de M. Ollivier. Il avait été successivement vicaire de Poullaouen, recteur de Loqueffret et de Poullaouen, puis enfin curé de Sizun. Dans ces différents postes, il avait rencontré bien des difficultés, qu'il avait fini par vaincre. A Sizun notamment, la morgue aristocratique des habitants était insupportable. M. Le Lez son prédécesseur, un saint prêtre, un homme de Dieu, avait souvent flétri du haut de la chaire cet orgueil insensé. On lui attribue un mot vengeur, devenu légendaire, dont il stigmatisait les demi-savants de sa paroisse, qui se croyaient supérieurs à leurs prêtres parce qu'ils avaient passé deux ou trois ans au collège à chauffer les bancs. Il les appelait avec dédain : *Paolrel ar galrième* ! On le redoutait, on l'estimait, mais on ne se corrigeait pas.

M. Caroff s'y prit d'autre façon : Il affecta de ne rien voir, de ne rien sentir, et il amortit les traits en les méprisant. Il fit plus : profitant de l'incurable vanité de la population, il inaugura pour les Obits un système de classes habilement graduées, et plus ou moins dispendieuses suivant le tarif. On rivalisa dans les familles à qui demanderait pour ses défunts le plus d'honneurs funéraires; chacun voulut éclipser son voisin, ou du moins l'égaler; une louable émulation s'empara de tous; la Fabrique en devint plus riche, le clergé fut moins pauvre, et trouva le moyen de préparer la Restauration de l'Eglise.

II

M. Catoff avait créé des ressources nouvelles à Sizun; à St-Joseph, il sut ménager celles qui existaient déjà. En le nommant, on lui avait imposé le mandat de faire coûte que coûte des économies. Il n'entreprit donc aucun travail, il n'ordonna que les réparations nécessaires, il réduisit de son mieux le train de la Maison, et vendit à bel argent les productions du jardin dont l'utilité pour les pensionnaires n'était pas démontrée.

Le nombre des domestiques ne dépassa jamais la moyenne indispensable. Quand il y avait accroissement de malades ou aggravation de maladie, le service était plus pénible et moins soigné, cela se comprend; mais on s'en tirait toujours de façon ou d'autre, et nul n'a pu se plaindre raisonnablement d'avoir été abandonné. Les prêtres valides étaient sevrés de quelques douceurs, de quelques réjouissances intimes, de quelques fêtes ou distractions; ils se consolaient en pensant que ces petits sacrifices étaient imposés par la pénurie de la caisse diocésaine. Leur dévouement suppléait quelquefois à l'insuffisance des hommes à gage. On les voyait s'entraider mutuellement, et s'occuper avec une piété toute maternelle de ceux que leurs infirmités ou l'état chancelant de leur santé rendaient incapables d'efforts personnels.

Le Supérieur encourageait leurs bons sentiments. Comme il n'avait plus le feu de la jeunesse, comme il était las des combats qu'il avait eu à soutenir dans le ministère, comme il aspirait avant tout aux délices d'un repos péniblement gagné, il ne fut point possédé du démon des changements, ni agité par le besoin factice d'une vulgaire activité.

Par suite, tout le monde vivait en paix sous son régime patriarcal, nul n'épouva de sa part ni contrariété ni chagrin. On suivait tranquillement la pente accoutumée, on se laissait glisser, sans secousse et sans cahots, dans la voie tracée par M. Ollivier. Qu'on ne s'en soit jamais écarté légèrement, ce n'est pas admissible ; mais la force des anciennes habitudes, engendrées sous l'empire d'une longue discipline inflexible, y ramenait toujours, avant même que le Supérieur fût obligé d'intervenir. Aussi n'intervenait-il jamais, au moins pour faire sentir le poids de son autorité. Il était plutôt le père de ses subordonnés que leur maître ; et quand on le voyait à table, prenant part aux agapes communes, on aurait dit un vieillards présidant une assemblée de vieillards.

Vieillard, il ne l'était pas en réalité, à ne considérer que le nombre de ses années ; mais il paraissait plus vieux que son âge, il avait surtout les goûts et les manières, la bonhomie des vieillards. Rarement il sortait de sa chambre, si ce n'est pour se promener au jardin, où il se plaisait à imiter le chant des bouvreuils et des merles.

On l'eût pris pour un François d'Assises, conversant avec les innocents volatiles qui erraient dans la campagne. Sa connaissance des mœurs des oiseaux était remarquable ; il les aimait à la folie, je crois qu'il en était aimé. A coup sûr, ils ne le fuyaient pas, ils lui faisaient cortège, ils voltigeaient autour de lui en gazouillant ; l'enclos se trouva converti en une immense volière, dont les hôtes, prisonniers volontaires, n'avaient pas à craindre les filets du chasseur. On nichait, on couvait à l'aise, on élevait ses petits en toute sécurité dans ce paradis terrestre ; et les arbres n'étaient jamais dépouillés de leurs fruits, avant que la troupe ailée n'y eût exercé le bec.

III

Quand M. Caroff quitta le ministère actif des paroisses pour se renfermer dans la solitude de Saint-Joseph, un seul sacrifice dut lui coûter : il n'aurait plus à diriger dans les chemins du salut ces centaines d'âmes, ces myriades de chrétiens de tout sexe et de tout âge qui venaient déposer dans son sein les secrets les plus inviolables ! Il ne serait plus le pasteur qui va chercher au loin la brebis égarée, et la réchauffe avec tendresse sur son cœur !

Il ne serait plus le père miséricordieux qui reçoit à bras ouverts l'Enfant prodigue, et immole le Veau gras pour célébrer son retour ! Il ne serait plus le médecin spirituel, le Samaritain de la Parabole, qui verse l'huile et le vin dans les plaies du voyageur assassiné par les brigands ! Il ne serait plus le docteur évangélique qui tire de son trésor des richesses anciennes et nouvelles pour orner la fiancée du Christ ! Ce qu'il regrette, ce n'est pas cette tribune sacrée du haut de laquelle il proclamait avec tant d'éloquence les vérités de la Religion, ce n'est pas ce chœur de son église où de sa voix forte, il chantait les louanges du Seigneur, ce n'est pas ce presbytère hospitalier qui d'un inconnu faisait toujours un ami. Sa pensée est ailleurs : Les clefs de la Pénitence deviendront inutiles entre ses mains ! Voilà son unique préoccupation et la vraie cause de ses inquiétudes.

Qu'il se rassure pourtant : Un confessionnal a été dressé par une main intelligente dans la chapelle de Saint-Joseph. Les fidèles y accourront en foule, et il pourra encore absoudre et bénir.

IV

En effet, dès le principe, on avait prévu le cas où les consciences bourrelées par le remords viendraient chercher le calme et le pardon dans le sanctuaire retiré des vieux-prêtres.

Les évêques qui ont bâti cet asile pour les vétérans du sacerdoce, ont compris qu'on ne pouvait sans injustice pour le peuple, sans outrage pour des praticiens consommés, refuser à de vénérables ecclésiastiques le pouvoir de réconcilier les pécheurs. Cependant le réglement de Mgr de Poulpiquet n'en dit mot; on n'était pas chez soi, la chapelle était un simple oratoire, le public n'y pouvait guère pénétrer.

A Keroulas, la situation était approximativement la même sous ce rapport; mais le 22 janvier 1844, on fait un pas dans le sens indiqué. Saint Joseph n'était pas encore sorti de terre, et déjà Mgr Graveran « autorise les prêtres reçus dans la Maison de Retraite à prêcher et confesser dans les paroisses, quand ils en seront priés par les pasteurs. » Enfin Mgr Sergent leur permet en 1865 « de confesser dans la chapelle de la Maison, et jusque dans leurs chambres respectives, les personnes qui s'adresseraient à eux, pourvu que le Supérieur le juge à propos. » Cette disposition n'a jamais été abrogée depuis, et l'on peut trouver désormais, à chaque jour et à chaque heure, dans l'établissement de Bel-Air, comme dans tout lieu de pélerinage, une vraie piscine probatique pour se laver de ses souillures.

En fait, les supérieurs seuls, soit à raison de leur position, soit à cause de leurs lumières, ont possédé une véritable clientèle. Cependant il n'est pas rare de voir un homme du monde ou un ouvrier venir frapper discrètement à la porte d'une modeste cellule. Le vieillard qui l'habite est souvent au lit, en proie aux tortures qui sont le triste apanage d'un âge avancé ou les signes précurseurs d'une mort prochaine; mais le Christ, sur l'instrument de son supplice, a reçu les aveux du larron pénitent; son ministre, crucifié comme lui, trouve assez de forces dans sa foi pour écouter et consoler les plus grands criminels. Après ces coupables, vieillis peut-être dans le désordre, les séminaristes ingénus viennent à leur tour puiser les vertus cléricales dans le sein des vénérables débris de la tribu lévitique ; on leur trace la route, on leur signale les dangers, on leur montre la récompense. Un Eléazar, qui a toujours refusé durant sa longue carrière, de manger de la chair de porc, leur apprend à dédaigner les trompeuses jouissances de la vie; un pied dans l'éternité, il jure sur ses cheveux blancs que le vrai moyen d'être heureux, c'est de remplir jusqu'au bout ses devoirs, sans peur et sans reproche. Le jeune tonsuré se lève plein d'ardeur et de zèle : Il retourne après d'honorables vacances, reprendre ses exercices sous la main ferme et caressante de ses directeurs.

Dans trois ans, il sera prêtre ; l'Eglise comptera un bon serviteur de plus, et l'auguste vieillard se réjouira avec les Anges que depuis longtemps il aura rejoints, de voir que la Vigne du Seigneur ne manque pas d'ouvriers (1).

V

M. Caroff mérite un rang distingué parmi les membres de la famille de St-Joseph qui ont le plus travaillé, et dans les retraites, et dans les Pardons, et surtout dans la chapelle de l'établissement, à faire fructifier par le confessionnal le grain de sénevé ! On le trouvait toujours à la disposition du premier arrivant, il ne faisait languir personne dans une cruelle attente. Sur ses derniers jours, il dut céder la place dans la direction des âmes à M. Rideller, ancien vicaire de la Martyre. M. Rideller ne fut pas aussi goûté que lui : Le public a ses caprices, Dieu a ses choix. On déserta peu-à-peu le sacré tribunal ; mais il n'est pas tellement abandonné de nos jours, qu'il ne reste rien à faire aux survivants. M. Caroff mourut à son poste le 20 décembre 1886, et se fit enterrer dans le cimetière de l'enclos, à droite de la Croix. Un accident hâta sa fin.

Il se promenait dans le jardin par un temps de froidure, sifflant ses airs favoris aux rares oiseaux que l'hiver n'avait point chassés momenta-

(1) Ceci a été changé par décision verbale à Pleiber-Christ, le 19 mai 1891 ; mais nous pensons qu'on reviendra sur cette mesure.

nément de leur retraite hospitalière. Ses sabots, comme il arrive souvent, prirent de la neige et rendirent sa marche presque impossible. Il se traîna péniblement jusqu'au pied d'un arbre, et voulut, par des coups répétés contre le tronc, se débarrasser des glaçons durcis qui le gênaient. Sa jambe se brisa sous l'effort ; il tomba lourdement sur le sol, et on le transporta dans sa chambre, d'où il ne devait plus sortir.

La reconnaissance de ses administrés lui a conservé jusqu'à ce jour le surnom aimable et flatteur de *Trop-Bon*. Ce n'est point là un synonyme de débonnaire, dans le sens du sobriquet d'un des fils de Charlemagne. Un ancien vicaire de Sizun, M. Mesguen, aujourd'hui recteur de Plouhider, y donna occasion. Il demandait un jour à M. Buzaré, qui avait vu passer différents régimes à St-Joseph, si M. Caroff, était toujours bon comme il l'avait connu jadis dans sa cure. — « Dites donc qu'il est *trop bon*, répondit M. Buzaré. » — Le mot fut pieusement recueilli. C'est la plus belle oraison funèbre du défunt.

CHAPITRE XXII

Monseigneur Nouvel

I

L'évêque qui l'avait nommé, et qui eut encore la douleur, avant de succomber lui-même, de pourvoir à son remplacement, avait plus d'un trait de ressemblance avec lui. On pourrait appliquer à l'un comme à l'autre de ces deux hommes, de ces deux ministres du Seigneur, le texte évangélique emprunté par Mgr Bécel, de Vannes, pour le trentenaire de Mgr Nouvel : « Quel est, s'écriait-il le 7 juillet 1887, dans la cathédrale de Quimper ; quel est, pensez-vous, le serviteur fidèle et prudent que son Maître a établi sur ses serviteurs, pour leur distribuer la nourriture selon le temps ? » (Joan. XXIV. 45). Heureux les prêtres, heureux les prélats qui entendront sans crainte, aux grandes assises de l'éternité, cette interrogation solennelle adressée par le Juge suprême aux Anges ses assesseurs ! Nous allons voir que Mgr Nouvel est du nombre.

II

Il naquit à Quimper d'une famille du Léon, le 26 décembre 1814, et reçut au baptême les prénoms de Charles-Marie Denys. Son aïeul paternel était maître particulier des Eaux et Forêts, et Sénéchal de Lesneven : il fut arrêté pour avoir ouvert un asile aux victimes de la Terreur dans son manoir de la Flèche (*ar Zeaz*), et emprisonné à Landerneau, où il mourut du typhus. Sa grand'mère était une demoiselle Gilard de l'Archantel (Argenton), sœur de trois religieuses et de deux prêtres, dont l'un fut nommé par Pie VI le 27 juillet 1791 vicaire apostolique de la Cornouailles. Ces deux époux eurent pour fils Joseph-Charles Nouvel, père du futur évêque.

La famille Nouvel possédait le titre héréditaire de la Flèche, que Joseph-Charles abandonna par humilité, mais que ses petits-neveux ont été autorisés à reprendre. La noblesse de son extraction permit au même Joseph de briguer et d'obtenir la main de Caroline-Agathe Huon de Kermadec, dont le nom historique, gloire de St-Pol et de la Bretagne, est inscrit par trois fois sur toutes les cartes de l'Océanie. Joseph-Charles s'était lancé dans la magistrature. Décoré de bonne heure pour ses loyaux services, il remplit successivement les fonctions de procureur du roi à Quinper, de conseiller à la Cour de Rennes, de président des Assises. En 1830, il refusa de prêter serment au gouvernement nouveau, et descendit spontanément de son siège, sans prendre en considération l'exiguité de sa fortune et le nombre de ses enfants.

Le jeune Nouvel n'avait alors que 16 ans. Mgr de Poulpiquet avait dit un jour en le caressant : « Celui-ci sera évêque ! » Quand il aura le prestige et le rang de vicaire-général de Rennes, Mgr Sergent lui dira à son tour, le 30 septembre 1865, au couronnement de Ste Anne d'Auray : « Hâtez-vous de faire vos préparatifs pour venir bientôt me remplacer à Quimper ! » Ces deux prophéties devaient se réaliser, comme celle qui fut faite à St-Germain d'Auxerre par le saint pontife Amator son prédécesseur, et à St Ambroise par Probus, préfet de l'empereur Valentinien.

III

Cependant, comme Ambroise et Germain, Charles-Marie-Denys devait passer par le monde avant de s'engager dans la milice de Jésus-Christ. Ayant terminé ses études dans sa ville natale, et suivi avec succès les cours de droit de la faculté de Rennes, il donna quatre années de son existence au noble ministère de la parole devant les tribunaux de la justice humaine. Ses loisirs furent consacrés aux bonnes œuvres ; de concert avec deux camarades, qui partageaient ses principes et ses habitudes religieuses, il établit une des premières conférences de St Vincent-de-Paul. Déjà l'appel de Dieu commençait à se faire entendre à son cœur ; mais il voulut s'éprouver encore, et il alla passer quelque temps à Paris, au milieu des fêtes mondaines qu'il ne trouvait pas entièrement incompatibles avec les délicatesses de sa conscience.

A son retour en Bretagne, il s'ouvrit à ses parents, et leur déclara qu'il avait résolu d'embrasser l'état ecclésiastique. Il entrait à St-Sulpice le 9 octobre 1838, à l'âge de 24 ans. Depuis cette date, il n'a jamais manqué un seul jour de réciter son chapelet ; c'est lui-même qui le déclarait sur son lit de mort, et il ajoutait avec une simplicité enfantine ; « J'ai si souvent salué la Vierge par mes *Ave Maria*, que j'espère qu'elle viendra me saluer à son tour sur le seuil de l'éternité. » Il fut ordonné le 5 juin 1841.

IV

Quand l'abbé Nouvel fut prêtre, comme il appartenait par sa naissance au diocèse de Quimper, Mgr Brossais Saint-Marc, évêque de Rennes, et depuis archevêque et cardinal, dut s'entendre avec Mgr Graveran, qui ne céda pas sans regret un sujet de cette valeur. Au concile provincial de Tours en 1849, l'illustre prélat Bas-Breton donna gracieusement à son compatriote une nouvelle preuve de son estime, en le choisissant pour secrétaire pendant les réunions du Synode.

La première place qu'il occupa fut celle de vicaire à Saint-Germain de Rennes, où il se distingua tout d'abord par son zèle et ses vertus. Devenu bientôt professeur de morale au grand séminaire, il sut mettre à profit ses connaissances juridiques pour adapter les principes immuables de la Doctrine chrétienne aux exigences des législations modernes.

Mais il n'abandonna jamais l'exercice de la prédication, et consacra au ministère actif des paroisses tous les moments que lui laissaient ses importantes fonctions. Il se sentait porté par une vocation spéciale au soin des âmes; le rôle de pasteur des peuples était plus conforme à ses goûts, et peut-être à ses aptitudes, que celui de maître enseignant. Aussi vit-il avec plaisir, en ce qui le concernait, confier la direction du Séminaire aux Pères de l'Immaculée-Conception.

Dans l'hôpital St-Yves, où il fut mis à titre de premier aumônier, il répandit avec largesse pendant trois ans, de 1853 à 1856, les trésors de son cœur sacerdotal. Une piété fervente entretenait son ardeur. On le voyait, après une longue matinée de prières, visiter les malades, prêcher dans les salles, écouter les confessions et distribuer les sacrements. Au milieu de ces travaux incessants, il trouvait moyen de composer un opuscule admirable *sur la conduite pour revenir à Dieu*, qui produit encore aujourd'hui de nombreux fruits de salut dans les refuges, les asiles, et les hospices. C'était un digne apprentissage, pour le préparer au difficile gouvernement de la paroisse populeuse de Toussaints.

A Toussaints, il fixa une besogne propre à chaque vicaire, se réservant, comme les premiers hérauts de l'Evangile, le ministère de la parole fécondé par l'Oraison. Pour continuer à domicile l'enseignement qu'il distribuait à l'Eglise, il imprima une *Explication* lumineuse *du catéchisme*, ouvrage qu'il a plus tard refondu à l'usage du diocèse de Quimper. On peut dire qu'il prêchait partout et toujours, dans le livre, dans la chaire, dans des conférences particulières pour les pauvres et pour les ouvriers, dans des réunions pieuses, dans le confessional, au chevet des mourants et jusque dans les visites fréquentes qu'il faisait à ses paroissiens sans distinction de classes. Dès lors une secrète aspiration l'attirait vers le cloître. Aussi ne fut-il pas retenu par le titre et les honneurs de vicaire général qui lui furent conférés, et le 23 Juin 1869, il entrait à la Pierre-qui-Vire, où il prit le nom de Dom-Anselme. Après sa profession religieuse, on le chargea d'un cours de théologie morale et de plusieurs retraites spirituelles dans diverses communautés. Quelques mois s'étaient à peine écoulés, que, malgré ses résistances effectives et tenaces, il fut investi de l'évêché de Quimper ; avant de quitter la demeure austère du R. P. Muard, il avait prêté son intelligent et précieux concours à la révision du *Cérémonial monastique* de la Maison.

V

Le reste de sa vie est bien connu de ceux qui liront ces lignes. On n'a pas oublié son zèle apostolique, ses prédications multipliées, ses mandements toujours si bien appropriés aux temps difficiles que nous traversons, ses luttes courageuses contre les entreprises d'une secte impie, sa sollicitude à ne pas éteindre la mèche qui fume encore, son ardeur à défendre les prêtres, les frères, les religieux et les religieuses. Vrai successeur des grands moines du Moyen-âge dont ne cessa de porter l'habit et de pratiquer les impitoyables pénitences, il fut parmi nous comme une apparition des siècles antiques.

D'une main il bénissait les faibles et rassurait les bons, de l'autre il terrassait les puissants et les orgueilleux. Rien n'égale surtout l'activité merveilleuse qu'il déployait dans l'administration de son diocèse. Il était à la fois son propre vicaire général et son propre secrétaire. Sa correspondance était universelle. Le plus petit de ses clercs était admis à son audience, ou recevait poste par poste la réponse précise aux questions de conduite qui le gênaient. Personne n'a plus ressemblé à St-Louis sous le chêne historique de Vincennes. Lui-même encourageait chacun à s'adresser à lui, comme au père commun de la famille sacerdotale. Jamais il ne manquait de dire dans les Retraites ecclésiastiques : « Ecrivez-moi sans crainte, tous tant que vous êtes, chanoines, curés, recteurs, aumôniers, vicaires, séminaristes ; je serai discret, je n'abuserai pas de votre confiance, nul autre que moi n'entrera dans vos secrets, j'écouterai vos doléances, j'adoucirai vos chagrins, j'éclaircirai vos doutes et j'aplanirai vos difficultés. » Pour lui, dans ces conditions, le labeur était rude, mais le résultat général était bon.

Dans les derniers temps, il se vit obligé par la maladie de lâcher les rênes du pouvoir. Il ne tarda pas à mourir.

Le 31 du mois de mai 1887, le siège de Quimper était vacant. Mais avant ce triste événement, St-Joseph avait été pourvu d'un supérieur.

CHAPITRE XXIII

M. LE GUEN, HUITIÈME SUPÉRIEUR

I

Ce Supérieur était en fonction depuis les derniers jours de décembre 1886. Il avait débuté comme prêtre-instituteur à Plouvien, puis il était devenu vicaire à Pleyben. De Pleyben il fut nommé économe du petit-séminaire de Pont-Croix. Habitué dans ce confortable établissement à traiter largement les jeunes professeurs qui en composent le personnel, il gémit de voir la parcimonie dont on usait avec des vieillards. Il améliora donc la pension. La chose lui fut plus facile qu'à ses prédécesseurs ; car le diocèse ne devait pas tarder à recevoir à sa tête un pontife généreux, libéral, charitable, magnanime, dédaigneux de l'argent qu'il répand à profusion dans les bonnes œuvres, un pontife qui ne donnera au Supérieur de Saint-Joseph d'autre instruction que celle-ci : « Je désire souverainement que mes bons vieux prêtres vivent heureux et contents ! »

Si le ciel accorde de longs jours à notre excellent évêque, la Maison de Saint-Pôl ne peut manquer de devenir un vrai Prytanée, comparable à celui d'Athènes ; disons mieux, elle sera notre Hôtel-des-Invalides.

II

Tout ceux qui ont passé successivement sur le siège de Quimper se sont préoccupés de l'ordinaire des retraités du diocèse. Déjà Mgr de Poulpiquet fixait ainsi dans son Réglement, dressé en 1827, le régime de la Maison :

« Art. ii. — Déjeûner : Pain, beurre, un verre de vin ou deux.

« Art. iii. — Dîner : Soupe, bouilli, une seule entrée, dessert, fruits, beurre ou fromage, une chopine de vin pour ceux qui la désirent, et pas plus.

« Art. iv. — Souper : Soupe, rôti, un plat de légumes, dessert. » — Il n'est point parlé de la chopine, mais on doit la supposer.

Si l'on se rapporte à l'époque éloignée où ces mesures ont été prises, il faut reconnaître que les hôtes de Saint-Joseph avaient une table pour le moins aussi bien servie que les Régents du Collège de Léon ou les directeurs du grand séminaire. Assurément, ils étaient infiniment mieux traités que les élèves de ces deux établissements.

Nous avons été soumis personnellement à la maigre pitance qui se donnait encore en 1860 aux jeunes lévites, et nous pouvons affirmer, que malgré les améliorations successives déjà introduites dans notre alimentation, les repas des vieux prêtres étaient des régals de princes en comparaison des nôtres.

Sous Mgr Graveran, le Conseil d'administration voulut ajouter la décence au copieux. Dans sa séance du 22 août 1844, l'unanimité de ses membres arrêtait ce qui suit :

« Art. II — La table du réfectoire sera couverte d'une nappe, qui, avec les serviettes, sera changée deux fois la semaine; et pour que le service de la table se fasse convenablement, le Conseil autorise M. le Supérieur de la Maison, à acheter le nombre suffisant d'assiettes pour que l'on en change à chaque plat. Mais afin que ce service se fasse bien, il serait à désirer que le garçon qui sert à table, soit au réfectoire pendant tout le temps du repas. Le Supérieur est prié de veiller à cet article. »

III

A ces beaux jours succédèrent des jours moins sereins. Dix ans plus tard, à l'époque de la guerre de Crimée, pendant une disette affreuse dont les survivants ont gardé le souvenir, Mgr Graveran se croyait obligé d'écrire à M. Bohic (3 décembre 1854) :

« En 1853 les recettes de la caisse de secours se sont trouvées *inférieures* aux dépenses, de plus de 3,000 francs. En 1854, le déficit sera plus effrayant encore.

« Dans toutes les familles on a dû se réduire sur les dépenses; ce ne seront pas des prêtres qui donneront l'exemple du murmure contre une réduction nécessaire ; vous y disposerez sans peine les vénérables confrères qui vous entourent. Que si par malheur quelques-uns, concentrant leurs pensées *in cibo et potu*, se plaignaient du régime de la Maison, nous ne pouvons que leur rappeler qu'ils sont libres.

« Je m'en rapporte à votre prudence et à votre esprit d'ordre, pour l'économie générale. On m'a dit que plus d'un prêtre allait boire et manger à St-Joseph, qui ne donne pas même les 10 francs pour les confrères retraités. C'est sur le vin qu'une réduction est inévitable et facile. Il est de fait que la quantité accordée à nos prêtres malades ou infirmes est très-supérieure à ce que boivent généralement des personnes bien portantes. Outre les oblations de la Messe, environ un litre et un quart par jour, au prix de 180 fr. atteint par les vins ordinaires, c'est plus de 300 fr. par an et par tête.

« Je crois qu'on peut réduire :

1° pour le déjeuner, — d'un quart ;
2° pour le dîner, — d'un quart ;
3° pour le souper, — d'un tiers ;

Il resterait près d'une bouteille pour les trois repas (Compter les oblations à la Messe).

« En beaucoup d'endroit on s'est mis à la bière et un coup de vin à la fin du repas. Mais les confrères n'ont pas l'habitude de la bière. »

Cette lettre est moins sévère en réalité qu'elle ne le paraît d'abord. Elle ne commande aucun sacrifice sérieux, elle ne prescrit aucun retranchement sur le manger, elle se borne à condamner le gaspillage, particulièrement pour la boisson. Si nous parlons de gaspillage à propos de cette question délicate du liquide, c'est qu'en effet il s'en glisse très souvent dans l'espèce. Quand on tient le robinet, quand l'usage en est libre, on ne boit pas plus pour cela ; mais on ne regarde pas dans les occasions à régaler un ami qui passe, ou à récompenser aux dépens de la communauté les services exceptionnels d'un domestique. Le vin coule en abondance, et la caisse s'en ressent. C'est un pareil abus que l'évêque de Quimper voulut déraciner.

Il y réussit; car M. Bohic, encore dans la force de l'âge, avait la main ferme et n'observait guère les accommodements dans l'application d'une mesure reconnue nécessaire. Chacun eut dès lors, par repas, sa ration fixe qu'il ne put dépasser.

Ce système fractionnaire se maintint jusqu'à M. Rosec. M. Rosec y vit, à tort ou à raison, quelque chose d'odieux, ou pour le moins, de désobligeant. Il préféra remettre à chacun sa bouteille pour une journée, en le laissant libre d'y puiser à volonté suivant ses caprices ou ses besoins, quitte à ne boire que de l'eau quand il aurait épuisé d'avance sa réserve. Les supérieurs qui sont venus après lui, ont continué de même.

IV

Mgr Lamarche, notre évêque actuel, peu familiarisé avec nos mœurs primitives, se trouva choqué, et avec raison, de voir sur la table du réfectoire une longue enfilade de litres noirs et crasseux, couverts encore de la poussière des caves. Il n'y a pas d'hôtel en France, il n'y a pas de pension bourgeoise où pareil spectacle se présente.

On ne trouve cela que dans des auberges borgnes ou les bouillons interlopes du quartier-latin. Ordre fut donné de remplacer le litre par un carafon, qui serait placé devant chaque convive à chaque repas. C'est ce qu'on fit. Mais le prélat, toujours large et généreux, ne voulut pas que l'on perdît à l'échange ; il décida que la contenance des carafons fût calculée à 35 centilitres. On y gagna donc 5 centilitres sur toute la journée, et l'aspect du couvert fut moins rustique et plus riant.

Le menu fut également remanié en partie. M. Ollivier et M. Le Guen y avaient déjà apporté plusieurs modifications au point de vue de la variété des mets et de la préparation culinaire plus soignée. Le déjeûner, notamment, avait été considérablement amélioré : on y servait de la soupe, du café ou du chocolat, au gré des pensionnaires ; on y ajouta de la viande froide, prise sur les restants de la veille, sans préjudice du carafon.

Tout ce qu'il y avait de bon dans ces innovations successives fut maintenu, et tout ce qu'il y avait de défectueux dans les errements des devanciers fut corrigé, au mieux de la santé générale. Pour se plaindre aujourd'hui de l'ordinaire; il faudrait plus que de l'audace, il faudrait de l'impudence.

V

Mais nous n'avons pas touché une question assez délicate, celle des petits *extrà* qu'on se permet dans les presbytères pour un commensal de passage, et auquels les anciens qui avaient vécu dans le ministère étaient habitués. Dans son Réglement, Mgr de Poulpiquet prévoyait le cas où des invitations auraient lieu à la table commune, mais il défendait d'y faire asseoir d'autres que des ecclésiastiques (art. XVI). En même temps, il prescrivait de ne servir dans les repas ni eau-de-vie ni liqueurs (art. XIV); le café, ajoutait-il (art. XV), sera au compte de ceux qui voudront en prendre.

Qu'arriva-t-il? M. Bohic invita les étrangers dans sa chambre, et leur offrit là, en petit comité, les douceurs qu'il n'avait pas l'autorisation de partager avec ses administrés. Ceux-ci l'imitèrent, et violant les ordres formels de l'évêque (art. XII), ils se procurèrent pour leurs amis, et des vins et des liqueurs. Cet abus était intolérable, à cause des conséquences possibles. Mgr Graveran essaya de réagir, en insistant de nouveau (22 janvier 1844) sur les dispositions prohibitives émanées de Mgr de Poulpiquet.

On ne s'amenda guère ; il était d'ailleurs assez pénible pour des vieillards honorables, de se voir traités en parias, de ne pouvoir faire aucune gràcieuseté à leurs connaissances, et d'être privés eux-mêmes, comme des hommes en pénitence, des plaisirs les plus innocents. La règle se relâcha, sous M. Rosec, de son esprit d'exclusion. Il y eut quelques réjouissances à table ; et M. Ollivier, réduisant en coutumes fixes les usages plus ou moins variables introduits par son prédécesseur, porta le 15 novembre 1665, avec l'approbation de Mgr Sergent, les décisions suivantes :

« I. — A l'occasion de la visite d'un chanoine, il y aura : vin vieux, café, petit verre.

« II — Pour les curés et assimilés : vin vieux quelquefois par exception, à leur première visite ; café, petit verre.

« III. — Pour les recteurs, aumôniers et assimilés : café, petit verre.

« IV. — Pour les vicaires · petit verre. — Quelquefois on pourra faire des exceptions en faveur d'anciens vicaires et donner aussi du café.

« V. — Pour les directeurs du Séminaire : à leur départ et arrivée, comme au n° I ; — les autres jours, comme au n° IV.

« VI. — Pour les prêtres de la Maison : comme au n° I, les jours de grande fête, V. G., Noël, Bonne-Année, Rois, Jeudi-Saint, Pâques, Pentecôte, Saint-Sacrement, Assomption, Toussaint. — Les domestiques ont, à ces fêtes-là, un verre de vin. »

A ces six articles, M. Caroff en ajouta un septième ainsi conçu :

« VII. — Par autorisation de Monseigneur, le café et le petit verre sont acquis les dimanches et fêtes à midi, pour la salle seulement. »

Enfin M. Le Guen, voulant ôter à ses commensaux jusqu'à la vélléité d'avoir dans leur chambre quelque boisson que ce soit, fit servir tous les jours, aux repas de midi et du soir, un petit verre d'eau-de-vie ou de liqueur.

Aucun de ces points n'a été abrogé dans le dernier règlement du 5 mai 1890, rédigé par M. Ollivier, et approuvé par Mgr Lamarche. Tous au contraire ont été formellement et définitivement confirmés. Certes, on ne pouvait pousser plus loin la condescendance et les bienveillantes concessions.

CHAPITRE XXIV

LES CONDITIONS

I

On se sera demandé sans doute si les prêtres accueillis dans la demeure hospitalière de Saint-Joseph n'ont rien à payer en retour des soins qu'ils y reçoivent, rien à fournir pour aider aux frais généraux. Voici ce que nous trouvons à cet égard dans les Registres.

Sous le régime inauguré par Mgr de Poulpiquet, le tiers des honoraires de Messe, appartient à l'établissement, d'après l'article XIX. L'article XX n'a pas, comme le précédent, une portée obligatoire ; il est ainsi conçu :

« Art. XX. — On engagera les ecclésiastiques qui se rendront dans cette maison, à porter avec eux un couvert, six serviettes, quatre paires de draps, leurs livres et leur linge ; et s'ils ont en propre calices ou ornements, on tiendra compte aux héritiers de tous ces objets, s'ils n'en font pas don à la Maison. »

Dix ans plus tard, le 10 octobre 1837, M. Jégou écrivait à M. Bohic, au nom de Mgr Graveran :

« Le prix de la pension demeure fixé pour ces Messieurs à 350 fr. »

Il ajoutait :

« Vous ferez les remises que vous jugerez convenables à ceux qui n'ont pas les moyens de payer la pension entière. »

Comme on le voit une grande place était laissée à l'arbitraire. Cela se remarque encore plus dans une délibération du Conseil d'administration, datée du 22 août 1844. Nous y lisons :

« M. Bourhis, desservant de Ploudaniel, est admis à la Maison de Retraite, aux mêmes conditions que M. Cozanet. — Voir la séance du 19 décembre 1843. »

Nous n'avons trouvé aucune trace du compte-rendu de cette séance du 19 décembre

1843; mais évidemment, il s'agit ici d'une exception à la règle, en faveur de MM. Cozanet et Bourhis. Voici maintenant la règle elle-même qui change à son tour, puisqu'on rend obligatoire ce qui jusque-là n'était que facultatif. C'est dans la délibération du 22 août 1844, que nous signalons cette importante modification. Il y est dit :

« A l'avenir, les ecclésiastiques (recteurs s'entend), qui sur leur demande seront admis dans la Maison, *devront* apporter avec eux leur intérieur de lit, trois paires de draps et une douzaine de serviettes pour la table avec autant d'essuie-mains pour la chambre, et un couvert d'argent. Ces objets *resteront* à la Maison après leur décès. Ceux qui apporteront avec eux un couvert d'argent seront libres d'en disposer en faveur de leur famille ou d'autres personnes. »

Le couvert d'argent éprouva bientôt le même sort que le lit, les serviettes, les essuie-mains et les draps. Nous copions textuellement.

« Réunion du 21 janvier 1845. Le Bureau est au complet. Sur l'observation faite par M. le Supérieur de la Maison de Saint-Pol, que jusqu'ici, le couvert d'argent apporté par chacun des prêtres reçus dans la Maison, devenait après sa mort la propriété de l'Etablissement, sans qu'aucun d'eux à son entrée ait réclamé contre cette clause qui lui était notifiée : Le bureau, modifiant l'article correspondant de sa délibération du 22 août 1844, arrête que cet usage sera maintenu à l'avenir. et le couvert d'argent acquis à la Maison. »

Les droits d'entrée se payaient donc en nature; rien de plus aléatoire, rien de plus variable. Il y a linge et linge, comme il y a fagot et fagot; une couple de couverts d'argent peut n'avoir pas la valeur d'un seu couvert; et de plus, il arrive souvent qu'on n'a pas en sa possession ce couvert unique. Aussi M. Ollivier trouva-t-il plus rationnel de subtituer aux apports en nature, les apports en numéraire. Il calcula que cent francs une fois donnés correspondaient assez bien à tout ce qu'on avait exigé jusqu'alors, et l'Evêque modifia dans ce sens en 1865 les dispositions antérieures. Rien n'a été changé depuis sous ce rapport et le règlement du 5 mai 1890 porte dans son article XV, qu'en entrant dans la Maison, on versera entre les mains de M. le Supérieur la somme de 100 francs pour frais d'installation.

II

Il n'est plus question ici de pension annuelle à payer. Nous avons vu que cette pension avait été fixée d'abord au tiers des honoraires de Messes, et ensuite au chiffre rond de 350 francs au maximum, sauf remise ou réductions plus ou moins fortes. Tous les vieux prêtres scrurent naturellement autorisés à bénéficier de l'exception, et réclamèrent des allégements. Alors le Conseil, pour avoir une base d'appréciation au milieu de tant de demandes, ordonna dans sa séance du 22 août 1844, qu'il fût dressé un tableau des ressources de chaque membre, soit en honoraires de Messes, soit en secours alloués ; car, chose bizarre, le diocèse accordait des secours, même à ses pensionnaires, mais il ne demandait pas mieux que de les reprendre sous une autre forme.

Tout cela était inquisitorial, vexatoire, anormal. On ne tarda pas à s'en convaincre, et à se réformer en conséquence. Les subventions individuelles et nominatives de l'Etat, du Département ou de l'Evêché, furent attribuées à la caisse commune ; la pension alimentaire ne fut plus exigée, et chacun put conserver en paix ses petits bénéfices éventuels, pour l'entretien de sa garde robe, pour ses aumônes, pour ses voyages. Quant aux ecclésiastiques qui ne disaient point la Messe, on les habilla gratuitement et on les fournit de tout ; rien d'ailleurs de plus naturel. Ce point est définitivement acquis et consacré dans le second paragraphe de l'art. xv du dernier Règlement.

III

Restait le chauffage. A l'époque où l'on devait verser une somme pour sa nourriture le feu était à la charge de la Maison, mais l'usage en fut restreint. « Le bois étant cher à Saint-Pôl, écrivait Mgr de Poulpiquet dans l'article XI de ses Statuts, on ne fera pas de feu dans les chambres à coucher sans une grande nécessité. » Quelle privation pour des vieillards déjà glacés par l'âge! La rigueur de cette défense fut atténuée par la désignation « d'une chambre commune où l'on conservera du feu », est-il dit à l'article X. Le Réglement de 1844 prescrit également que « pendant les temps froids, il y aura constamment du feu dans une salle commune aux frais de la Maison. » C'était quelque chose, mais c'était peu; dans les cloîtres les plus sévères, on trouve aussi cet adoucissement.

Nous croyons volontiers que sous ce rapport les premiers supérieurs se sont montrés assez larges dans la pratique; ils n'ont point marchandé une billette ou une poignée de braise à un membre souffrant du Christ. Ceux qui sont venus plus tard n'ont pas rencontré la même difficulté. Comme on laissait un pécule aux confrères, ils avaient la facilité de se pourvoir de combustible. Ce régime est maintenu : la dépense du bois de chauffage incombe à chaque particulier. On y a ajouté l'éclairage, qui jusqu'au mois de septembre 1890 était donné par la Maison. Enfin, pour médicaments ordinaires, blanchissage et raccommodage, il faut verser depuis la même date 50 francs par an. Le médecin reste à la charge de qui le réclame; c'est un moyen radical de couper court aux maladies imaginaires, si fréquentes chez les vieillards qui veulent se rendre intéressants.

Ces dernières conditions sont fort équitables. On ne doit pas oublier qu'avant Mgr Lamarche, chacun avait à pourvoir au raccommodage de son linge; ce n'était pas pour rien. En outre, les frais du médecin et du pharmacien étaient supportés par ceux qui demandaient les services de ces Messieurs; le Supérieur seul en avait obtenu décharge en 1865, pour lui-même et pour les prêtres sans ressources.

L'administration, fidèle aux traditions monastiques du Moyen-âge (D. Calmet, Explic. de la Règle de Saint-Benoît), ignorait presque qu'il y eût encore sur la terre des descendants d'Esculape. A peine tolérait-elle de leur part une furtive apparition dans l'enceinte de Saint-Joseph; en tout cas, elle laissait à chacun le soin de les rémunérer. De leur côté, les premiers habitants de l'Etablissement ne connaissaient guère d'autre maladie que la vieillesse, incurable de sa nature; ils croyaient donc superflu d'appeler auprès d'eux les Purgons et les Diafoirus contemporains. Ils ressemblaient tous sous ce rapport, de près ou de loin, au vénérable M. Naour, qui a été parmi nous le dernier survivant d'un âge héroïque et passablement original.

IV

Ce sphinx sacerdotal ou plutôt lévitique, ce diacre d'une piété exemplaire teintée de Jansénisme, ce mystérieux fantôme qui tenait de Dom Quichotte et de Méphistophélès, ne relève pas de l'histoire mais de la légende. A Quimper, il conjure les démons qui s'étaient introduits dans la chambre d'un élève mourant, et il reçoit sur tout le corps une grêle de livres, comme les combattants épiques du Lutrin.

A Paris, de sa voix sépulcrale, il rappelle par trois fois à la question le célèbre Cousin, pendant son cours de philosophie ; on le mit prestement à la porte du Collège de France. A Bannalec, il est pris tantôt pour le Buguel-Noz, tantôt pour les Mânes de son propre grand'père, parce que, dans ses rares et nocturnes apparitions près de la chaumière natale, il se contente de jeter par la lucarne, au milieu de sa course rapide, un salut monosyllabique avec quelques pièces de cent sous. A Vitré, son accoutrement bizarre le dénonce aux soupçons d'une population inquiète, qui le considère comme un nouveau Mandrin, et l'accuse d'avoir dévalisé la veille son église ; on lui fait passer plusieurs jours sous les verroux. A St-Pol où il réside d'ordinaire, il est une énigme vivante pour les maîtres et les écoliers ; il va, il vient, il passe et repasse, semblable à une ombre irritée ou moqueuse. On ne sait ni ce qu'il fait ni ce qu'il pense ; personne ne peut pénétrer dans sa chambre, encore moins dans son âme.

Un tel caractère ne pouvait être que revêche aux propositions les plus engageantes de la Faculté. Aussi, quand sa vie fut sérieusement menacée, on employa les plus grands ménagements pour lui dire : « M. Naour, désirez-vous qu'on appelle un médecin ? » — Quand je voudrai mourir, s'écria-t-il. »

Il fallut donc le laisser tranquille ; il se traîna encore quelques semaines. Un matin on le trouva sans voix et sans haleine dans les escaliers du Collège ; mais semblable à ces Gaulois de Vercingétorix qui restaient encore debout après que les soldats de César les avaient percés de mille lances, il se tenait solidement cramponné à la rampe : La mort n'avait pas réussi à le terrasser.

Tels étaient la plupart de ceux qui vinrent au début chercher un asile dans la demeure hospitalière ouverte par le diocèse. On n'avait pas à craindre de leur imposer des charges sérieuses en mettant à leur compte les visites du médecin et les drogues de l'apothicaire. Cependant, on avait pensé de bonne heure à des maladies possibles.

CHAPITRE XXV

INFIRMERIE

I

Chose qui paraît étrange au premier aspect : la Maison des prêtres infirmes n'a pas d'infirmerie. Il en a portant existé une, à l'extrémité-est du second étage de l'aile bâtie sous M. Bohic. On ne tarda pas à reconnaître les inconvénients d'une pareille création dans un établissement comme le nôtre ; il y en a de plusieurs sortes.

D'abord, il est très difficile de savoir, en présence d'une réunion de vieillards, tous plus ou moins épuisés, tous plus ou moins rachitiques, tous plus exténués les uns que les autres, quels sont ceux qu'il est urgent de transporter dans une salle commune. Et d'ailleurs, la salle commune répugne au prêtre en général ; il a des habitudes de décence et des pudeurs virginales qui seraient nécessairement blessées ou atteintes dans une agglomération.

Aussi, lorsqu'une maladie plus grave l'oblige à demander une place à Clermont-Tonnerre ou dans un autre hôpital, on lui ménage toujours une chambre spéciale, et jamais on ne l'expose aux mille désagréments d'un voisinage quelconque. La solitude du lit est tellement inhérente à l'esprit sacerdotal, que l'un des plus grands supplices du Trappiste est de coucher en dortoir ; et l'on a vu, l'on voit encore plusieurs novices cisterciens renoncer pour ce seul fait à ce qu'ils croyaient être pourtant leur vocation.

N'oublions pas que les hôtes de St-Joseph ne sont pas des malades ordinaires. Les épidémies, les fièvres malignes, le choléra lui-même et la petite vérole les respectent, ou si l'on veut les dédaignent. Ils s'acheminent tout doucement vers la tombe ; ils n'ont besoin ni d'attentions minutieuses, ni de soins assidus, ni de potions fréquentes et mathématiquement déterminées ; quand il faut commencer à les veiller, il est temps de réciter pour eux les prières des agonisants. On peut les laisser presque continuellement seuls, à moins qu'ils ne soient revenus à l'enfance, cas extrêmement rare chez les ecclésiastiques, qui conservent d'ordinaire toute leur lucidité, jusqu'au dernier moment, jusqu'à la décrépitude la plus avancée.

Ces hommes qui ont lutté courageusement contre leurs passions, et qui, dans ce combat glorieux de l'esprit contre la chair, se sont dégagés peu à peu de toute souillure matérielle ou morale, conservent leur âme dans sa liberté. Non seulement leur intelligence ne s'obscurcit ni ne se trouble à mesure que les ombres de la mort s'épaississent autour d'eux ; mais au contraire, placés entre le fini qui s'efface par degrés, et l'infini qui se révèle plus distinctement à leur foi, ils reçoivent sur les confins de l'éternité des clartés plus abondantes. S'ils sont quelquefois des enfants, ils le sont comme ceux de l'Evangile, doux, résignés, patients, charitables, dociles, innocents, déjà mûrs pour le ciel.

II

Oh ! Laissez mourir en paix ces prédestinés dans la cellule qu'ils chérissent, et où ils ont achevé de se sanctifier. Ne leur dérobez pas la vue de ces images saintes qu'ils ont collées dévotement de leurs mains au mur de leur petit appartement, et qui leur rappellent tant de pieux souvenirs. Voilà le crucifix qui a reçu les derniers soupirs de leur mère, la madone qu'ils ont arrosée de leurs larmes, les quelques livres où ils ont puisé un accroissement de l'amour divin. Voilà le prie-Dieu où ils ont tant de fois remercié le Christ de les avoir faits Chrétiens et prêtres, voilà la fenêtre d'où ils aiment à saluer l'aurore ou le coucher du soleil, voilà le petit oiseau qui soir et matin vient gazouiller à leur oreille les chants de l'espérance. Là dans les longues heures de l'insomnie, ils goûtent une jouissance ineffable à se répéter tout haut les secrets de leur existence traversée par tant de tempêtes ; ils chantent, ils prient, ils discourent, en toute sécurité, loin des hommes et près de Dieu ; ils se complaisent à murmurer des paroles de pardon pour leurs ennemis d'autrefois, de bénédiction pour leurs bienfaiteurs. Que feront-ils s'ils ont un témoin ? Leur bouche restera muette, et leur imagination ne pourra plus voltiger à l'aise au milieu des fleurs embaumées du passé.

La plupart d'ailleurs ont des infirmités qu'ils supportent personnellement sans faiblesse, mais qui seraient très gênantes pour les autres. Une plaie toujours ouverte, une toux sèche et stridente, une expectoration continuelle, une haleine fétide, une sueur épaisse, une respiration bruyante, et que sais-je encore ? Tous les tristes apanages d'une constitution humaine en démolition, répartis entre plusieurs individus pris à part, sont à peine tolérables ; mais quand ils se réunissent sur le même, quel supplice ! Or, c'est ici le cas ; les souffrances de l'un sont forcément aggravées par celles de tous les autres.

Il y a une plus grande solidarité qu'on ne pense, une sympathie plus étroite et plus réelle qu'on ne le suppose, entre deux êtres attachés côte à côte à un instrument commun de torture. Le mot païen, *solatium miserorum est habere pares,* n'est ni vrai ni chrétien. Un homme heureux et valide pourra partager les douleurs d'un infortuné ; mais s'ils sont frappés l'un et l'autre, chacun d'eux portera sur ses épaules respectives la somme et non point la différence des deux épreuves. Sur un champ de bataille, les cris des mourants forment une clameur immense, qui retombe tout entière en pluie de désespoir sur chaque blessé, comme s'il était seul.

III

Malgré ces raisons sérieuses, l'idée d'une infirmerie pour Saint-Joseph n'a jamais été totalement abandonnée. Le compte-rendu de la séance du Conseil d'administration du 22 août 1844, qui est une des chartes fondamentales de l'Etablissement, suppose qu'elle existe, et entre à ce sujet dans les détails les plus circonstanciés. Nous nous ferions un scrupule de ne pas en rapporter les termes, consignés dans les articles IV et V. Les voici textuellement :

« Art. IV. — L'infirmerie sera pourvue de tout ce qui est nécessaire pour les soins à donner aux malades, comme cafetières, bougeoirs, séringues, vase de chambre, urinal vulgairement dit urinoir, bassinoire ou chauffe-lit.

« Art. V. — Un domestique sera spécialement attaché au service de l'infirmerie et des prêtres infirmes. Le Conseil est aussi d'avis qu'une sœur du St-Esprit soit chargée de la lingerie et du soin des malades. Le garçon attaché à l'infirmerie sera sous les ordres de la sœur, qui du reste logerait en ville dans une des Maisons de son Ordre. »

Ainsi, tout est prévu ; il y a une sœur, une infirmerie, divers ustensiles d'infirmerie ; rien ne manque, que l'infirmerie elle-même. Car enfin, on ne peut donner ce nom à deux maigres cellules reléguées à l'une des extrémités de l'Etablissement, dans une sorte de quarantaine; et cette infirmerie elle-même, nous le répétons, soit par la force des choses, soit grâce à la résistance des malades, soit pour tout autre motif, n'a jamais ou presque jamais servi à sa destination primitive. Aussi, dans le second Réglement, tracé par Mgr Graveran le 22 janvier 1844, prévoit-on le cas où l'on sera libre de rester chez soi, même avec une assez forte indisposition :

« Nul ne pourra manger dans sa chambre, *à moins qu'il ne soit malade* et avec l'agrément du supérieur. »

Il est vrai que le même règlement ajoute :

« Le prêtre obligé de garder le lit pour une maladie exigeant la visite du médecin et traitement suivi, sera porté à l'infirmerie. »

Mais outre que le cas devait être assez rare par lui-même, il le devenait encore plus par la tolérance du supérieur. Il s'ensuivit que chacun resta dans sa petite retraite, et que l'infirmerie resta déserte, même à l'époque très courte où il en exista une ; elle était inutile.

IV

On doit avouer pourtant que la séquestration et l'isolement des malades offrent certains dangers. Les inconvénients ne proviennent pas de leur répartition, ou si l'on veut, de leur dispersion sur un vaste espace ; les deux ailes de l'Etablissement sont en somme d'assez faibles dimensions, et offrent des communications assez faciles, pour qu'on puisse les parcourir en moins de cinq minutes. Mais il peut surgir un accident imprévu ; d'autre part, les visites ne sauraient avoir lieu à des intervalles fréquents et réguliers ; il faudrait pour les faire ainsi un homme spécial, qui n'est vraiment nécessaire que pour un état grave, et par suite exceptionnel; la dépense serait forte et peu justifiée.

M. Ollivier avait demandé des sonnettes d'alarme sans les obtenir; on y reviendra sans doute avec Mgr Lamarche. Déjà d'ailleurs il a mieux fait que d'établir des sonneries dans chaque appartement ; car les sonneries elles-mêmes sont impuissantes en présence d'une défaillance subite ou dans la main d'un impotent. Il a fait venir trois sœurs au lieu d'une, et ces sœurs appartiennent à l'admirable famille de Saint-Vincent de Paul. Sans doute, chacune d'elles a ses attributions spéciales ; mais toutes, par l'esprit de leur vocation, sont tenues d'avoir un soin particulier des infirmes. Au milieu de leurs autres occupations, elles n'oublient jamais ceux qui gisent sur un lit de douleur, loin du commerce de leurs confrères. A tour de rôle et presque sans discontinuer, elles vont et elles viennent par la Maison. On peut dire qu'elles sont partout à la fois, et que le malade n'est jamais seul.

Déjà leur charité compatissante s'est fait sentir par une foule de changements heureux. Pour n'en citer qu'un exemple, c'est grâce à elles que l'on a construit une salle de bains, dans toutes les conditions réclamées par les progrès de l'hygiène. En hiver, quand la mer est devenue moins clémente, les pensionnaires valides trouveront à deux pas les soins hydrothérapiques qui conviennent aux tempéraments les plus vigoureux. Les têtes faibles ou exaltées auront à leur portée des douches salutaires et rafraîchissantes. Les constitutions débiles puiseront de nouvelles forces dans une eau réparatrice. Les peaux rudes et squameuses deviendront lisses, molles et flexibles comme le velours ou le satin. La santé générale sera meilleure et un nouveau bien-être rendra plus enviable encore le séjour de Saint-Joseph.

CHAPITRE XXVI

LA JOURNÉE

I

Les fondateurs et les bienfaiteurs successifs de la Maison n'ont pas seulement songé à la nourriture, au logement, à la médication et aux autres nécessités du corps. Ils avaient surtout pensé aux besoins impérieux, disons mieux, aux droits imprescriptibles des âmes sacerdotales. Nous avons déjà vu avec quelle constante délicatesse on avait ménagé aux vieux prêtres réfugiés dans leur paisible asile, la faculté de se livrer, suivant la mesure de leurs forces aux œuvres d'apostolat qui avaient été leur vie et leur bonheur dans le ministère paroissial. On leur permit de prêcher, de confesser, de remplacer momentanément les curés et les vicaires, de prendre part aux missions et aux retraites, de faire des catéchismes, de célébrer des Pardons. Quelques-uns même ont un titre fixe d'aumônier. On les voit évangéliser les pauvres de l'hospice de la localité, ou diriger, avec l'autorité de l'âge, de l'expérience et de la vertu, les filles de Marie-Immaculée, recueillies par les Dames de la Providence. Les nobles fonctions de l'enseignement scolaire ne leur sont pas fermées. Dans une lettre du 10 octobre 1837 à M. Bohic, M. Jégou leur défendit, il est vrai, par ordre de Mgr de Poulpiquet, de prendre des écoliers. Mais cette interdiction a été levée. Dans une ville qui compte tant de maîtres réputés pour leur savoir et leurs aptitudes pédagogiques, on se dispute les leçons des hôtes de St-Joseph. Les plus grandes familles leur confient leurs enfants, et il faut avouer que jusqu'ici le succès des élèves a répondu aux espérances des parents.

Non-seulement l'administration diocésaine a procuré à ses vénérables protégés des occupations en rapport avec leur vocation, mais elle leur a donné, dans une certaine mesure sans sortir de chez eux, la joie d'assister aux pompes consolantes de la Religion. Ils ont des saluts et des bénédictions, des messes à heure fixe, où les fidèles viennent les encourager par leur présence. Ils ont eu même pendant quelque temps des offices chantés, et nous ne désespérons pas de les voir renaître sous l'épiscopat fécond de Mgr Lamarche.

II.

Mais tout n'est pas là. Il faut au prêtre une règle qui le soutienne, qui garantisse sa faiblesse, qui alimente sa ferveur. Cette règle, indispensable dans toute communauté, paraîtra peut-être moins nécessaire à des vétérans déjà blanchis dans l'accomplissement du devoir. Il n'en est rien ; car l'homme ne se dépouille jamais entièrement de son humanité, et serait-il arrivé personnellement à la plus haute perfection de son état, qu'il faudrait encore ordonner et discipliner sa vertu dans un but d'édification générale.

Aussi Mgr de Poulpiquet porta-t il dès 1827 les prescriptions suivantes :

« Le lever aura lieu à 5 heures depuis Pâques, à 6 heures depuis la Toussaint.

« Le déjeûner se prendra au fur et à mesure que les Messes seront dites, le dîner à midi, le souper à 7 heures.

« A 11 heures 1/2, on fera une lecture et l'examen de conscience.

« Depuis la Toussaint, on récitera le chapelet et le bréviaire à 3 heures ; depuis Pâques à 6 heures.

« A 8 heures, il y aura lecture et prières suivies du coucher.

« Le reste du temps sera libre. »

A part ce qui concerne les heures des repas, qui doivent être fixes dans toute maison bien tenue, ce règlement paraîtra sévère pour des vieillards. Aussi fut-il adouci par les soins de Mgr Graveran le 22 janvier 1844. Voici les points sur lesquels portèrent les modifications :

« Il n'y aura pas d'heure fixe pour le lever, l'âge et les infirmités des prêtres admis dans la Maison ne permettant pas de les contraindre sur ce point à une rigoureuse uniformité.

« A 11 heures 3/4 on se réunira dans la chapelle pour une petite lecture et l'examen particulier.

« A 6 heures et demie, on se réunira de même pour le chapelet et la lecture spirituelle. »

Les trois derniers articles ont-ils jamais été exécutés ? Nous l'ignorons ; en tout cas, avant 1865, ils étaient certainement tombés en désuétude, et M. Ollivier ne jugea pas à propos de les rétablir.

III

Le dernier Réglement du 5 mai 1890 a changé peu de chose soit aux coutumes introduites par l'usage, soit aux dispositions positives édictées par le législateur. Il n'y a en réalité qu'une innovation importante, c'est l'établissement de l'Oraison en commun, 20 minutes après le lever.

Quel spectacle que celui de ces vieillards, rangés en cercle autour de l'autel, comme ceux de l'Apocalypse ! Le Supérieur, d'une voix grave et lente, lit le sujet de la méditation. Toutes les oreilles sont attentives, toutes les pensées se confondent dans une pensée unique, un pur encens s'élève de tous les cœurs vers l'Agneau qui réside dans le Tabernacle, les fronts s'inclinent sous le poids de l'émotion, l'âme est encore plus ardente que celle des voyageurs d'Emmaüs; car ici la foi est plus vive, la lumière plus éclatante, la charité plus intense et plus généreuse. Oh! qui nous dira ce qui se passe dans ces poitrines sacerdotales à ce moment solennel? Qui comptera tous les battements, tous les élancements de cette troupe auguste? Les Anges prosternés recueillent leurs soupirs, et les portent, radieux, au trône de l'Eternel.

Levez-vous maintenant, lévites de la Nouvelle Loi! La chapelle est pleine de l'odeur de vos parfums; le pain et le vin sont prêts, l'holocauste n'attend qu'un mot de votre bouche. Levez-vous! Prenez les ornements de votre jeunesse, apportez le calice du salut, et recommencez pour la centième, pour la millième fois, l'oblation du Calvaire; trempez vos lèvres dans le sang qui fait germer les vertus, et, après l'hymne d'action de grâces, reprenez sans crainte vos occupations ordinaires : La journée sera belle, car l'aurore est toute resplendissante des feux de l'amour!

IV

Des anciens Règlements on n'a conservé, en fait d'exercices spirituels, que la lecture du réfectoire; elle se fait régulièrement. Les autres pratiques de dévotion sont laissées à la piété de chacun. Le souper est mis à 6 heures au lieu d'être à 7 heures; c'est peut-être préférable au point de vue hygiénique. Le lever est toujours à 5 heures et à 6 heures, suivant la saison. Sur cet article nous nous permettrons une légère observation.

Depuis qu'on a fixé ces heures que Mgr Graveran trouvait déjà trop matinales, il s'est produit un fait qui a bien son importance. On a adopté à St-Pol pour les horloges les heures des chemins de fer, c'est-à-dire de Paris. Il arrive donc qu'au lieu de se lever à 5 heures en été et à 6 heures en hiver, on se lève réellement à 4 heures et demie et à 5 heures et demie. Nous croyons que l'Évêque n'avait pas prévu le cas. Les supérieurs sauront sans doute corriger cette erreur involontaire, qui ne pourrait être, si on la maintenait, que préjudiciable aux habitants fatigués de St-Joseph. L'Etablissement ne mériterait plus son nom gracieux et rassurant de *Maison de repos*.

V

Il y a d'autres dispositions consignées dans les statuts, qui regardent le chef plutôt que les subordonnés ; nous en parlerons au chapitre suivant. Mais avant de terminer celui-ci, il nous est impossible de ne pas souffler un mot de la pipe. A vrai dire, il n'y a que Mgr de Poulpiquet qui s'en soit occupé directement. M. Ollivier s'est montré un jour très-inquiet des suites possibles de l'habitude prise par M. Roignant de fumer au lit (12 Mars 1870) ; mais ce n'est là qu'un simple incident, une crainte passagère justifiée par la tendance de M. Roignant à l'idiotisme. Un autre jour, le même M. Ollivier reprenait publiquement mais avec douceur, M. Buzaré, pour avoir vidé ses culots dans un certain vase à sa propre fenêtre, au vu et au sû de tout le monde ; c'était pure affaire de convenance. M. Buzaré grommela sa plainte ordinaire : « Ce réformateur-là ! » Et tout fut dit. Mais Mgr de Poulpiquet se plaça sur le terrain des principes ;

« On ne fumera pas dans les chambres. »

Cet excellent pasteur des âmes avait une horreur invincible pour le tabac à brûler. On prétend qu'à une retraite ecclésiastique il reprit vivement un ancien confesseur de la foi qui venait d'allumer sous ses yeux le pacifique Calumet. Celui-ci lui répondit : «Mgr, c'est dans l'exil en Angleterre, que j'ai contracté cette habitude pour tromper mon ennui ; peut-être que si j'avais pu pénétrer dans les salons de Londres, je me serais contenté comme vous de la prise. » Ceci ressemble un peu au *Qui t'a fait duc* et *Qui t'a fait roi* des premiers Capétiens. L'évêque sentit la pointe, et se tut. Cette génération valait mieux que la nôtre.

La défense portée contre le tabac ne fut guère mieux observée qu'elle ne l'est dans les collèges. Nous sommes Alsaciens et Flamands, et sans doute aussi quelque peu turcs sous ce rapport. Beaucoup de nous fument, et continueront vraisemblablement à fumer, même sur leur lit de mort, après l'extrême-onction, comme M. François Le Bras, recteur de Plounéour-Ménez, de sainte et réjouissante mémoire. Bossuet n'aurait pas pu dire de celui-ci, comme d'une de ses héroïnes, qu'il fut doux envers le trépas; il fut au contraire d'une insolence rare. M. Naveau l'avait obligeamment fait venir au Collège de St-Pol pour être traité par le célèbre docteur Lamendour. M. Lamendour, après avoir prodigué tous ses soins, déclara son impuissance. Le malade n'en fut point ému; il demanda les derniers sacrements, et après les avoir reçus avec le stoïcisme d'un vieux celte, il se tourna vers l'un des assistants, et lui-dit dans la sérénité de son âme: « Maintenant, Pipi, bourre-moi une dernière pipe. » Ce Pipi ou Pierre, c'est M. Le Bihan, professeur de rhétorique, et plus tard de philosophie, l'ami intime du mourant. Pipi, qui était notoirement scrupuleux, prit peur; il murmura à l'oreille de M. Naveau: « Olivier, cet homme n'a pas de foi. » — « Plaise à Dieu que nous en ayons une semblable! » répliqua M. Naveau. En effet, M Le Bras en avait une vigoureuse, et sa boutade, témoignait seulement de la paix de sa conscience.

Ajoutons que le tabac est en baisse dans le jeune clergé; à Saint-Joseph même, son usage est loin d'être aussi général qu'autrefois, résultat que l'on doit attribuer en partie à la sage tolérance de l'autorité. Car l'homme est ainsi fait, qu'il s'abstient d'user de sa liberté quand on la lui laisse, et qu'il la revendique avec énergie quand on la lui prend. Aussi les évêques ont-ils été bien inspirés en donnant aux supérieurs une sorte de pouvoir discrétionnaire pour appliquer et interpréter le règlement. Ce pouvoir, en leur créant des droits, leur impose aussi des devoirs.

CHAPITRE XXVII

OBLIGATIONS DES SUPÉRIEURS

I

Dans l'Eglise, il n'existe à proprement parler, ni pouvoir démocratique ni pouvoir aristocratique ; en elle, le pouvoir descend toujours d'en haut par communication, et ne remonte jamais d'en bas par usurpation. De sorte que le Pape est le pasteur suprême de l'innombrable troupeau de Jésus-Christ ; il ne demande et ne doit demander aux Evêques que leur concours et leur obéissance. Les Evêques à leur tour sont rois dans leur diocèse sous la juridiction supérieure du Pape, et les curés le sont aussi dans leurs paroisses respectives suivant la teneur des Canons.

Les uns et les autres n'ont à répondre de leurs actes, que prochainement devant leur chef hiérarchique, finalement devant Dieu, et nullement devant leurs subordonnés.

II

Le supérieur de Saint-Joseph a sa place déterminée dans cet ensemble harmonieux ; il a son rôle comme un des rouages du mécanisme ecclésiastique ; il a son autorité propre, sa responsabilité personnelle et déterminée. On lui donne des prêtres à conduire, mais un règlement à suivre, maître quand il regarde sous lui, serviteur quand il regarde au-dessus. Voyons tour à tour et ce qu'il peut faire et ce qu'il doit faire.

Une première obligation qui lui incombe, c'est de ne pas accueillir indifféremment dans la Maison tous ceux qui se présentent.

« Nul prêtre, lisons-nous dans les ordonnances de Mgr Graveran, datées du 22 janvier 1844, ne sera reçu, s'il est frappé de quelque censure, ou s'il ne jouit pas d'une réputation intacte. »

C'est à l'Evêque incontestablement qu'il appartient d'assurer l'observation de cette loi ; mais il arrive quelquefois ou que l'Evêque oublie d'annoncer un nouveau pensionnaire, ou que ce pensionnaire se présente de lui-même. Dans ces deux cas, le supérieur est obligé de prendre l'initiative ; il admet provisoirement le candidat, et attend les instructions de l'administration.

Son personnel est au complet ; il ne lui reste plus qu'à le gouverner. C'est ici qu'il a besoin de fermeté, de souplesse et de tact. Car il ne doit pas oublier que ceux qu'il dirige sont des prêtres ; mais il faut qu'il se souvienne aussi qu'il n'a pas le droit de laisser faiblir l'autorité dans ses mains. Comme il est entouré d'infirmes et de vieillards, on lui demandera souvent des dispenses. S'il les accorde sans discernement, il n'y a plus de règle ; s'il les refuse sans motif, il n'y a plus de douceur dans le commandement. Comme les hôtes de Saint Joseph sont plus ou moins cloîtrés, il lui est prescrit de veiller à ce que personne ne sorte sans sa permission.

La volonté des Evêques est si expresse sur ce point de la résidence, que lui-même, d'après l'art. XVIII de Mgr de Poulpiquet, ne pourra s'absenter plus d'une semaine sans en écrire à Quimper. On sollicitera donc son autorisation pour la plus courte échappée, s'agirait-il simplement d'aller célébrer la Messe dans la paroisse ou dans une autre église quelconque (22 janvier 1844). Son consentement est réquis à plus forte raison, qnand on voudra prendre ses repas ou seulement ses récréations au dehors (5 mai 1890, art. VIII).

A l'intérieur, même obligation de s'adresser à lui, soit qu'on désire se faire servir dans sa chambre ou visiter un confrère alité (1844 et 1890) ; même obligation, si l'on se propose de dormir une grasse matinée, ou si, contre ses prévisions, on s'est oublié au lit plus tard que de coutume (1844) ; même obligation encore, quand un pénitent vient se confesser à la chapelle ou dans une chambre (1865), même obligation enfin pour tous les actes extérieurs qui s'écartent le moindrement du droit commun.

Quelle vigilance de tous les instants le Supérieur doit exercer *pour prévenir les abus!* (1844). Elle ne cesse que lorsqu'il quitte momentanément la Maison, ou lorsqu'il prend un congé de quelques jours. Mais alors il est remplacé de droit par le curé de Saint-Pôl (1827), ou par un prêtre désigné à cet effet (1890). L'autorité ne doit jamais subir d'éclipse ou de vacance.

III

Les soins matériels n'exigent pas moins d'attention que la direction morale et disciplinaire. Par décision du 22 août 1844, le conseil d'administration arrête « que chaque cellule aura un crucifix, un bénitier, une table pour écrire, un fauteuil et quatre chaises en paille au moins, une table de nuit, un pot-à-l'eau, des rideaux au lit et à la fenêtre. » C'est le supérieur qui est chargé de l'exécution de cet article. Il doit surtout, et cela se comprend, ne négliger aucune précaution pour éviter les incendies. Voici les prescriptions minutieuses de Mgr de Poulpiquet à cet égard (1827) :

« Art. xix. — Vers 9 heures et demie du soir, on fera une visite pour s'assurer que toutes les lumières sont éteintes, et quelquefois une seconde visite un peu plus tard. On n'oubliera rien pour prévenir les accidents causés par le feu. On enverra même dans le chauffoir commun, lorsqu'il sera évacué, pour savoir si le feu est éteint, ou dans quel état il se trouve. »

La même préocupation se manifeste en 1844 :

« Tous seront couchés à 9 heures ou 9 heures et demie, et les lumières éteintes ; ainsi s'exprime Mgr Graveran. Le supérieur exigera l'observation de ce point, surtout de la part des malades ou infirmes. Ceux qui allumeront du feu chez eux le couvriront avant de sortir. Le Supérieur y veillera soigneusement. »

A la fin de 1865, la maison fut assurée pour 7 ans. Dés lors on fut plus tranquille, aucune inquiétude ne transpire. Mais pour un souci dont le chef de l'Etablissement est délivré, combien de sollicitudes l'assiègent encore ! Car nous n'avons parlé ni du personnel à gage, ni de l'exploitation du jardin, ni du train de ménage, ni de la lingerie, ni de la comptabilité. Tout cela retombe sur le même homme ; c'est une besogne écrasante. Aussi devons-nous féliciter Mgr Lamarche, qui, en nous donnant trois, et pendant quelque temps quatre sœurs intelligentes et capables, a soulagé d'autant les épaules du supérieur. Ces filles dévouées de St-Vincent-de-Paul ne refusent aucun fardeau. Elles rendent toute espèce de services, surtout dans l'ordre des intérêts matériels, et l'on peut se reposer sur elles de la plupart des soins domestiques.

Malgré ce secours véritablement providentiel, il reste encore assez d'occupations et de préoccupations au supérieur de Saint-Joseph. L'image austère du devoir le poursuit partout ; il est littéralement assiégé par mille appréhensions diverses ; sa responsabilité morale surtout l'épouvante. A la tête d'une communauté nombreuse et mélangée, dont il n'a pas seulement le commandement mais la direction, ce qui est bien différent, comment fera-t-il pour ne pas être au-dessous de sa tâche ? Par quels moyens obtenir, non-seulement la régularité qui n'est que l'obéissance extérieure et passive, mais encore la soumission qui est l'obéissance libre de la volonté ! La chose vaut la peine qu'on l'étudie.

IV

L'obéissance purement extérieure est celle qui fleurit dans les casernes et les lycées de l'Etat ; elle n'est pas suffisante pour une communauté religieuse ou ecclésiastique ; mais comme elle est indispensable partout, on ne sera pas surpris que nous nous y arrêtions.

Cette obéissance s'impose par la vigilance, et par la vigilance seule. Il faut que le Supérieur soit semblable à ces statues antiques, qui toujours vous regardent, quelque position que vous preniez.

Dans les écoles et les garnisons, on connaît ceux qui par devoir sont astreints à relever les fautes ou à les signaler. Ils se présentent, on se range. Si on leur résiste, le châtiment ne se fait pas attendre; il est inévitable. Mais comme également les punitions variées qui se donnent ont été notifiées d'avance, elles ne révoltent que les insensés, dont on a bientôt raison. L'obéissance s'obtient de la sorte par l'application immédiate et constante des réglements.

Cette application ne peut se faire que par la présence réelle de l'autorité. Aussi l'autorité est essentiellement active dans l'armée et le corps enseignant. Vous ne pouvez faire un pas sans que la Némésis vous accompagne. Les Euménides ne s'attachaient pas avec plus de rage aux flancs de leurs victimes. Ce n'est pas un modèle à suivre; c'est un trait digne d'être observé, et dont il serait bon de profiter un peu.

Comme dans le despotisme laïque, il est nécessaire que dans l'Eglise, à tous les degrés, on sente la main ferme du pouvoir. Le pouvoir ne doit être ni insouciant ni apathique; il faut qu'il se dépense, qu'il s'ingénie, qu'il se remue, qu'il se porte ainsi que l'âme dans toutes les parties du corps; qu'il ne soit jamais pris au dépourvu, qu'il se trouve toujours là où il est urgent qu'il paraisse, qu'on ne se flatte point de lui échapper, que son ombre même en impose. Quand on est convaincu qu'il se rend compte des moindres détails, et qu'il contrôle chaque chose sans lassitude et sans intermittence, on ne risque pas facilement de se mettre dans ses torts vis-à-vis de lui.

V

Mais une communauté religieuse ne se laisse pas conduire uniquement par la crainte servile ou révérentielle ; elle cède principalement à l'impulsion morale, s'exerçant par l'exemple et le précepte combinés. Le précepte et l'exemple, voilà les deux conditions indispensables de toute vie supérieure et vraiment spirituelle pour les individus aussi bien que pour les sociétés. Sans exemple le précepte est mort, sans précepte l'exemple n'oblige pas. L'exemple et le précepte se complètent, comme les parties intégrantes d'un même tout. Le précepte est un corps inerte, et c'est pourquoi on l'appelle fort bien *Corpus juris*; l'exemple l'informe et lui donne de la vie. Que dirons-nous de plus? L'exemple, tel que nous l'entendons ici, c'est la règle incarnée dans le Supérieur.

Il en résulte que le Supérieur est encore plus tenu à la règle que ses subordonnés. On voit d'ici toute l'étendue de ses obligations, et nous n'y insisterons pas. Remarquons seulement que dans cette matière le devoir du Supérieur est double, puisqu'il répond de l'observation ou de la violation de la loi, et devant ses chefs, et devant ses inférieurs. Mais son exemple est un des moyens les plus efficaces pour obtenir l'assentiment et la soumission.

En ce qui concerne le précepte, le Supérieur est dépositaire de la lettre, qu'il peut communiquer à qui il voudra ; mais cela est bien peu, et pour mieux dire, sans valeur réelle. Il faut qu'il la promulgue plus officiellement, plus solennellement encore, et souvent ; il faut qu'il la commente, il faut qu'il l'intime et la fasse pénétrer graduellement et doucement dans les âmes. C'est pour atteindre ce but qu'on a établi des Conférences à Saint-Joseph. Elles n'existaient pas avant le mois de septembre 1865, epoque de leur création, c'est-à-dire avant M. Ollivier ; mais on a lieu de s'étonner qu'on n'y ait pas songé plus tôt.

Les conférences sont très utiles, nous allions dire nécessaires, partout où il y a une agglomération d'hommes vivant de la même vie. Aussi les trouve-t-on à un degré quelconque, sous un nom ou sous un autre, dans toutes les sociétés petites et grandes. Le Pape a ses encycliques, l'évêque a ses mandements. Le Président de la République a ses messages, le ministre ses circulaires. Le Général a ses ordres du jour, le Magistrat ses mercuriales. L'abbé d'un monastère a son chapître, le Curé a son prône. Il n'y a pas jusqu'au principal de Collège et jusqu'au plus humble maître de pension qui ne dispose d'un moyen pour communiquer avec ses élèves, qui n'ait une heure ou un quart d'heure. pour les entretenir de ce qui regarde la marche intérieure de l'Etablissement.

VI

Ce serait une véritable anomalie, si l'on ne trouvait rien de semblable à St-Joseph. Ces réunions de famille, qu'on les appelle conférences. colloques ou autrement, existent donc ici comme ailleurs. Suspendues, nous le croyons, sous MM. Caroff et Le Guen, elles viennent d'être reprises sous M. Le Roux. Le Supérieur a devant lui une matière en quelque sorte inépuisable. Un jour il relira la règle en y ajoutant des explications ; un autre jour il appuiera uniquement sur un point déterminé.

S'il a remarqué du relâchement dans l'observation de certains articles, l'occasion est bonne pour rendre à la loi toute sa vigueur ; s'il est satisfait de la conduite générale, il témoigne de sa joie par ses félicitations cordiales et ses remerciements chaleureux. Tous, sans être blessés, peuvent se faire à eux-mêmes l'application de ses critiques générales ; tous prennent leur part dans les louanges qu'il croit devoir décerner. C'est un père au milieu de ses enfants.

Rien ne l'empêche de s'élever quelquefois aux plus grandes hauteurs, soit lorsqu'il montre dans la soumission à la volonté de l'Evêque un des plus sûrs moyens de sanctification pour l'âme, soit lorsqu'il éveille la reconnaissance dans les cœurs en traçant un tableau de la pieuse sollicitude de l'administration diocésaine à notre égard.

Mais ce n'est pas à nous, chétif insecte, d'ouvrir ces vastes horizons, et d'ailleurs, nous aurions trop à dire. Il suffit que nous ayons indiqué par ces quelques mots l'importance majeure des conférences, et signalé une partie du bien qu'elles sont appelées à produire au point de vue de l'observation religieuse du Règlement. Néanmoins, nous croirions manquer à tous nos devoirs d'historien probe et consciencieux, si nous n'essayions de donner ici, en toute simplicité, la physionomie d'une de ces modestes assises de Saint-Joseph.

VI

Notre première intention avait été de retracer au lecteur la séance présidée par Mgr Lamarche lui-même, séance où le prélat s'est montré comme toujours si bon pour les faibles, si compatissant pour les malheureux, si large dans les dispenses, et si prévenant pour le Supérieur. Mais il y aurait peut-être indiscrétion, mauvaise grâce et témérité, à dévoiler les trésors de charité chrétienne qui se cachent sous la majesté pontificale.

Par conséquent, nous aimons mieux donner le récit fidèle, quoique succinct, de la présentation de M. Le Roux par M. Serré, qui fut aussi une sorte de conférence à différents points de vue. D'ailleurs, ceci nous permettra de transcrire par la même occasion les Ordonnances définitives tracées dans ces derniers temps pour la Maison. Promulguées par M. le Vicaire-Général dans cette circonstance exceptionnelle, elles emprunteront à sa personne sympathique et à sa haute situation une autorité de plus. Nous y voyons, pour notre compte, un autre avantage assez considérable, celui de présenter en un coup d'œil d'ensemble les dispositions que nous avons déjà rapportées séparément et chacune en son lieu, suivant les exigences de notre sujet.

CHAPITRE XXVII

LE RÈGLEMENT DU 5 MAI 1890

I

Nous sommes au 5 mai 1890, il est 3 heures de l'après-midi. Les cloches de St-Joseph sonnent à toute volée : On s'assemble rapidement à la chapelle en habit de chœur. Par les soins des humbles Filles de St-Vincent de Paul, l'autel, richement orné comme pour les plus beaux jours, ruisselle d'or et de lumière ; le deuil de l'Etablissement a cessé. Chacun, assis dans sa stalle, un bréviaire à la main, attend dans le recueillement et la prière la visite promise. Un retard se produit : MM. Serré et Le Roux ont voulu saluer en passant le digne Curé de la Cathédrale. Enfin les voici ! M. le Vicaire général s'avance, recouvert de la chape, escorté du nouveau supérieur et de M. Jézégou, qui doit exposer, comme il en a l'habitude, le Très-Saint Sacrement. Tout le monde s'agenouille, les chants commencent, la bénédiction se donne avec la plus grande solennité. Ce premier devoir accompli, on invite les ecclésiastiques à se rendre en corps au réfectoire pour y tenir séance. M. Serré, ayant pris la place qui convient à sa dignité, met à sa droite M. Le Roux ; les autres se rangent à l'entour suivant l'ordre hiérarchique. Un profond silence règne dans l'assemblée. Alors M. le Grand Vicaire déploie un papier volumineux, qu'il pose sur la table, et commence en ces termes :

« Vénérables confrères, nous avons choisi pour vous diriger un prêtre excellent sous tous les rapports, que plusieurs de vous connaissent déjà, et que les autres apprendront sous peu à apprécier. Il est superflu de faire son éloge; Je me borne à déclarer que jamais aucun rapport défavorable n'est parvenu à l'Evêché sur son compte. (1) Il ne vient pas seul parmi vous ; car voici un Règlement, élaboré par M. Ollivier, et approuvé aujourd'hui

---

A quoi tiennent les choses de ce monde? M. Le Roux nous a dit lui-même que, si les mauvais esprits d'Ouessant avaient su écrire, il aurait été dénoncé plus de dix fois. Ceci est à son éloge, par ce temps de délateurs et de délations.

même par Monseigneur. Ce règlement lui servira de guide, et au besoin de sanction, dans la charge difficile qu'il assume ; je vais vous en donner lecture :

ART. I

« On sonnera l'*Angelus* et le lever à 5 h. en été (de Pâques à la Toussaint), et à 6 h. en hiver (de la Toussaint à Pâques).

ART. II

« M. le Supérieur décidera quelle sera l'heure de la messe de communauté pour ceux qui ne peuvent pas célébrer eux-mêmes.

ART. III

« Vingt minutes après le lever, on sonnera pour faire la prière en commun, suivie de l'Oraison. Cet exercice se fera à la chapelle et durera une demi-heure. Les Messes ne commenceront qu'après l'Oraison.

ART. IV

« Après la Messe et l'action de grâces, chacun descendra pour déjeûner, à la salle commune.

ART. V

« Après le déjeûner, chacun dispose de son temps comme il le veut. On profitera de ce temps pour dire son bréviaire et faire quelque lecture pieuse, afin de s'entretenir dans l'esprit de piété sacerdotale. La récréation et la promenade pourront se prendre dans les chambres des confrères et dans les jardins.

ART. VI

« A midi on sonnera l'*Angelus*, qui sera auss le signal du dîner.

ART. VII

« Le dîner se fera en commun dans la même salle. Au commencement du dîner et du souper, on fera une lecture de quelques minutes dans l'Evangile ou l'Imitation de Jésus-Christ. Chacun lira à son tour, selon que sa santé le lui permettra. Le reste du repas on pourra causer.

ART. VIII

« Après dîner on pourra encore prendre la récréation dans les jardins ou les chambres des confrères.

« On ne sortira *jamais* (tous les soulignements sont de la main de l'Evêque) de la Maison, pour prendre ses récréations ou ses repas, sans la permission de M. le Supérieur, ou de celui qui tient sa place. On doit toujours être rentré à 4 heures en hiver et à 5 heures en été.

« On n'introduira *jamais* ni boisson ni nourriture dans la Maison.

« Nous engageons nos vénérés confrères à faire exactement la visite au Très-Saint-Sacrement tous les jours, à dire leur chapelet, à faire la lecture spirituelle. Ces exercices de piété sont fidèlement suivis par tous ceux qui veulent mener une vie chrétienne et sacerdotale. Nos vénérés confrères sauront ainsi, en se sanctifiant, venir en aide, par leurs prières, aux prêtres qui sont dans le ministère paroissial.

« Nous les engageons aussi à se visiter, à se consoler dans leurs maladies et leurs infirmités, par les paroles de la foi et de la charité chrétiennes.

ART. IX

« Le souper et l'*Angelus* du soir seront sonnés à 6 heures ~~et demie~~ (deux mots barrés par l'Evêque).

ART. X

« Après le souper, récréation comme à l'ordinaire.

ART. XI

« La prière du soir sera faite en commun à 8 heures, et suivie d'une lecture pieuse, Vie des Saints ou autre livre.

ART. XII

« A 8 heures 1/2, tout le monde sera couché, et les lumières éteintes.

ART. XIII

« Ceux qui ne pourraient pas, à cause de leurs infirmités, suivre les exercices et les repas communs, seront servis dans leur chambre ou à l'infirmerie, et y feront en particulier les exercices de piété que leur santé leur permettra de faire.

ART. XIV

« Au déjeûner on pourra prendre du café ou de la soupe, et l'on aura son carafon de vin.

« Au dîner on servira de la soupe, deux plats de viande, du beurre, du dessert et un carafon de vin.

« Au souper, de la soupe, un plat de viande, un plat de légumes, du beurre, du dessert, et un carafon de vin.

« Au dîner et au souper, M. le Supérieur pourra servir à chacun un petit verre de cognac ou de cassis.

« Les dimanches et les jours de fête, on pourra y ajouter une tasse de café.

« S'il y a au repas un confrère étranger de distinction, par exemple, vicaire-général, chanoine, curé, principal de collège, ou supérieur de grand et petit séminaire, on pourra y ajouter du vin vieux.

ART. XV

« Ceux de nos vénérés confrères qui peuvent célébrer habituellement la Messe, se fourniront leurs habits, leur bois de chauffage, et donneront par an une indemnité de 50 francs, pour frais de blanchissage, raccommodage, remèdes et soins de pharmacie.

« Ceux qui ne diront pas la Messe seront fournis de tout par la Maison.

« A son entrée dans la Maison, on versera à M. le Supérieur 100 francs pour frais d'installation.

ART. XVI

« Pour manger ou coucher hors de la Maison, il sera requis d'avoir une permission spéciale En tout cas, on ne mangera *jamais* dans les auberges, les hôtels et les maisons particulières, mais seulement chez les confrères.

ART. XVII

« Tous les dimanches, à 6 heures du soir, il y aura Bénédiction du Très-Saint-Sacrement, à la chapelle. Et le premier dimanche du mois, il y aura conférence spirituelle faite par M. le Supérieur, qui en profitera pour donner les avis et instructions propres à entretenir l'esprit de ferveur et de piété sacerdotale.»

II

Pour être complet, nous ajoutons, sans attendre davantage, deux articles supplémentaires, dressés plus tard par Monseigneur, et communiqués, l'un par écrit dans une missive du 4 juin, l'autre de vive voix dans les premiers jours de septembre, à la retraite ecclésiastique de Lesneven.

1er ARTICLE SUPPLÉMENTAIRE

« Il est défendu de recevoir des visites ailleurs qu'au parloir.

« On ne fera aucune visite à un malade alité ou obligé de garder la chambre, qu'avec l'agrément de M. le Supérieur.

2e ARTICLE SUPPLÉMENTAIRE

L'éclairage et le chauffage, sont à la charge de chaque pensionnaire.

« Ceux qui disent la Sainte-Messe verseront 50 francs par an, pour blanchissage, raccommodage et médicaments ordinaires, c'est-à-dire ceux qu'on trouve dans la Maison, à la petite pharmacie des Sœurs. »

Mais revenons à la conférence du 5 mai.

III

Quand la lecture fut terminée, M. le Grand-Vicaire demanda courtoisement si quelque membre de l'assistance avait des observations à présenter. M. François Le Bras, ancien recteur de Guilers-Plogastel, se leva, et dans un langage aussi simple que lucide, exposa une des doléances de ses confrères. Il se plaignit qu'on les appelât pour des services extraordinaires dans les châteaux et les paroisses des environs, sans songer quelquefois à les dédommager de leurs dépenses. Sur-le-champ, M. Serré fit droit à ces justes réclamations, et fixa la somme de dix francs comme minimum des frais de déplacement. Puis il ajouta :

« Je laisse à M. le Supérieur le soin d'expliquer, de commenter, d'interpréter suivant l'occasion et les circonstances, les différents points du règlement que je viens de promulguer. Il a dès ce moment tous pouvoirs pour l'appliquer, et si c'est nécessaire, pour en dispenser. Je n'ai plus autre chose à faire, pour exécuter jusqu'au bout les instructions de Monseigneur, qu'à prier M. Le Roux d'occuper immédiatement la place qui lui appartient dans cette Maison. Quant au vicaire général, considérez-le comme un hôte, ou même comme un ami. M. le Supérieur, prenez ma chaise ; je prends celle des étrangers. »

Le Supérieur, visiblement ému, répondit par des remerciements bien sentis, et par des assurances mille fois répétés de dévouement, de bienveillance pour tous, d'intentions généreuses et de zèle dans l'accomplissement de ses devoirs. On servit des agapes fraternelles : M. Le Roux était installé.

CHAPITRE XXIX

M. LE ROUX, NEUVIÈME SUPÉRIEUR

I

M. Le Guen était encore en vie, lorsqu'on appela les Sœurs à Saint-Joseph. Depuis longtemps il s'acheminait vers la tombe, et c'est pour lui faciliter la tâche, qu'on lui procura ces utiles auxiliaires

Il mourut en janvier 1890, à l'âge de 58 ans, et fut enterré dans le cimetière de l'Etablissement.

On lui doit une serre magnifique, qu'il aurait construite, paraît-il, de ses propres deniers, au moins en partie. Grâce à cette serre, on ne manque jamais de fleurs pour orner la chapelle, et l'on peut donner, ce qui a bien son prix, aux malades et même aux bien portants, des grappes d'un raisin savoureux. M. Le Guen s'est occupé aussi des logements des vieux prêtres, il a amélioré la pension, il a augmenté le bien-être général, et mis Saint-Joseph, à quelques différences près, sur le pied de Pont-Croix, où il avait fait un utile apprentissage de l'économie domestique. Mais n'eût il laissé dans la Maison que le souvenir de son affabilité de bon aloi, que sa mémoire mériterait encore d'être bénie. Il a été dignement remplacé par M. Le Roux.

II

M. Le Roux est né à Plounévez-Lochrist d'une famille patriarcale, en 1831. Il fit ses classes à Lesneven, à une époque où le collège avait une existence bien précaire, ballotté entre les exigences de la Ville et celles de l'Université. Le temps n'était pas venu où M. Daniel, M. Cohanec, M. Follioley, M. Roull, devaient le porter par des efforts continus au point de prospérité où nous le voyons aujourd'hui. On y faisait pourtant de bonnes études, et on y préparait d'excellents sujets pour toutes les carrières, témoin l'amiral Vallon et les deux frères Bergot. Le plus grand nombre des élèves se destinaient à l'état ecclésiastique; ce fut aussi la direction prise par le jeune Le Roux.

Après quatre ans passés au grand séminaire, il devint successivement chapelain à Kerduel chez M. de Champagny, vicaire ou recteur dans différentes paroisses, aumônier à Landerneau et à Quimper, enfin curé d'Ouessant.

Tous ceux qui ont voyagé comme touristes en Bretagne, ont parlé avec une certaine terreur de cette île essentiellement druidique, perdue entre le ciel, la terre et l'eau, aussi éloignée, grâce à la difficulté des communications, de la péninsule armoricaine que de l'Angleterre et de l'Amérique. Là les femmes sont des hommes, les hommes sont des héros;

c'est au milieu de cette mâle population que Cambry a dû tracer son magnifique portrait du matelot breton, « le premier matelot du monde ». Les idées nouvelles ne pénètrent guère sur ce rocher nuageux; on n'y connait que deux choses, mais deux choses d'une importance majeure, la croix et l'étoile, la croix portée par le prêtre, l'étoile portée par l'amiral, Dieu et la patrie, la foi du catholique et l'obéissance du marin. Quand ces deux drapeaux marchent l'un contre l'autre, quand il n'y a pas d'accord entre eux, quand le pouvoir civil cherche à détruire le pouvoir religieux, le naturel d'Ouessant hésite entre la consigne et la conscience. C'est assez dire que les luttes de ces dernières années eurent un retentissement douloureux dans l'île.

Enfin, la bonne cause fut victorieuse, le conseil municipal se recruta parmi les croyants, et une école libre s'éleva en face du palais scolaire. Mais il en coûta bien des batailles, où M. Le Roux gagna ses éperons.

III

C'est au milieu de son triomphe, qu'une dépêche de l'Evêque alla le prendre pour lui confier la direction de St-Joseph. Avec quelle émotion pénible il dut quitter ses fidèles ouailles et le théâtre de ses succès ! Mais le prêtre ne marchande pas les sacrifices. Il débarqua sur la terre ferme. Nous avons vu la cérémonie de sa réception, nous n'y reviendrons pas. Il nous suffira de dire qu'après 15 ans passés dans les solitudes reculées de l'Océan,'

Et penitùs toto divisos orbe Britannos,

il était plus préparé que tout autre à la vie renfermée des anachorètes de St-Pol. En tout cas, il y a pris goût; sa santé se soutient, sa piété s'accuse, son énergie se révèle, son initiative s'accentue.

Secondé par les Sœurs, puissamment appuyé par l'Evêque et les Grands Vicaires, il mène de front différentes entreprises. Pendant que le Règlement est exécuté avec force et modération, tout se ressent déjà de sa prévenante sollicitude. Nous ne dirons rien de ces corridors, autrefois si sombres, aujourd'hui si bien éclairés. Nous ne parlerons pas de ces bains que l'on a construits. véritables thermes, qui sont nés comme par enchantement dans une décharge longtemps négligée. Nous ne conduirons pas le lecteur dans cette lingerie nouvelle où l'art merveilleux des Filles de Saint-Vincent-de-Paul va étaler bientôt le goût, l'élégance et la propreté des hôpitaux les mieux tenus.

Nous n'irons pas promener en flânant nos douces et poétiques rêveries dans ce gracieux labyrinthe d'arbres, de verdure et de fleurs, qui donne à St-Joseph un aspect si riant. A plus forte raison, nous ne descendrons pas jusqu'aux détails de la cour de service, jusqu'à cette vacherie bien montée d'où s'écoule un lait pur et bienfaisant, jusqu'à ces milles réformes matérielles qui supposent une merveilleuse entente de tout ce qui constitue l'économie rurale dans sa perfection. Un plus grand objet nous attire : Nous voulons faire ressortir de notre mieux l'importance d'une innovation féconde, destinée à produire des fruits nombreux et durables. Il s'agit des retraites ecclésiastiques, inaugurées à la fin de septembre 1890 dans la Maison de St-Joseph.

Pour la première fois depuis que l'Etablissement existe, un prêtre, un jésuite, le P. Le Guinio, de la résidence de Quimper, a été appelé parmi nous avec la mission de nous donner les Exercices de saint Ignace. Quelle ne fut pas la joie des vieillards et des infirmes ! On leur procurait sans frais ni dépenses l'un des moyens les plus efficaces de sanctification. Ils n'avaient plus à faire le voyage coûteux du grand Séminaire ou de Lesneven. Ils n'avaient plus rien à débourser, ni pension à payer, ni domestique à dédommager. Aucune charge, aucun déplacement. Les plus heureux étaient encore ceux que la décrépitude empêche de s'éloigner du logis, ou ceux qui traînent partout en gémissant l'implacable boulet de la souffrance. Quelle ineffable consolation pour toutes ces âmes endolories ! Avec quel enthousiasme sincère fut entonné le *Veni Creator* ! Plusieurs n'avaient pas assisté à pareille fête depuis un, deux et trois lustres. Plusieurs sentaient la mort approcher, sans espoir de se recueillir pendant quelques jours sur le bord de la tombe. Semblables à ces sauvages convertis, qui errent isolés dans les vastes savanes de l'Amérique, ou sur les rivages inhospitaliers de Madagascar, loin de tout secours religieux, ils voyaient enfin le Missionnaire. Le Missionnaire était là devant eux, le Missionnaire était là pour eux. Ils entendraient expliquer, dans une forme simple et lumineuse à la fois, les grandes vérités du salut. On leur rappellerait les obligations terribles qu'ils ont contractées par le sous-diaconat et par le sacerdoce. Ils pourraient faire un dernier retour sur leur vie passée, pleurer leurs négligences ou leurs égarements, solliciter un suprême pardon, et désormais, pleins de confiance dans la miséricorde divine, s'étendre sur leur couche funèbre et mourir.

Inutile d'ajouter que la retraite a été fructueuse, grâce sans doute au zèle et au talent du prédicateur, mais grâce également à la bonne volonté des vénérables pensionnaires de Saint-Joseph. Ceux-ci n'étaient pas seuls : des prêtres du ministère, des professeurs s'étaient joints à eux, et il serait difficile de décider entre les ecclésiastiques du dedans et les ecclésiastiques du dehors, quels sont ceux qui ont donné le plus d'édification.

L'année prochaine, dans deux ans au plus, le même spectacle se reproduira ; c'est une fondation permanente, et non point un accident passager. Le nombre des retraitants volontaires ne peut que s'accroître à chaque fois. Ils étaient quinze, ils seront trente, et peut-être davantage, si l'espace le comporte. Ceux qui sont venus comme à l'essai, ont déjà publié dans le diocèse leur satisfaction.

A Quimper, à Lesneven, dans ces grandes réunions annuelles, on trouve tant d'amis qu'on n'a point rencontrés depuis longtemps, que deux jours se passent, sinon davantage, à se saluer et à se reconnaître, à se demander des nouvelles sur mille choses intéressantes ; et le recueillement en souffre. Ici, cinq minutes suffisent pour échanger une poignée de main avec un sourire; après quoi, chacun se met sérieusement à son affaire. Aucune distraction ne détourne la pensée des occupations les plus graves, on se plonge sans effort et sans retard dans ce silence auguste et mystérieux où la divinité réside comme dans un impénétrable nuage.

L'âme n'est entièrement libre que lorsqu'elle est pleinement dégagée des mille soins du corps. Aussi le côté matériel n'a-t-il pas été négligé, grâce à l'œil vigilant du Maître, grâce à l'attention soutenue des Sœurs, grâce à l'excellente direction du personnel domestique. Tous les services se sont faits avec une exactitude et une précision remarquables. Le Supérieur avait eu l'heureuse idée d'appeler à son aide trois de ces bons séminaristes de St-Pol, que l'on trouve toujours prêts, nous le savons pour notre part, quand on a besoin de leur concours. Ils répondaient la Messe, ils présentaient l'encens à la bénédiction du soir, ils sonnaient les exercices, ils lisaient à tour de rôle au réfectoire, ils changeaient les assiettes, ils passaient les plats avec autant de politesse que de distinction. Mais nous serions vraiment coupable, nous serions non seulement ingrat mais injuste, si nous ne faisions remonter tout ce bien au premier pasteur du diocèse. Son nom s'est souvent présenté sous notre plume, dans le cours de ce travail ; il souffrira sans doute que nous consacrions quelques lignes spéciales à sa personne sacrée.

CHAPITRE XXX

MONSEIGNEUR LAMARCHE

I

Mgr Lamarche appartient à l'une de ces vieilles familles bourgeoises et parisiennes qui constituent en quelque sorte la première assise de la nationalité française. Ces familles n'ont en général qu'une histoire collective ; sans doute plusieurs de leurs membres se sont distingués dans les différentes carrières, mais ces illustrations individuelles sont comme absorbées dans l'auréole de gloire qui entoure la cité. La cité forme un être moral qui veut marcher seul et ne reconnaît aucun maître, qui subit un chef pendant la lutte et le rejette après la victoire qui se régit toujours par ses propres lois et ses propres instincts, en dépit des tentatives du pouvoir central pour le dominer.

Phénomène unique dans les annales de l'humanité ! Cette ville n'a jamais été réellement divisée contre elle-même, toujours elle s'est portée avec une écrasante majorité d'un côté ou de l'autre. Au milieu des perturbations les plus sanglantes, dans les temps les plus troublés de notre vie publique, on a toujours su de quel parti se trouvait le peuple parisien. A la voix de Geneviève, il se lève unanime pour résister aux bandes d'Attila, il répond avec la même spontanéité aux objurgations de son évêque Gozlin, de Charles-le-Gros, de Robert-le-Fort, dans la lutte contre les Normands. Il marche bannières déployées, sous la conduite des premiers rois Capétiens, pour soumettre les puissants Seigneurs du voisinage ; il chasse ses rois à leur tour. Etienne Marcel succombe, plus encore sous la réprobation générale de ses concitoyens, que sous la hâche d'un assassin isolé. Les Armagnacs et les Bourguignons triomphent successivement ; mais en réalité, c'est Paris qui triomphe sous leur nom.

Charles VII n'est maître de la France que quand Paris le reçoit dans son enceinte. Paris, et non pas le faible Charles IX, et non pas l'ambitieuse Catherine, mais Paris seul donne, à la St-Barthélemy, le signal du massacre des Huguenots, ennemis politiques et ennemis religieux à la fois. C'est Paris qui fait la journée des barricades, c'est Paris qui est l'âme et le cœur de la ligue ; c'est Paris qui prononce dans la personne d'Henri IV, la réconciliation de la France chrétienne et de la Monarchie, réconciliée elle-même avec l'Eglise.

La Fronde cesse d'être sérieuse quand elle cesse d'être parisienne, et la Révolution n'est si terrible que parce que Paris en est la tête.

Dans les temps actuels, le délire anticlérical dont nous sommes les victimes, a son foyer dans Paris; mais c'est encore de Paris que nous attendons la résurrection future. Paris renferme un noyau précieux, qui n'a pas été entamé par le virus des fausses doctrines. Le noyau se développe silencieusement; quand il aura pénétré les masses profondes de la population, il s'emparera de la direction de Paris, et rien alors ne saura retarder l'irrésistible mouvement de régénération sociale.

C'est de ce noyau intact et fécond, de ce germe béni, qu'est issu Mgr Jacques-Théodore Lamarche.

Jacques-Théodore est né le 12 mars 1827; il reçut dès ses plus tendres années les soins d'un maître distingué, l'abbé Dupanloup. Sous la conduite de cet ecclésiastique actif et zélé, de cette éducateur de la jeunesse, de cet initiateur des idées généreuses, de cet orateur puissant, il étudia avec fruit les belles lettres. La discipline sévère et les enseignements profonds de St-Sulpice le formèrent à la science comme à la vertu sacerdotale.

Devenu prêtre, la guerre de Crimée éclate. Son patriotisme se réveille; son enthousiasme religieux qu'il a puisé au foyer maternel, qu'il a développé dans des écoles modèles, ne lui laisse aucun moment de repos, Puisque l'onction sainte qui a marqué son front ne lui permet pas de saisir le glaive du soldat pour soutenir l'honneur de la patrie, et combattre le schisme moscovite plus redoutable encore que le croissant, il ira du moins dans les rangs de notre armée, la croix d'une main, les sacrements de l'autre, bénir et consoler les mourants. Il prend part sous l'amiral Pâris aux diverses opérations de la Mer-Noire. Plusieurs marins de la flotte, qu'il devait rencontrer plus tard dans ses tournées de confirmation, témoins de son dévouement, de son courage martial, de sa froide intrépidité, le jugèrent dès ce moment digne de devenir un enfant adoptif de la Bretagne. (1).

Il revint de la guerre avec sa couronne de lauriers, pure de sang humain, et s'adonna paisiblement au ministère paroissial, jusqu'au moment où le cri farouche de l'envahisseur retentit sur nos frontières. On se souvint des services qu'il avait rendus en Orient, et plus heureux que beaucoup d'autres, on lui offrit un poste d'honneur dans les rangs de nos soldats. Il accepta sans hésiter, il accepta avec

(1) Il se distingua particulièrement pendant la terrible épidémie qui décima nos équipages et nos régiments. On raconte même qu'épuisé par le mal de mer, étendu presque sans vie sur son hamac, à la première nouvelle que le choléra régnait à bord, il se leva sans hésiter, et trouva dans le sentiment du devoir assez d'énergie virile pour triompher de sa propre faiblesse. Dieu le récompensa sur l'heure en le guérissant.

bonheur, il accepta avec transport une mission qui était encore plus pénible que glorieuse, et partit pour le 4e corps commandé par Mac-Mahon. Mais passons rapidement sur cette sombre période de notre histoire. Contentons-nous de dire qu'il partagea le sort des vaincus, et que, prisonnier volontaire à l'instar de St-Vincent de Paul, il refusa la liberté qui lui était offerte. A Glogau, à Kosel, on le vit se prodiguer au milieu des captifs, remontant leur moral abattu, les soignant comme une sœur de charité, les ramenant, à la foi de leur enfance, adoucissant les angoisses de leurs derniers moments, et veillant après leur mort sur leurs tristes dépouilles. C'est là que, dans une maladie dangereuse et longue, M. de Cassagnac apprit à la connaître, et se lia avec lui d'une amitié qui n'est pas près de s'éteindre. Mais combien d'autres inconnus ont reçu de son ardente charité des soins semblables !

La paix lui ouvrit, comme à ses compagnons d'exil, le chemin de la patrie. Il reprit aussitôt ses anciennes fonctions paroissiales ; mais il n'oublia point ceux qui avaient succombé à leurs blessures ou aux privations sur la terre étrangère. Avec l'autorisation bienveillante des deux gouvernements de France et d'Allemagne, il entreprit un voyage pénible dans les lieux où reposaient les restes de nos infortunés compatriotes.

A l'aide d'aumônes généreuses, que sa libéralité personnelle sut grossir, il acheta des terrains, éleva des monuments modestes mais durables, et dressa sur chaque tombe le signe sacré de notre Rédemption. A son retour, l'étoile des braves, symbole du devoir accompli, vint orner sa poitrine, qui n'attendait plus dès lors que la croix pastorale des pontifes du Seigneur. Cette dernière ne tarda pas à lui être décernée : Il fut nommé au siège de Quimper le 29 septembre 1887, préconisé dans le consistoire du 25 novembre suivant, et sacré à Notre-Dame le 29 janvier 1888.

III

Précédemment, il avait occupé tour à tour différentes charges de vicaire et de pasteur; en dernier lieu, il était curé de Ste-Marie des Batignolles. Partout, il a laissé la réputation d'un homme zélé, serviable et désintéressé; partout il s'est attiré l'affection respectueuse de ses ouailles et de son entourage immédiat. On trouve à Ste-Marie surtout, des traces nombreuses et profondes de son passage : C'est lui qui a construit le magnifique presbytère qu'on y admire aujourd'hui ; c'est lui qui a créé, avec le précieux concours de personnages éminents, les écoles libres du quartier; c'est lui enfin qui a restauré l'église et relevé la majesté du culte en y appelant des Frères spéciaux à rabat bleu pour servir comme sacristains et comme enfants de chœur. Si les circonstances avaient été plus favorables, ou plutôt, si les insondables desseins de la Providence ne l'avaient arraché prématurément à sa paroisse, il aurait remplacé le vaisseau actuel, bâti sans goût et très-insuffisant, par un monument digne de figurer parmi les autres temples de la capitale. Dans ce but, il avait jeté les yeux sur le square des Batignolles, le plus beau peut-être, le plus agrémenté d'accidents artificiels, et le plus vaste sans contredit de tous ceux que Paris possède. Son idée ne sera point perdue, et son vénérable successeur, prêtre, ce semble, de tous points recommandable, y saura tenir la main.

Nous n'avons parlé que des œuvres les plus apparentes : Combien d'autres resteront toujours un mystère! Mgr Lamarche, avant son épiscopat comme depuis, cache soigneusement ses bienfaits. Il ne se livre jamais, nous ne dirons pas qu'il se dissimule, mais il s'efface volontiers.

Il est aussi peu causeur que possible, il était presque taciturne jusque dans les célèbres réunions des Douze, sorte de Table-Ronde sacerdotale. En un mot, il ne laisse voir ni ses pensées ni ses actes; rien de moins communicatif (1). On nous a affirmé, et nous avons été

(1) Nous donnons ici l'opinion de quelques personnes de Paris, qui prétendent le bien connaître; mais nous déclarons ne pouvoir partager leur sentiment à cet égard. Mgr Lamarche paraît au contraire très expansif en société, et souvent il fait à lui seul, malgré sa fatigue, pendant ses tournées pastorales, presque tous les frais de la conversation. Qu'ensuite, au milieu du plus gracieux abandon, il s'abstienne avec soin de dévoiler ses secrets; qu'il évite de répondre à une question indiscrète; qu'il glisse prestement et sans jamais se compromettre à travers les mille acci-

forcés d'y ajouter foi, que ses meilleurs amis n'ont appris que par hasard l'existence d'un asile de vieillards aux Andelys, l'organisation d'un système de placement pour des orphelins de la Marine, et l'installation du Retiro de Paramé. Tout cela est né, comme la nouvelle lune, dans les ombres discrètes du couchant.

Malgré sa réserve et sa modestie, notre évêque n'a pas pu nous dérober ce qu'il a fait pour Bel-Air, et rien ne nous empêchera de le publier. Il nous a donné trois Sœurs, et dans ces derniers temps une quatrième. Il nous a procuré les inappréciables avantages d'une retraite ecclésiastique, et nous laisse espérer d'en avoir une autre tous les ans ou tous les deux ans au plus tard. Il commande des travaux considérables pour embellir notre résidence, et il prescrit de n'épargner dans ce but ni aucune peine ni aucune dépense. Il nous gratifie d'un règlement qui est la modération même, et il exprime encore le désir qu'il soit interprété largement. Il met à notre tête un supérieur connu pour sa mansuétude, et il ne lui impose d'autre programme que celui de nous rendre heureux. Peut-il faire quelque chose de plus ? Oui, et non seulement il le peut, mais il en a manifesté l'intention formelle. Oh ! Ceci dépasse toutes les prévisions : il nous annonce que lorsqu'il aura terminé sa carrière, lorsque

---

dents imprévus d'un entretien familier; quoi de plus sage et de plus méritoire, chez un évêque chargé d'une si lourde responsabilité morale? C'est de la retenue, c'est de la réserve, c'est de la bonne diplomatie; c'est une des grandes qualités de notre vénérable pasteur.

brisé par la fatigue il voudra chercher quelque part un repos bien mérité, c'est au milieu de nous, qu'il choisira son asile. Après ce grand exemple d'abnégation et d'humilité parti de si haut, quel est celui qui refusera de quitter les honneurs du monde ou de l'Eglise, pour venir, comme Charles-Quint, s'ensevelir vivant dans le cercueil embaumé de l'oubli ?

A St-Joseph, tout est disposé de manière à diminuer les regrets d'une belle situation perdue. Nous en avons déjà touché quelques points, chemin faisant ; mais il convient d'y insister encore davantage. Voyons quelle est notre vie, quels sont nos plaisirs, quels sont nos délassements, et comme les divertissements de l'esprit ; sont les plus nobles, commençons par ceux-là. Aussi bien, notre vénérable prélat nous engage à ne pas laisser se rouiller dans l'inaction nos facultés intellectuelles. Si nous devons prier pour nos confrères, nous a-t-il dit, nous devons également, dans la mesure de nos moyens, les aider par nos travaux. Il a parcouru nos cellules en nous interrogeant sur l'emploi de notre temps, et il a paru heureux quand on lui a répondu qu'on s'occupait à telle ou telle besogne, à telle et telle étude, à tel ou tel ouvrage de poésie ou de prose.

Il a particulièrement encouragé l'infatigable ecclésiastique qui veut doter son pays d'un Mois des Trépassés, composé dans notre chère langue celtique. Il est allé plus loin : Il a tracé à l'un de nous, à nous même qui écrivons ces lignes, la tâche bien douce de raconter ce qui se rapporte à notre établissement. Puissions-nous combler les vœux du digne prélat, ou du moins obtenir de sa bouche une flatteuse approbation ! C'est pour mener à terme cette pieuse entreprise que nous allons visiter la bibliothèque, où sont réunies comme dans un arsenal, les armes de l'auteur et du penseur.

CHAPITRE XXXI

LA BIBLIOTHÈQUE DE SAINT-JOSEPH

I

La Bibliothèque de Saint-Joseph compte 3.000 volumes ; elle a été formée peu-à-peu par les apports des prêtres qui sont venus mourir dans la Maison. Hâtons-nous d'ajouter qu'elle serait dix fois plus considérable, si les ecclésiastiques qui ont passé tour à tour par cette demeure, y avaient déposé tous leurs livres. Mais voici ce qui arrive dans le plus grand nombre des cas. Lorsqu'un vicaire, un aumônier ou un recteur, quitte sa place sans espoir de retour, il ne garde que les ouvrages strictement nécessaires, et se défait du reste, soit qu'il veuille réaliser quelque argent, soit qu'il désire signaler la fin de sa carrière par un dernier bienfait. Ainsi donc, il vend le gros de sa bibliothèque, ou bien il la distribue en souvenirs à ses amis. Souvent aussi il a un neveu qui se destine à la cléricature, ou un protégé, à qui il a enseigné les premiers principes ; ce protégé, ce neveu n'est pas riche ; il met en réserve pour lui ce qu'il a de mieux dans l'espèce.

Il arrive donc à St-Joseph sans un lourd bagage théologique, scientifique ou littéraire. Quand il meurt, son petit Musœum revient à la communauté ; mais on y fait encore des retranchements. Les doubles sont mis à part, et donnés pour une prière à des séminaristes besoigneux, ou livrés au brocanteur moyennant finances. Ce qui reste après le triage est enfin placé dans les rayons et porté sur le catalogue.

Ces opérations successives ont considérablement réduit l'importance de la bibliothèque de St-Joseph ; cependant, telle qu'elle est, elle mérite encore toute notre attention. Une chose nous a particulièrement frappé en l'examinant, c'est qu'elle ne renferme pas une seule futilité. On nous dira peut-être que les supérieurs auront pris soin d'en écarter les productions frivoles et légères. Nous répondrons qu'ils en ont été dispensés ; et la raison en est bien simple, c'est que le prêtre, sérieux de sa nature, et rendu plus sérieux encore par sa forte éducation, ne perd ni son argent à acheter, ni son temps à lire de sottes bagatelles.

Si le style est l'homme d'après Buffon, les livres qu'il préfère sont aussi la marque la plus évidente et la plus incontestable de ses habitudes intellectuelles. On l'a dit bien des fois on ne le répètera jamais trop : Dans la nation française et l'on pourrait ajouter chez tous les peuples civilisés du globe, il n'y a que trois classes sociales, et c'est leur honneur, qui possèdent chez soi et sous la main, des instruments généraux d'étude, la magistrature, l'enseignement, le clergé.

Parcourez les hôtels des bourgeois enrichis et les manoirs des gentilshommes; vous y trouverez, pompeusement étalés sur la table du salon, des publications illustrées dont la reliure luxueuse fait souvent tout le prix. Pénétrez chez le médecin, chez l'avocat, chez l'ingénieur, chez le militaire ou chez le marin; leur cabinet de travail renfermera quelques traités techniques spéciaux, les romans du jour, les brochures à la mode, et c'est tout. Mais que la curiosité ou la civilité vous conduise dans la demeure austère d'un président de cour, sous le toit modeste d'un professeur de faculté, ou dans un simple presbytère de campagne, vous y découvrirez sans peine la preuve indélébile d'une culture universelle. C'est même le presbytère qui l'emporte sous ce rapport. On y voit en somme peu de livres, mais ils sont choisis; ils n'encombrent point l'appartement, mais ils sont lus et médités; ils n'offrent rien d'exceptionnellement rare, mais ils donnent satisfaction à tous les besoins de l'esprit.

C'est l'éternelle gloire de l'Eglise d'avoir toujours tenu le flambeau allumé au milieu des ténèbres. Levez-vous, moines du Moyen-Age! Demandez compte au siècle qui vous dédaigne, du vandalisme avec lequel il a dispersé les trésors péniblement entassés dans vos *armoires* légendaires, dans vos *armaria*, véritables arsenaux de la science. Mais ne rougissez pas de vos fils. Le dernier prêtre de la dernière des bourgades continue vos nobles traditions, et le missionnaire qui élève une église sur les plages désolées de l'Océanie, bâtit à côté d'elle une école.

La bibliothèque de St-Joseph, qui est le produit net de cent autres bibliothèques ecclésiastiques personnelles répandues dans le pays, en est aussi l'image fidèle, quoique nécessairement agrandie. Exposons en quelques mots ce qu'elle contient, et nous pourrons juger, en constatant ce qu'elle vaut, de ce que vaut, à son tour, le clergé qui l'a fournie.

On ne sera pas surpris d'y rencontrer plusieurs éditions du Bréviaire Romain. Le bréviaire est le *Vade-Mecum* du prêtre ; il est son compagnon, son ami, son consolateur. J'allais dire son épouse bien-aimée. Le bréviaire, comme son nom l'indique, est un abrégé de tout ce qui constitue la vie sacerdotale. Vils calomniateurs, implacables tyrans, prenez mon pain, ma liberté, mon honneur, mais laissez-moi mon bréviaire, c'est assez. Là je trouverai mille fois marqué, le signe auguste de la Rédemption. Là David me chantera ses psaumes, les prophètes uniront leur plainte à la mienne, l'Ecriture me racontera ses merveilles. Là j'entendrai la voix douce de l'Eglise, penchée avec amour sur son enfant, et lui montrant le ciel terme de ses espérances. Les accents majestueux des Pères et des Docteurs viendront remuer les fibres les plus intimes de mon âme; je lirai avec délices ce que les saints ont souffert, ce qu'ils ont entrepris pour la gloire de Dieu. Placé entre le ciel et la terre, je supplierai les Anges et les Bienheureux de ne pas me laisser seul et sans secours dans cette vallée de larmes. La divine Marie m'apparaîtra dans toutes les pages avec son cœur de mère. J'apprendrai à pardonner, à bénir. Je ferai descendre la miséricorde sur les coupables, et des grâces infinies sur les innocents. Les sombres abîmes du Purgatoire ressentiront mes bienfaits; et, oubliant un monde trompeur, je goûterai d'avance les pures joies du Paradis.

IV

A côté du Bréviaire, je trouve ici une foule de livres qui le complètent et le commentent. Voici les explications de la Bible par différents auteurs, voici la théologie dogmatique ou morale. Sans parler du grand Cursus de Migne, que nous possédons, et qui au besoin nous tiendrait lieu de tout, j'aperçois le monument incomparable érigé par Suarez, la somme de Saint-Thomas, Collet, Liguori, Antoine, Tirin, Estius, Bellarmin, Lacroix, Noël Alexandre ; j'en passe et des meilleurs ; et ceux que je désigne, je les jette pêle-mêle au gré de mes souvenirs sans prendre la peine de les classer, ébloui par tant de richesses.

Joignez-y des travaux de second ordre, des *élementa* de tous les pays, des *institutiones* de tous les formats, des *compendia* de toutes les dimensions, des *Tractatus* de toutes les couleurs, des Conférences diocésaines de toutes les provenances.

Pour la mystique, vous avez Grenade, Sainte-Thérèse, Saint-François de Sales, Rodriguez et beaucoup d'autres. Pour le droit Canon, vous trouvez sous la main la collection des Conciles, les Assemblées du clergé de France, Ferraris, Reiffenstuel, Bouix, Champeaux, et que sais-je encore ? Des quantités de Manuels, qui ont bien leur utilité.

La Patrologie est ce qu'il y a de plus pauvre ; elle ne renferme guère autre chose que Chrysostome, Tertullien et quelques volumes dépareillés ; on y peut suppléer un peu par Guillon ; mais il faut avouer que Guillon est bien insuffisant.

L'histoire ecclésiastique et l'histoire nationale ne sont pas trop mal représentées par des auteurs que chacun connait déjà, et que par conséquent nous nous dispensons de nommer. Inutile d'ajouter que les sources nous font presque entièrement défaut, et qu'elles sont remplacées généralement par des compilations plus ou moins récentes, par différents travaux de courte ou longue haleine, par des essais discutables et discutés qui ont une importance variable. En ce qui concerne la vie de l'Eglise dans ses membres, elle est heureusement fournie à qui veut, par Ribadénéira, Giry, Godescard. Nous ne mentionnons que pour mémoire des biographies excellentes, comme celle de St-Vincent-de-Paul.

Les Sermonnaires et les explications du catéchisme sont en nombre infini On voit bien à ce trait que la grande préoccupation des pasteurs a toujours été de bien instruire leurs ouailles. Les livres de piété sont presque aussi multipliés et il est souverainement consolant de le proclamer ; car ce serait peu d'avoir prêché aux autres, si l'on ne s'était aussi prêché à soi-même. Parmi ces livres de piété, nous plaçons nécessairement les méditations et examens de conscience.

La littérature n'est point bannie de cet asile : Les chefs-d'œuvre du grand siècle, et quelques productions des siècles suivants, Buffon et Châteaubriand par exemple, offrent à qui le désire les délassements les plus nobles et les plus agréables à la fois. Vous pouvez choisir entre les vers et la prose, entre le genre sérieux et le genre enjoué, entre le moraliste et le peintre, entre les diverses manifestations du génie humain, depuis Bossuet et Fénelon jusqu'à Gresset.

V

Si dans vos lectures ou dans vos conversations un point obscur se présente à votre esprit, vous avez à votre disposition une immense variété de dictionnaires spéciaux et d'encyclopédies petites ou grandes, Bayle, Moréri, Bergier, etc., etc.

On nous dispensera sans doute de faire nos réserves sur Bayle, et en général sur tous ceux que nous avons énumérés. Aussi bien, nous sommes un témoin et non pas un juge ; nous dressons une nomenclature, plutôt que nous n'essayons une critique. Notre but est simplement de montrer qu'on possède à St-Joseph ce qui satisfait une curiosité légitime ou nourrit la dévotion chrétienne. On peut y acquérir des connaissances étendues et solides, on peut y embaumer son âme des parfums de la sainteté.

Quelle jouissance n'éprouve-t-on pas au milieu de ces trésors ! Ici, loin du tumulte des passions et du vain fracas du monde, on passe agréablement son temps, soit à s'entretenir avec les grands serviteurs de Dieu, soit à consulter les oracles de la science et du génie. Disciple modeste de ceux qui ont honoré l'humanité, on apprend à leur école, la vraie valeur des choses. Jamais on ne s'ennuie, car jamais on ne vide jusqu'au fond la coupe délicieuse d'un plaisir sans mélange. Tantôt on parcourt d'un pas rapide d'innombrables feuillets, tantôt on s'arrête des heures entières sur une seule ligne.

Existence enviable, image radieuse de la patrie ! C'est ainsi que plus tard, quand nous aurons franchi le faible espace qui nous sépare de l'éternité, quand le grand livre s'ouvrira enfin devant nous, quand tous les voiles tomberont, nous pourrons contempler à loisir les splendeurs immortelles. Sur l'aile d'un désir toujours rassasié toujours insatiable, nous irons de vertus en vertus dans les profondeurs de l'infini. Après avoir traversé les mondes et sondé leurs merveilles, nous verrons les perfections divines chacune à leur tour et toutes ensemble. Aucune admiration ne fera tort à l'autre.

Des siècles ne seront pas suffisants pour savourer les prodiges de la bonté céleste, un instant nous les révèlera. Abîmés dans une extase, nous n'en sortirons que pour entrer dans des extases nouvelles et sans cesse renaissantes. Immense bibliothèque que nous n'épuiserons jamais, et où le nom sacré de Dieu inscrit sur toutes les pages, sera pour nous le bonheur.

VI

Un rayon nous a particulièrement touché parmi tous ceux que nous avons visités, c'est celui qui contient des Epitome, des Selectœ, des de Viris, des grammaires et méthodes, des lexiques, des prosodies, des Gradus ad Parnassum, et tout l'attirail nécessaire pour préparer aux classes inférieures d'un collège. Qu'est-ce à dire ? Le presbytère est-il donc une école ? Oui le presbytère est une école où l'on forme aux éléments du grec et du latin, les jeunes enfants chez qui on a reconnu d'heureuses dispositions et les germes d'une vocation ecclésiastique.

Ici, notre surprise est grande. Eh quoi ! noble ministre de Jésus-Christ, ce n'est donc pas assez pour vous de passer des heures au confessionnal, de vous épuiser à faire des catéchismes, de préparer vos prônes et vos instructions, de dépenser vos forces dans les retraites, les missions et les jubilés, de courir et la nuit et le jour, par des chemins affreux, exposé aux intempéries des saisons ? Il faut encore, lorsque vous rentrez au logis, transi de froid ou ruisselant de sueur, trempé par des pluies torrentielles ou brûlé du souffle ardent de l'Aquilon, vous vous mettiez aussitôt à l'œuvre pour réciter ses leçons ou corriger ses devoirs à votre élève ? Oh ! je vous ai compris, vous voulez assurer la perpétuité du sacerdoce : vous voulez qu'après votre trépas, un autre monte à l'autel à votre place, et continue le bien que vous avez commencé. Pour obtenir ce résultat, rien ne vous coûte : Le temps vous manque, vous prendrez sur votre sommeil; votre protégé est pauvre, vous vous imposerez de dures privations pour le maintenir dans ses classes. Et quand vous aurez terminé votre tâche jusqu'au bout vis-à-vis de lui, sans attendre le fruit de vos sacrifices, vous viendrez à St-Joseph, portant dans votre mince bagage les petits livres qui vous auront servi à l'instruire, et qui peut-être serviront encore à d'autres après vous.

Tel est le prêtre, homme de dévouement et de peine, homme infatigable quand il s'agit d'accomplir son devoir et même de le dépasser au besoin, homme qui ne cesse de travailler que lorsqu'il a cessé de vivre. Nous allons en fournir la preuve.

CHAPITRE XXXII.

LES TRAVAUX DES PENSIONNAIRES

I

Il serait fastidieux de répéter les mêmes choses; aussi ne soufflerons-nous pas un traître mot ni des confessions qui ont lieu dans la Maison, ni des prédications qui se font au-dehors, ni des études que nécessitent ces sermons multipliés, ni des voyages pénibles qu'ils entraînent; nous ne ferons pas la moindre allusion aux services rendus chaque jour dans les paroisses, les châteaux ou les aumôneries; nous pousserons la réserve jusqu'à taire les soins prodigués à des fils de famille, pour qui ne suffisent pas les enseignements de leurs professeurs attitrés. Renfermons-nous dans notre intérieur, et voyons ce qui s'y passe.

II

Une chose m'a toujours frappé, c'est qu'on ne peut entrer dans une cellule, sauf à l'heure normale des récréations, sans en trouver l'habitant occupé, et quelquefois même très-occupé.

Il aura son bréviaire à la main, ou quelque autre volume sur lequel se portera sa silencieuse méditation. Souvent vous le surprendrez tenant une plume entre ses doigts tremblants et décharnés, et de cette plume il trace sur un large papier des caractères gigantesques qui ressemblent à l'écriture cunéiforme des Assyriens. Rédige-t-il ses mémoires, ou fixe-t-il ses souvenirs? Prend-il des notes, fait-il son testament, ou transmet il à un ami l'expression de ses sentiments les plus doux? Nul ne le sait; toujours est-il que ses moments sont soigneusement dérobés au démon de l'oisiveté. On ne peut pas dire de lui, comme ce Normand le disait du savant Huet, d'Avranche, qu'il continue ses études; elles sont terminées. Mais à coup sûr, il y revient sans cesse avec plaisir, il les repasse amoureusement, et ne se lasse jamais de s'en repaître. Un livre est toujours sur sa table, et ce livre fait à point nommé ses délices.

III

En dehors de la lecture que personne ne délaisse, chacun a ses occupations favorites. L'un découpera dans une vieille souche de buis ou de houx mille figures fantastiques qui feraient l'admiration d'un sculpteur de talent; l'autre, armé d'une serpe, taillera les arbres du jardin; un troisième ne craindra pas de saisir la bêche du Trappiste, et de travailler lui-même un coin réservé de l'enclos. Celui-ci plantera des fleurs, celui là prendra soin de les arroser d'une eau abondante. On en verra qui suivront pas à pas, avec une patience exemplaire, les journaliers et les ouvriers, leur donnant d'excellents conseils pour des travaux que leur âge les empêcherait d'exécuter eux-mêmes. Ainsi, l'intelligence vient au secours de la force, une longue expérience péniblement acquise fait profiter de ses résultats une jeunesse insouciante ou étourdie, et la vieillesse elle-même est féconde : *Adhuc fructificabitur in senectute uberi* (ps). Tel l'oranger ne donne ses fruits qu'en hiver, mais ils sont délicieux.

Dans l'Eden on travaillait, personne ne s'étonnera qu'on travaillle dans le Paradis terrestre de St-Pôl. Mais il faut s'entendre.

IV

Ceux qui travaillent soit à un métier, soit aux arts libéraux, se proposent ou de gagner leur pain de chaque jour, ou d'acquérir la fortune et les honneurs, ou de conserver leur bonne humeur avec leur santé, ou de venir en aide à leurs semblables, ou enfin d'obéir simplement à la volonté divine. En dehors de ces cinq motifs, nous n'en voyons point qui arrache l'homme au farniente, son grand idéal. Il aime naturellement le repos, la fatigue l'épouvante, et si aucune des raisons énumérées plus haut ne vient le tirer de sa léthargie, il y croupira comme les fumeurs d'opium ou les philosophes contemplatifs de l'Inde. Mais que la faim le stimule, que la soif des avantages terrestres s'empare une fois de lui, qu'il découvre dans l'oisiveté une cause d'affaissement moral et de débilitation physique, qu'il soit sensible aux nécessités pressantes de son voisin, ou surtout, qu'il se souvienne de la loi du travail comme d'une condition de salut pour son âme : Aussitôt il sort de son assoupissement, et renonce en vue d'une fin plus noble aux douces satisfactions d'une langoureuse indolence. Toutes ces considérations se réunissent pour engager l'hôte de Bel-Air à secouer sa torpeur.

Sans doute il sait d'avance que la bonté des Evêques lui a préparé en abondance ce qui est indispensable à la vie ; mais il veut autant que possible se montrer digne de ces soins maternels. C'est pourquoi, il mettra toujours, à défaut de vigueur, son officieux empressement au service de la Maison. Il s'efforcera de plaire ; et cette activité contenue maintiendra l'équilibre dans son organisme, avec une juste pondération de ses facultés.

Tout en se ménageant avec prudence, il fera donc ce que nous l'avons vu faire au jardin ou dans sa chambre, et d'autres choses semblables. Il ira lui-même puiser de l'eau pour son usage personnel, abattre les vieux arbres condamnés du verger, fendre son bois de chauffage, couper des têtes d'artichaut dans la plate-bande, épier la sortie des pousses naissantes de l'asperge, constater la pleine floraison des brocolis, tâter les fruits mûrs des espaliers et les cueillir au besoin, transporter de ses mains le petit bagage d'un confrère qui déloge, ranger ses livres et son modeste mobilier, copier ses manuscrits s'il a conservé une certaine légèreté de plume, rédiger pour lui sa correspondance. Nous ne pouvons entrer dans tous les détails ; ce faible exposé suffira bien.

L'humble pensionnaire de St-Joseph trouve ainsi le moyen de se rendre utile à ses commensaux et à l'établissement qui le nourrit. Dans ces différents exercices, la charité fraternelle est son guide, l'accomplissement du précepte qui nous commande l'amour effectif du prochain est son mobile. D'après le jugement superficiel d'un observateur distrait, il ressemblera peut-être dans sa faiblesse, à ces locomotives qui font encore quelques tours de roue superflus quand on a lâché la vapeur. Mais pour un chrétien éclairé, ces mouvements en apparence stériles seront ennoblis par l'intention.

— Moine, que fais-tu là ? — J'arrose un tronc mort. — Insensé ! — C'est toi l'insensé, et je suis le sage ; car les Anges comptent mes pas, Dieu me contemple et m'applaudit du haut de son trône, et moi-même, quand je lève les yeux vers le ciel, j'aperçois sa figure souriante à travers les nues. Véritable alchimiste, je transforme en or pur la vile matière. Le secret de l'existence n'est pas de tailler dans le grand, ni d'agir beaucoup, mais de se conformer à l'admirable économie réglée par la Providence.

Ici, nous touchons au mystère : mais ce mystère n'est pas enveloppé d'ombres assez épaisses pour qu'un prêtre, habitué à ne respirer que l'air substantiel de la foi, et persuadé par sa propre expérience de la vanité du monde, n'y découvre de précieuses clartés. Il connait l'art de diviniser ses actes ; et même dans le domaine simplement humain et prosaïquement matériel, il n'ignore pas que pour réussir, il faut suivre la direction du suprême organisateur.

V

A moins d'être complètement étranger aux enseignements de la religion révélée, on admet facilement que nous devons imiter Jésus-Christ dans la vie morale et supérieure de l'âme ; c'est parole d'Evangile. Mais on oublie assez vite que nous devons être les imitateurs de Dieu sous tous les rapports et sur tous les terrains. Ne sommes-nous pas faits à son image, et ne devons-nous pas réaliser de plus en plus chaque jour cette image sacrée, non seulement dans notre être surnaturalisé, mais encore dans toutes les manifestations terrestres de notre activité propre. Ajoutez des vertus à des vertus, approchez du prototype immortel, c'est une obligation pour vous. Mais sachez également qu'après avoir orné votre âme, il vous reste encore à orner sa demeure. Et de même que dans l'ordre de la grâce, vous profitez pour atteindre une perfection relative, des lumières et des forces d'en haut ; de même, dans l'ordre de la nature, il vous est nécessaire de puiser vos inspirations aux sources profondes de la pensée créatrice.

De là sont sorties toutes les merveilles, toutes les inventions, toutes les découvertes, qui témoignent encore moins de la puissance de l'homme, que de son application à pénétrer les secrets divins et à y conformer ses efforts. En s'isolant du souverain Architecte, il ne fait rien qui vaille ; en soumettant humblement son intelligence et son action à la sienne, il enfante des prodiges. Alors le sombre vapeur, coursier impétueux, s'élance dans l'espace, respirant comme la bête, vomissant comme elle une haleine de carbone et d'eau, essoufflé comme elle et comme elle nourri de feu. Alors le télégraphe étend ses fils sensibles, pareils à autant de nerfs déliés, jusqu'aux extrémités du monde. Alors la photographie devient la rivale de l'œil, en donnant une forme et une couleur aux objets qu'elle reproduit sur une sorte de rétine. Alors le téléphone dresse son oreille gigantesque dans toutes les directions. Alors le phonographe imprime sur un cerveau artificiel les lignes conservatrices de la mémoire et du son. Et ainsi du reste. Les sciences et leurs applications diverses découlent d'une conception juste du plan de l'univers, où tout est poids, nombre et mesure.

Dans le domaine des arts, la chose est plus visible encore. Quel est le musicien qui pourra mériter ce nom, s'il n'a entendu dans le sanctuaire de son âme, comme le Scipion du Songe, l'écho de cette harmonie générale, tantôt gémissante et tantôt joyeuse, où la voix de l'insecte se mêle au concert majestueux des globes éthérés ? Quel est le peintre ou le sculpteur qui d'un vil limon fera sortir la vie, s'il n'a épié sur les lèvres du Tout-Puissant le passage du souffle auguste de l'Esprit ? Dansez vos rondes infernales, peuples enfouis dans le vice ; mais si vous voulez, à l'exemple de David, honorer l'Arche du Seigneur par des mouvements cadencés, prenez votre modèle dans cette multitude d'êtres, qui circulent autour d'un centre commun avec une grâce sans égale. Pénétrez dans nos cathédrales, prenez part à nos cérémonies, et contemplez la marche noble et digne des ministres sacrés sur le parvis du temple. Elevez encore plus haut vos regards, empruntez l'œil perçant du solitaire de Pathmos ; vous découvrirez, au milieu des noces de la Jérusalem éternelle les vieillards qui se prosternent, les Vierges qui s'avancent, les saints qui vont et viennent, les anges qui volent avec un ensemble parfait. Les chevaux mêmes de l'Apocalypse ne partent qu'au moment précis, et fournissent exactement leur galop dans la carrière qui leur est prescrite ; les fléaux, les éléments, se présentent tour à tour à l'heure fixée d'avance; et les redoutables trompettes attendent pour résonner le signal convenu.

Tout se fait en son temps, sans lenteur ni précipitation; tout est entraîné dans un orbite immense par une énergie savante et méthodique. Une imagination délirante a rêvé la danse Macabre; mais voici la danse véritable et sérieuse, celle où chaque chose gravite en son lieu vers l'auteur de tout bien.

IV

Retirés dans leur solitude, les pensionnaires de Saint-Joseph, ou plutôt ses enfants adoptifs, se plongent dans ces méditations sublimes. N'auraient-ils d'autre occupation sur la terre, que leur existence serait assez pleine, comme celle des hôtes vénérables de l'ancienne Thébaïde, qui aimaient aussi les élans de la contemplation.

Mais l'arc n'est pas toujours tendu ; St-Jean avait sa colombe et St-Benoît son corbeau ; plusieurs ermites ont eu des biches, des cerfs, des loups et même des lions pour les servir ou les distraire ; la plupart ne passaient pas un jour sans fabriquer des nattes ou sans cueillir des simples pour en composer des remèdes. Et ne voit-on pas aussi parmi nous un prêtre, jeune encore mais frappé d'un mal étrange, parcourir péniblement le jardin, en y cherchant diverses plantes salutaires dont il fera des onguents et des spécifiques ? D'autres s'appliquent aux sciences exactes ou naturelles, d'autres au dessin, d'autres à la musique; d'autres enfin, le croirait-on, deviennent des écrivains, et même des écrivains de valeur, principalement dans la langue du pays.

CHAPITRE III

LES ÉCRIVAINS DE SAINT-JOSEPH

I

Nous ne remonterons pas dans le passé. Et pourquoi faire ? Ne trouvons-nous pas sous la main, parmi beaucoup d'autres, deux hommes d'un véritable talent, qui s'escriment, tantôt en vers et tantôt en prose, à léguer une partie de leur âme à la postérité ? Nous avons nommé M. François Le Bras, et M. Yves-Joseph Abgrall.

Le premier a une réputation comme orateur, et il la mérite par son action expressive, par un air de conviction, par une facilité de langage, par un don d'improvisation qui n'est pas accordé à tout le monde. On l'a vu comme St-Augustin, notamment à Plouénan, changer brusquement de matière dans la chaire même où il était déjà monté, et mû par l'inspiration du moment, se jeter avec succès dans des chemins inexplorés. Mais ce n'est pas à ce point de vue que nous devons le considérer.

Il utilise ses loisirs à composer un ouvrage qui manque encore dans la littérature celtique, et que son humilité seule l'a empêché jusqu'ici de livrer à l'impression: C'est intitulé le Mois des Trépassés, *Miz an Anaoun*. Dans ce livre qui paraîtra sans tarder, nous l'espérons du moins, il a mis pour chaque jour une méditation, un trait historique, et une prière pour les défunts. Sans entrer ici dans aucune considération doctrinale, ni préjuger en rien de la sentence de l'autorité diocésaine qui nécessairement sera consultée, qu'il nous soit permis de donner notre humble avis sur l'ensemble du travail.

II

Les invocations de la fin des chapitres sont courtes comme des oraisons jaculatoires, mais vibrantes comme elles ; nous ne nous y arrêterons pas davantage. Quant aux récits, ils ne sont pas de l'invention de l'auteur, c'est trop évident. Quelques esprits timorés prétendent qu'une critique éclairée n'a pas toujours présidé à leur choix. Nous avouons ne rien comprendre à ces scrupules. Dans un livre de piété, il ne s'agit pas de discuter des faits plus ou moins authentiques, mais d'édifier les âmes. On y parvient par des paraboles, aussi bien et souvent mieux que par des exemples empruntés à des évènements réels. Que Job soit un personnage imaginaire ou non, que Tobie n'ait jamais existé ou qu'il ait subi les mille épreuves détaillées dans la Bible, que le Mauvais Riche et Lazare passent pour de simples figures et non pour des êtres vivants, que l'Enfant prodigue soit une création du Sauveur au lieu d'être un portrait véridique et fidèle, peu m'importe : L'essentiel est qu'en savourant les pages délicieuses où leurs actions et leurs paroles sont rapportées, mon intelligence trouve une nourriture abondante et saine, mon cœur une émotion salutaire.

M. Le Bras a imité la naïve bonne foi des Légendaires du Moyen-Age ; il ne nous propose rien de plus merveilleux que ce qu'on lit, notamment dans le Grand-Exorde de Cîteaux, monument incomparable que nul de nous n'osera mépriser, s'il ne se méprise d'abord lui-même. Ses narrations en général sont parfaitement adaptées au sujet qu'il vient de traiter, elles en sont le commentaire éloquent et le complément nécessaire. C'est le dogme en image, le catéchisme en tableau. Celui qui n'a pas suffisamment compris la leçon théologique, comprendra la leçon de choses, et quelques lueurs pénétreront forcément dans les esprits les plus ténébreux.

L'auteur a su d'ailleurs prendre de sages libertés dans ses traductions ; car est-il besoin de le dire, ce sont des traductions qu'il nous offre, et non point des inventions de son propre cerveau. Esclave du sens, il se met à l'aise pour la forme, et il donne la couleur bretonne, le cachet celtique, l'esprit gaulois à tout ce qu'il touche. Si les premiers Jésuites ont cru pouvoir se déguiser en mandarins pour gagner les Chinois, faut-il donc faire un crime à un prêtre armoricain d'avoir emprunté aux Druides, aux bardes et aux conteurs de veillées ce qu'ils avaient de meilleur? On l'a trop peu remarqué : Ceux qui dans nos paroisses rurales produisent un effet puissant sur les masses, sont obligés pour l'obtenir de se retremper aux sources de nos traditions nationales. M. Le Bras l'a compris, et c'est un des mérites de son œuvre. Nous ne serions nullement surpris que les anecdotes originales qu'il nous met sous les yeux ne deviennent sans tarder comme la monnaie courante des trouvères de village.

III

Pour la partie doctrinale sur laquelle nous faisons des réserves parce que nous n'avons pas mission pour l'apprécier, il nous suffira de dire qu'on aurait tort de se montrer trop sévère. On y rencontrera peut-être des opinions hasardées, de pieuses suppositions, des exagérations candides, qui ne résisteraient pas aux arguments d'un docteur consommé. Mais quand on a parcouru ce qui a été dit par Catherine de Sienne, François de Sales et tant d'autres mystiques sur l'état des âmes dans le lieu de l'épreuve, il n'y a plus rien qui doive étonner. Pour les uns le

Purgatoire est un paradis anticipé, pour les autres un enfer transitoire. Entre ces deux extrêmes, le champ est assez vaste pour qu'on puisse s'y promener librement, sauf à ne rien affirmer qui soit positivement opposé à la foi. Nous croyons que M. Le Bras a évité l'hérésie, jusque dans ses plus grandes hardiesses ; ou s'il la frise par moment, on doit l'attribuer charitablement à une sorte de défaillance dans l'expression.

Ce n'est pas qu'il ne manie admirablement son idiome maternel, le dialecte classique par excellence, le noble dialecte de Léon ; un de ses grands mérites est même d'en avoir tiré presque tout le parti possible. Chez les différents peuples de culture avancée, le meilleur écrivain a été celui qui connaissait davantage les idiotismes, c'est-à-dire les privautés de sa langue, et qui savait en faire le plus judicieux emploi. L'atticisme chez les Grecs, l'urbanité chez les Latins, le gallicisme, chez les Français, a toujours été la pierre de touche des écrivains de race. C'est sous ce rapport surtout que Veuillot. dans son genre, tient la palme de la littérature contemporaine ; et si le Testamant Koz, de M. Morvan, est un vrai chef-d'œuvre, c'est particulièrement à cela qu'il en est redevable. *Miz an Anaoun* arrive à cette hauteur ; il deviendra l'un des modèles des novices de la plume. Sans doute, un œil de lynx y découvrira des répétitions fastidieuses de synonymes inutiles, des mots exotiques, des expressions trop recherchées, des vocables de fabrication moderne, et jusque dans la construction de la phrase, une lourdeur parfois désagréable. Mais somme toute, l'ouvrage est bon, et nous désirons le voir entre les mains de tous les fidèles et de tous les amateurs du pur breton.

.....*Ubi plura nitent in carmine, non ego paucis*
Offendar maculis, quas aut incuria fudit,
Aut humana parùm cavit natura (Ep. ad Pis., 351-53)

Le tour poétique qui se révèle ici et là, n'étonnera point chez un homme pour qui Pégase est loin d'être rétif. Mai si nous allions l'étudier aussi à ce point de vue, nous serions entraîné au-delà des justes limites d'une monographie. Notre but n'est pas de dépouiller toutes les productions qui ont pris naissance à St-Joseph, mais de prouver par deux exemples mémorables que les travaux de l'intelligence ne sont point bannis de cette Maison. Nous avons cité un ouvrage en prose; citons maintenant un opuscule en vers, emprunté à un autre auteur, M. Abgrall.

IV

M. Abgrall n'était pas à ses débuts, lorsqu'il composa *Kanaouen Ti Sant-Joseph e Kastel*, celle de ses pièces que nous allons prendre pour objet de notre examen. Il avait déjà fait bien des tentatives heureuses pour évoquer la Muse celtique, il en a fait encore d'autres depuis : mais nous croyons ne pas nous tromper en affirmant qu'il n'a jamais été mieux inspiré que cette fois. Sa cantate est sur l'air d'*Ilis-Plogastel* ou d'*Ilis-Molénez*, ce qui est tout un ; il faudra s'en souvenir en la lisant. Cette observation est importante, car dans la poésie bretonne, et en général dans la poésie de tous les anciens peuples, les paroles ne vont jamais sans les notes, ni les notes sans les paroles. Mœris doit venir au secours de Lycidas, comme dans la IXe églogue de Virgile, et Lycidas au secours de Mœris. Quand Mœris ne se rappelle que la musique,

.....*Numeros memini si verba tenerem*,

et que Lycidas de son côté n'a retenu que le récitatif,

.....*Tacitus mecum ipse voluto,*

Si valeam meminisse modos (non carmina desunt)

les deux bergers se sépareront sans avoir sérieusement essayé leurs voix, et fourni la preuve d leur talent d'artistes. Il en est de même pour les disciples de Merlin et de Guenclan ; leur *telen* doit toujours accompagner leurs *guerz* ; ils composent avec le luth non moins qu'avec leur génie; Guillou avait sa viole, Kerbiriou sa guitare, et tous s'écrient d'un commun accord avec Lamartine :

Chantons, puisque nos doigts sont encore sur la lyre !

V

Cela dit, mettons sous les yeux du lecteur le petit chef-d'œuvre d'élégance et de grâce sorti de la verve de M. Abgrall. La fête du Supérieur d'alors, M. François Le Guen, ou plutôt sa promotion à la dignité de chanoine honoraire, en fut l'occasion au mois de janvier 1887. Nous supprimerons à dessein les couplets de circonstance, qui sont peut-être supérieurs aux autres, mais qui n'ont de véritable intérêt que pour la famille de St-Joseph, et n'en doivent point sortir. Ceux que nous transcrivons se rapportent à l'Etablissement lui-même, et rentrent par conséquent dans le sujet que nous traitons. C'est un tableau plein de charme et de sentiment de la vie heureuse que l'on mène dans la maison de repos de St-Pôl. Nous ne changeons rien à l'orthographe de l'auteur, sans prétendre l'approuver ni la désapprouver à aucun degré.

KANOUEN TI SANT-JOSEPH

E KASTEL-PAOL

I

Bennoz d'an Eskop benniguet,
En deuz bet da genta sonjet
Rei repu d'ar Veleien
A gouez glazet var an dachen !

DISKAN

Sant Joseph eo or Sant Patron,
Roet or beuz dezhan or c'halon ;
Skoazellet mad en doare-ze,
E zaimp assur en deis d'an Ee.

2

Bennoz d'on oll Eskipien koz,
Me gred e maint er Baradoz ;
Ha Bennos d'on Eskop nevez,
A Verk deomp e garantez.

(Ici nous passons quelques strophes et des plus gentilles).

3

Plougoulmis ha Plouenanis,
Roskois a Karantegis,
Lavarit a neo ket koantic
Var ti Sant Joseph an touric.

4

Koant eo ive on ti guen
A veler var en huelen,
En dro dezan bokedou roz
Zo gantho c'houez ar Baradoz

5

Ni vell ac'han Leon ha Treguer,
Euz a Gerne ar meneier ;
A us or penn an oabl glaz
Gouelet ac'han zo kaeroc'h c'hoaz.

6

Ni vell ac'han bepred bagou
O c'hourin eneb an tarchou ;
Ni vell ac'han tour kaer Kreisker,
Kuzet e benn ganthan en er.

7

Ni o kouel Introun a Gallod,
Ni o kouel tre var ribl an od,
Ho lagad varnomp o para,
Ho tourn savet d'hor benniga.

8

A bep tu deomp eur jardin gaé,
Dreist oll bremaic pa deui mis mae ;
En eur c'horn ema ar veret,
Eno eo brao-braz kousket.

9

En eur c'horn-all er japelik,
A zo evel ouz eun neizik ;
Eno, dindan askel Mari,
E vemp kavet o c'houdori.

10

Pedi, kana a labourad,
Ober en or galloud pep mad ;
Setu, mignoun, e peuz klevet
Pennaos or buez zo tremenet.

11

Da zeis braz ar varn diveza,
Pa zouno'n droumpil ell leac'h ma,

Hor c'horfou neuze dihunet
Vo lugernus evel stered.

Dougen a raimp peb a gams venn;
Eur groas ag eur gurunen!
Deomp or zalver a lavaro:
Deut d'an Envou ganen hirio!

VI

On nous dispensera de faire l'éloge de ce morceau. Mais qu'il nous soit permis de demander si nulle part on peut trouver quelque chose de plus simple, de plus noble et de plus touchant, exprimé dans un langage plus suave, plus pur et plus châtié. Ce n'est pourtant que l'une de ces mille pièces fugitives qui jaillissent, comme de source, du cerveau inspiré de nos confrères. Les pardons retentissent de leurs hymnes, les banquets fraternels sont égayés par leurs chants. Semblables à l'immortel Léon XIII, qui célèbre la gloire des saints et des martyrs dans des odes que St-Ambroise ne répudierait pas, ils trouvent de dignes accents pour exalter les patrons des paroisses voisines. Puis, quand le cours des mois ramène un anniversaire intime, un Simonide improvisé, un nouveau Pindare se lève, et entonne de joyeux refrains à l'adresse du héros de la fête. Ainsi leurs jours s'écoulent, abrégés par un travail qui n'a rien de pénible, embellis par une céleste allégresse. Ils ont d'ailleurs leurs moments de repos complet et de douces récréations (1).

CHAPITRE XXXIV

LA QUESTION CELTIQUE CHEZ LES VIEILLARDS

I

Un de leurs plaisirs est de discuter les problèmes épineux qui se rattachent au breton; mais ils le font sans contention d'esprit et par manière de simple divertissement, ce qui n'empêche pas les résultats d'être de la plus grande importance, comme nous allons le voir.

Quand ils sont assis tous ensemble devant une

(1) La plupart des hôtes actuels de St-Joseph, et beaucoup de leur devanciers, se sont exercés sur la lyre avec un vrai succès. Nous ne pouvons les énumérer tous. Qu'il nous soit permis de faire une exception pour l'intelligent et regretté M. Douenne, qui, devant sa tombe entr'ouverte, a traduit le *Dies iræ* en des vers magnifiques : Ainsi le cygne à son dernier soupir entonne un chant mélodieux; ainsi Mozart composait sa Messe de *Requiem*, qui devait servir à ses propres funérailles avant de servir aux funérailles de tant d'autres; ainsi Jacob et Moïse célébraient la grandeur de Jéhovah au terme de leur existence; tous les saints les ont imités. Mettons-nous en mesure de pouvoir les imiter à notre tour : *Moriatur anima nostra morte justorum !*

Non seulement les prêtres qui se retirent à St-Joseph, semblent recevoir en y entrant le don de poesie, mais St-Joseph inspire même quelquefois les prêtres étrangers à l'Etablissement. On n'a pas oublié l'ode badine composée il y a trois ou quatre ans à notre sujet, par un professeur du Collège de Léon, M. Lazennec.

table abondamment pourvue, ou quand ils sont réunis par groupes dans les jardins ou dans les chambres, sans doute ils reviennent avec bonheur sur un passé tantôt agréable et tantôt douloureux ; mais leur principale jouissance est de s'entretenir des règles et des délicatesses de la langue armoricaine. Jamais la politique au front d'airain ne pénétra dans ce paisible asile. La conversation roule en entier sur les années disparues, ou sur la façon la plus convenable de parler et d'écrire dans l'idiome merveilleux que nous avons reçu de nos mères. Tous les systèmes sont défendus avec ardeur, toutes les méthodes sont successivement attaquées.

On s'occupe particulièrement de l'orthographe, et c'est justice ; on sent en effet qu'une langue ne devient un instrument docile entre les mains du talent, que lorsqu'on a fixé d'une manière précise la construction matérielle du discours.

Cependant, quelques partisans de la routine voudraient ou laisser à chacun la liberté de suivre sa fantaisie, ou rendre obligatoire pour tous les règles posées par *Feiz ha Breiz*, quand ce journal avait pour rédacteur en chef le chanoine M. Morvan. Dans les deux cas on ferme la voie au progrès. En effet, si l'on permet toutes les licences, on autorise le désordre, l'inconséquence, la corruption, la décadence. Et si on adopte les idées et les pratiques de M. Morvan, on déclare qu'il a réalisé la perfection ; mais alors il faudrait le prouver, ce qui est difficile, ce qui est impossible. (1)

M. Morvan a introduit quelques améliorations incontestables ; le malheur est qu'il s'est arrêté à mi-chemin. Dans les réformes qu'il a tentées et qui lui on réussi, il s'est pris de la bonne façon. Il a déclaré que désormais pour lui telle lettre aurait telle son ; il y a tenu, et on s'est bien vite habitué à prononcer comme il voulait ; ses innovations sont aujourd'hui la règle. Pourquoi ne profiterait-on pas de son exemple ? Et lorsque paraîtrait un livre de valeur, un livre tel que celui de M. Le Bras, destiné à devenir bientôt le livre commun de tous les fidèles, pourquoi ne mettrait-on pas en tête l'explication des différents signes employés ? L'auteur hésite. L'auteur a peur de l'opinion ;

---

(1) Le meilleur système serait d'écrire comme on prononce ; c'est ce qui a lieu dans plusieurs langues, en particulier l'allemand, où le même signe répond toujours *ou presque toujours*, au même son. L'écriture deviendrait ainsi réellement

Cet art ingénieux
De peindre la pensée et de parler aux yeux

Un ignorant, dès qu'il posséderait la clef phonétique, pourrait lire sans effort un livre breton : et s'il voulait acquérir la connaissance sérieuse de notre idiome, il ne serait point arrêté par ces mille difficultés de prononciation qui retiennent près de trois ans ceux qui étudient l'anglais, par exemple, ou le Français.

Je sais quelle est ici l'objection : Ne faut-il pas conserver à chaque terme sa physionomie propre et comme son acte de naissance ? Alors, continuez à mettre *subject*, pour *sujet*, et ainsi du reste. L'orthographe n'a rien à voir avec l'érudition ; ce sont deux choses distinctes. L'étymologiste saura toujours retrouver dans *nigaud nicodème*, dans *hangar cankar*, dans *boulous velours* et *vellus*, dans *tavancher devantière*, dans *paquebot pack-boat*, dans *hollumi koll*, dans *quillévéré killec-beure*, etc., etc. C'est affaire aux linguistes de profession, et non point à ceux qui se contentent de parler et d'écrire convenablement.

ignore-t-il que l'opinion est une coquette qui bat son amant, quant son amant craint de la battre ?

II

Trève de sottes appréhensions ! Il y a une première mesure indispensable à prendre, c'est de nous débarrasser du *ch* aspiré. Rien de plus simple que de le remplacer par une *h*. Ainsi on mettrait *deah* et non point *deac'h*, *ar hezek* et non point *ar c'hezek*. N'avons-nous pas déjà Bohic pour Boc'hic, etc., et personne ne s'en plaint. C'est une véritable anomalie, que d'écrire tour à tour, et peut-être dans la même phrase, Bohic nom d'homme, et *Boc'hikruz* nom d'oiseau.

Dans ce cas il faudrait pousser plus loin, et proscrire absolument les *h* non aspirées, c'est-à-dire, qui ne se font pas sentir dans la prononciation. Ainsi *Feiz ha Breiz* deviendrait *Feiz a Breiz*. Je sais le prétexte dont s'est servi M. Morvan pour conserver *l'h* dans *Feiz ha Breiz* et dans les circonstances analogues ; il faut, disait-il, distinguer *ha* conjonction de *a* préposition. Mauvaise défaite ! L'*h* n'est point nécessaire pour marquer cette différence ; elle se fait d'une manière plus visible par l'application des principes d'euphonie. *Feiz a Breiz* n'est amphibologique pour personne, cela signifiera toujours Foi et Bretagne, et si l'on voulait dire Foi de Bretagne, on mettrait

Feiz a Vieiz, en adoucissant la consonne initiale du second mot. Nul ne se méprendrait sur le sens des deux expressions, et il en serait de même dans toutes les occurences.

Une autre correction urgente est celle qui a été proposée depuis longtemps déjà, mais en vain, par M. Kersalé, un infatigable chercheur. Il aurait désiré que le son *i* fût représenté par un Y, chaque fois que cet *i* forme une même syllabe avec une voyelle suivante. Ainsi le mot froidure, en breton *ienien*, s'écrirait *Yenien*. Rien de plus rationnel. Les allemands ont un double caractère pour *i* suivant qu'il forme corps ou non dans le mot, suivant qu'il se combine ou demeure isolé. On écrirait de même *Yan* et *ia*, *biz Yan* et *Bizian*, et ainsi du reste.

III

Au risque de paraître paradoxal, nous allons, au nom de plusieurs de nos commensaux, réclamer quelque chose de plus radical. Il y a quatre sons particuliers à notre langue, et qu'on ne retrouve que dans le Français, lequel, né sur le sol gaulois et nourri de notre substance, nous les a empruntés, à savoir *an*, *in*, *on*, *un*, comment dans *rankel*, *rinket*, *ronken*, *rungoat*, et autres mots semblables.

De l'avis de tous ceux qui ont analysé minutieusement les émissions de la voix humaine, an, in, on, un, sont des voyelles simples sans complication de consonnes. On les appelle à tort nasales, car le nez n'y est pour rien, puisqu'on les prononce tout aussi bien et mieux encore en se bouchant le nez qu'en le laissant ouvert. Ce qui est vrai, c'est que le souffle qui produit ces voyelles faussement dites nasales, passe dans les régions de la bouche voisines du nez. Mais le souffle qui donne naissance aux autres voyelles sort aussi du larynx à des hauteurs diverses, comme l'observait fort bien l'un des professeurs du Bourgeois Gentilhomme, sans qu'on ait cru devoir pour cela recourir à des signes composés. Il n'y a d'exception que pour *ou* et pour *eu* ; mais ces exceptions elles-mêmes sont fautives. *Ou* s'écrit dans tous les idiomes, sauf le Français et le Breton, avec un seul caractère, et il serait à désirer qu'on en fît de même chez nous. *Ou* devrait s'écrire *u* comme chez les autres peuples, et le sifflement de l'*u*, dans musique par exemple, qui n'est usité que des deux côtés du Rhin, se marquerait soit par un tréma, soit par un autre signe conventionnel quelconque. Plus bas nous reparlerons de *eu*.

Mais revenons à an, in, on, un ; nous proposons d'effacer à l'avenir cet n parfaitement inutile, cette véritable superfétation, et alors pour distinguer an, in, on, un, de a, i, o, u, on placerait un petit trait au-dessus de la lettre, et on aurait ā, ī, ō, ū. L'écriture se trouverait ainsi bien allégée. N ne paraîtrait dans les mots que lorsqu'il est dur comme dans *unan*.

V

Tels sont les résultats logiques et raisonnés auxquels sont parvenus les hôtes de Bel-Air après de mûres discussions ; il y en a beaucoup d'autres également acquis, ou à la veille de l'être, qu'il serait trop long d'exposer. Mais nous ne résistons pas à la tentation de donner en quelques mots notre théorie du w.

Le w ne doit pas être banni du Breton dont il fait incontestablement partie. Quand faut-il l'employer ? Dans les mêmes conditions que l'y, c'est-à-dire lorsque le w entre comme consonne dans la composition d'une syllabe. Examinons ces deux mots, *gouel*, fête, et *gouelloh,* mieux. Il est certain que je ne puis écrire *gouelloh*, sans quoi je dois prononcer *gou-elloh*, ainsi que je prononce *gou-el*, en détachant *gou* de ce qui suit. Me sera-t-il permit de mettre *guelloh* ? Pas davantage ; *guelloh,* avec cette orthographe, doit se prononcer *gu-elloh*, comme on dit *u-elloh*, *u-anad*, etc. Il faut donc pour exprimer exactement les articulations variées de la gorge, varier aussi la physionomie des mots, et savoir écrire *kwant* en une syllabe, et *ko-an* en deux.

V

Que d'observations délicates et intéressantes n'y aurait-il pas à faire sur les voyelles. Nous avons déjà passé en revue an, in, on, un, ou, u, et ü, suivant notre formule. Il nous resterait à que nous écrirons désormais ā, ī, ō, ū, u parler de *eu* et subsidiairement de *e*. *Eu* n'est pas une diphtongue, en dépit des grammaires illogiques qu'on place entre les mains de l'en fance. Au nom du bon sens et de l'étymologie, j'appelle diphtongue un double son combiné mais non confondu. Pour former une diphtongue il faut deux sons et non pas seulement deux caractères ; si vous employez deux, trois caractères pour figurer un son simple, vous aurez l'apparence d'une diphtongue, sans en avoir la réalité. En Français vous écrivez eau, aqua, ce que je prononce o ; est-ce une diphtongue ? Pas du tout. Eau, de quelque manière que vous l'écriviez, ne sera pour moi et pour tout homme qui sait réfléchir, qu'une voyelle. Voulez-vous de vraies diphtongues ? Vous en trouverez à foison, telles que ie dans ciel, ia dans diable, oi dans boîte, ui dans juillet, io dans petiot, etc ; mais ne venez pas soutenir que *eu* en soit une.

Eu est incontestablement une simple voyelle, possédant un son spécial et sans mélange ni combinaison Ce n'est pas l'e muet du Français ; et la preuve, c'est que pour une oreille exercée, les deux syllabes de neveu ne se prononcent pas de la même façon. L'*e* muet n'existe pas en Breton, mais l'*eu* de neveu s'y rencontre assez souvent, par exemple dans kleuz, peur, neubeut, etc. Eh bien ! Cet *eu* qui s'énonce par une seule émission de voix, je voudrais le rendre aussi par une seule lettre e.

Quelle lettre choisir? Elle est toute trouvée la lettre e.

Une difficulté se présente: Nous avons déjà la lettre e, qui s'énonce comme un é fermé. Comment différencier é fermé de eu ? Allons plus loin; si nous possédons l'é fermé, nous possédons aussi l'e ouvert; *per* poires et *Per* Pierre sont bien différents l'un de l'autre. Voilà donc trois e, à savoir é fermé, e ouvert, et eu.

Comment les distinguer ? La chose est bien facile; on écrirait *per* poires, *Pêr* Pierre, et *pèr* pour *peur* dans le sens de quand interrogatif. Grâce à ces légères modifications, on ne confondrait plus *dournerez* batteuse avec *dournêrez* action de battre, ni *kigerez* bouchère avec *kigêrez* boucherie, etc., etc.

VI

Ici l'occasion est favorable pour protester contre un usage absolument abusif et défectueux, qui tend à s'implanter de plus en plus chez nous. Pourquoi, je vous prie, écrivez-vous et prononcez-vous souvent Kemeneur, au lieu de Kemener Lezeleuc au lieu de Lézelek ou Lezerek comme on dit à St-Pôl ? Vous savez bien que *er* est un suffixe qui désigne un agent, et *ek* un autre suffixe qui révèle un qualificatif. De quel droit dites-vous Lezeleuc, lorsque pourtant vous continuez à dire barvek et pennek, bouzellec et triek ? Comment vous permettez-vous de prononcer *Kemeneur* nom propre, autrement que *Kemener* nom commun ? Vous voulez franciser ? Eh bien ! francisez à votre aise ; emportez votre français, et ne touchez pas à notre Breton.

Nous ferons les mêmes observations sur *eun*, *eul*, *eur*, articles indéfinis.

Quelle prétention, ou plutôt quelle manie ridicule, de chercher à nous imposer ces barbarismes !

En était seul connu de nos pères, comme on peut s'en assurer en compulsant les livres les plus anciens et en étudiant la composition de plusieurs termes géographiques ; *eun* n'a pénétré chez nous qu'à la Renaissance, avec l'invasion d'une langue qui n'est pas la nôtre. Si vous désirez faire la petite bouche, continuez à prononcer *eun den* comme en Normandie on prononce *eun* homme ; mais si vous avez la noble ambition d'être de votre pays et de votre race, que votre langue et votre plume ne connaissent plus à l'avenir que *en den*, *el labous er vawez*.

VII

Nous n'avons pas épuisé, bien loin de là, ce que nous aurions à dire, si nous avions conçu le dessein d'exposer d'une manière complète les théories simples et savantes à la fois, dont l'examen se poursuit modestement à Saint-Joseph. Un jour viendra peut-être, où l'on pourra les mettre au jour dans tous leurs détails et dans toutes leurs applications fécondes. Alors on appréciera mieux le travail de notre petite Académie celtique. Dès ce moment, tirons du moins cette conclusion, que le temps qu'on passe à St-Joseph n'est pas toujours du temps perdu.

CHAPITRE XXXV

LES RÉCRÉATIONS

1

Pour nous, la question celtique est une distraction amusante et sérieuse à la fois, plutôt qu'un vrai délassement du corps et de l'esprit. Nous n'avons peut-être pas de moments plus doux que ceux que nous passons à cultiver notre idiome national, mais nous en avons de plus bienfaisants, de plus récréatifs.

Les heureux du siècle font deux parts de leur année; ils en consacrent l'une aux tièdes effluves du midi, et l'autre aux âpres senteurs des plages normandes. Nous avons comme eux notre saison d'hiver et notre saison d'été.

Il y a déjà longtemps que Cambry, le premier explorateur sérieux du Finistère, a remarqué qu'on trouve dans la presqu'île comprise entre

Plouescat et Morlaix, pourvu qu'on n'avance pas à plus d'une lieue dans les terres, la flore de Cannes et de Marseille, mélangée à celle de Norvège. Mais ce qu'il n'a pas dit, et ce qui est pourtant parfaitement exact, c'est que jamais ou presque jamais, dans cette contrée exceptionnelle, on ne subit ni une trop forte chaleur ni un froid trop rigoureux. Plusieurs de nos lecteurs connaissent peut-être les articles à sensation de Louis Noir, où il appelait Roscoff et Saint-Pol la Nice du Nord. A ce propos, je raconterai un petit fait qui m'est personnel.

Je visitais le grand séminaire de Nice. Le prêtre qui me servait de guide, me montra d'un air assez dédaigneux, comme choses fort communes, les citronniers, les orangers, les oliviers, les amandiers plantureux qui poussaient dans le jardin. Puis il me dit : « Je vais vous faire voir la merveille des merveilles ; c'est un figuier unique par ses vastes dimensions, un figuier, tel qu'il faudrait passer en Egypte pour en trouver de semblables. Tenez, le voilà ! »

J'examine le fameux figuier, et je réponds avec un flegme tout britannique : « M. l'abbé votre figuier n'est pas à mépriser ; il égale à peu près pour ses proportions les bons chênes trapus de notre pays. Mais si vous desirez voir un figuier vraiment phénoménal, dispensez-vous d'un voyage en Egypte ; venez tout simplement à Roscoff, au fond de la Bretagne ; vous y trouverez un figuier dix fois plus grand que le vôtre, et encore il y a plus de trente ans qu'on l'empêche de s'étendre. » (1).

L'excellent ecclésiastique me considéra d'un air scrutateur et presque soupçonneux, je compris que je l'avais blessé à la partie sensible. Aussi me hâtai-je d'ajouter : « Au surplus, M. l'abbé, vous avez le droit de revendiquer ce figuier ; il appartient à Nice comme celui-ci, mais à la Nice du Nord. »

II

Sans doute, on ne voit jamais à Saint-Pol, ou du moins on y voit que rarement, dans les courtes journées de décembre et de janvier, ce doux soleil d'Italie qui donne un regain de santé aux malades les plus désespérés ; en revanche, la neige y est presqu'inconnue, les gelées ne s'y font point sentir, les légumes y continuent à croître, ce qu'on ne trouverait guère dans nos départements méditerranéens (2).

L'air est humide, mais d'une humidité qui n'est pas malsaine, parce qu'elle est tout imprégnée d'éléments salins. Les vents y soufflent quelquefois avec rage ; je demande dans quel pays ils retiennent leur haleine ; ici du moins, ils nous

---

(1) Le figuier de Roscoff qui se trouve dans l'ancien enclos des Capucins, mesure un carré de 25 mètres de côté ou moins ; ses principales branches reposent sur une quarantaine de gros piliers de pierre et une soixantaine de forts madriers.

(2) C'est pour cela que nous fournissons des primeurs à presque toute la France, et notamment à Paris.

arrivent sans avoir traversé les sommets glacés des Alpes, des Cévennes ou des Pyrénées ; ils se sont adoucis par leur contact avec le gulf-stream, et la température générale n'en souffre point. En été, la brise du large et le voisinage de la Manche entretiennent une agréable fraîcheur. Des pluies bienfaisantes viennent corriger la sécheresse de l'atmosphère, de légers nuages arrêtent les rayons trop ardents du soleil, et l'on jouit de tous les charmes du printemps.

Les vieux prêtres se répandent alors dans le jardin. Après les repas, on est sûr de les trouver presque tous réunis pendant une heure au jeu de boules. Quelle animation ! Quelle vie nouvelle, quelle ardeur juvénile se réveille tout-à-coup dans ces corps appesantis par l'âge ! C'est un plaisir de prendre part à leurs amusements, c'en est déjà un que d'y assister. Le *maître* (ou maîtresse boule) est au milieu de l'allée ; ils s'apprêtent à lancer successivement, et dans l'ordre convenu d'avance, la bille qui doit décider de leur victoire ou de leur défaite. Comme, avant de la risquer, ils la tournent et retournent dans leurs mains tremblantes ! Quels calculs et quelle application ! Faut-il mettre fort détaché ou fort à la brinde, demi-fort ou quart de fort ? Y a-t-il avantage à chasser violemment l'adversaire, ou simplement à le supplanter par un petit choc insensible ? N'est-il pas préférable de se glisser doucement à la première place ? Problèmes ardus qui demandent du temps et de la réflexion.

Enfin, le voilà parti vers le but désiré, le projectile arrondi ! On se penche en avant, en arrière, à gauche, à droite, selon qu'on voudrait le voir rouler encore, ou l'arrêter dans sa course, ou le faire dévier. Les bras, les jambes, la tête, tout le corps est en mouvement pour le suivre ; c'est une pantomime divertissante ! On lui parle comme s'il était un être vivant, et lorsqu'enfin il demeure immobile, des exclamations de joie ou des soupirs étouffés de tristesse saluent le succès ou le revers.

III

Sur ces entrefaites, la mer se soulève dans son lit et vient battre le rivage : C'est l'heure du bain pour les pensionnaires les plus valides. On se dirige vers la côte en récitant son bréviaire ou son chapelet. Les blancs sablons, les criques solitaires, les eaux profondes ne manquent pas dans les environs de St-Pôl. Chacun choisit sa place et s'élance avec intrépidité dans le perfide élément :

Apparent rari nantes in gurgite vasto.

Quelques-uns, semblables à des dieux marins, se jouent au milieu des vagues, et leur chevelure d'argent se confond avec la blancheur de l'écume. D'autres, plus craintifs ou moins vigoureux, s'arrêtent sur les bords ; immobiles, on les prendrait pour des statues d'albâtre jaunies par le temps, dont l'Océan vient caresser les pieds. Ceux-ci sont les plus sages Malheur à quiconque se laisse entraîner par ses souvenirs de jeunesse ; il s'imagine follement que la mer lui restera soumise comme autrefois, qu'il pourra la braver encore, qu'il saura la dompter au besoin. Il a donc oublié, l'infortuné, qu'ici près, à quelques brasses de lui, à telle hauteur de la marée, il se forme un courant irrésistible, qui l'emportera inévitablement, comme une feuille légère ou un débris de liège, à des distances effroyables. Cette témérité ou cette insouciance, cette ignorance du péril, si l'on veut, coûta la vie à un prêtre de Versailles, M. Bouteille ; elle coûtera la vie à M. Rannou, prêtre de St-Joseph.

M. Rannou, quoique septuagénaire, allait fréquemment plonger ses membres alanguis dans ce qu'il croyait être pour lui la fontaine de Jouvence ; il devait y trouver l'avare Achéron.

Un jour, le voilà qui se dirige à son ordinaire du côté de Ste-Anne. La mer formait en ce moment entre la Roche-du-Guet et la pointe extrême de la Grou une sorte de flaque tranquille et peu profonde, où sautillaient quelques poissons. Il ne prévoyait pas que, dans un instant, le flux montant toujours franchirait sa digue, et déterminerait un funeste remous dont il serait la victime. La modeste croix élevée sur cette plage en mémoire de M. Bouteille, aurait dû l'avertir. Mais non ; il ne pense qu'au plaisir de prendre ses ébats dans cette eau dormante et hypocrite, dans cette eau chauffée par un soleil de Juillet. Il avance, il se laisse aller, il glisse en nageant sur la surface unie. Soudain, des houles énormes passent en mugissant au-dessus des galets ; l'isthme qui était son rempart disparaît dans l'abîme ; il roule en tourbillonnant vers le large. Sa voix suppliante appelle en vain du secours, aucune autre voix ne répond à la sienne.

Cependant le chien de la Maison, un magnifique Terre-neuve qui toujours l'accompagne dans ses promenades humoristiques, a vu le danger de son maître. Il se précipite sans hésiter, il arrive auprès de M. Rannou. Mais par où le saisir? S'il le mord au bras il va le blesser. Que fait l'animal fidèle ? il prend le naufragé par les cheveux : Hélas ! ces cheveux étaient des cheveux postiches ! La pauvre bête ne rapporta qu'une perruque.

IV

Malgré cet exemple terrible, nous continuons à nous baigner jusqu'aux jours où l'équinoxe de septembre nous interdit cet exercice. Alors commence pour nous la saison d'hiver, et Nice succède à Granville. Les parties de boules deviennent de moins en moins fréquentes, l'allée cessant d'être praticable ; on y supplée par le billard, établi en 1865 par M. Ollivier, et restauré depuis par M. Caroff. Pendant que quelques amateurs multiplient les carambolages sur le tapis vert, et font entendre le joyeux cliquetis de l'ivoire, les autres sont assis dans la même salle, où pétille un feu réparateur. Rangés deux à deux, quatre à quatre, devant de petites tables carrées, ils s'abandonnent aux charmes d'un innocent loto, ou se délectent en plaçant sur une longue file des dominos vénérables. Les plus habiles tiennent entre leurs doigts crispés des cartes antiques, qui ont servi à trois générations, et qui en attendent une quatrième. On les traite avec respect comme des reliques, et elles suffisent aux plaisirs de ces bons vieillards.

Quand la pluie cesse, quand le vent se tait dans les arbres dépouillés, quand le soleil jette un regard furtif à travers les nuages, ils se lèvent et vont respirer un air plus pur dans le jardin. Leur promenade est toujours la même, c'est-à-dire qu'elle est toujours agréable. Elle se compose de cinq étapes. La première s'arrête à la statue de Saint-Joseph, au milieu de la principale allée. On les voit s'agenouiller pieusement devant le patriarche de la nouvelle Loi. Ils le remercient d'avoir bien voulu devenir leur père nourricier, comme il l'a été de l'Enfant-Jésus ; des larmes de reconnaissance coulent de leurs yeux ; ils pensent aux évêques leurs bienfaiteurs.

V

A quelques pas se trouve le belvédère ; ils en gravissent la rampe avec effort, et s'assiéent sur le banc rustique disposé pour les recevoir. De là, ils contemplent l'immense horizon ; leurs yeux sont attirés principalement du côté de la mer, dont ils embrassent la vaste étendue. Cette barque qu'ils aperçoivent est pour eux l'image de leurs confrères, ballottés sur l'Océan du monde. Combien ils les plaignent de n'avoir pas encore échappé aux périls de la navigation! Combien ils s'estiment heureux d'être à l'ancre dans un port tranquille ! Ils descendent en murmurant tout bas les beaux vers de Lucrèce, mais dans un esprit bien différent du poète paien :

Suave mari magno turbanibus œquora ventis. . .

Ils suivent alors la pente rapide qui conduit au fond du jardin. Leurs prédécesseurs y ont érigé, dans un coin entre deux murs, un oratoire champêtre en l'honneur de la Sainte-Famille. Des plantes grimpantes en forment la toiture, quelques arbres alignés lui servent d'enceinte. Là, sur un autel de planches ornées de peintures primitives, se dressent les trois statues des hôtes augustes de Nazareth. Jésus leur sourit dans toute la grâce de ses douze ans, et les invite à se rapprocher de plus en plus de l'enfance, cet âge heureux de la vie humaine. Marie les enveloppe de son doux regard, et Joseph les couvre de sa protection.

VI

Au sortir de ce sanctuaire, une longue allée sombre se déploie devant eux ; c'est l'avenue du cimetière, c'est le chemin parcouru par les morts, lorsqu'ils vont se reposer dans leur dernier asile.

Nec procul hinc partem fusi monstrantur in omnem
Lugentes campi. . . . . (Æn. VI, 440-41)

Des pensées austères s'offrent en foule à leur esprit. . . . . « Combien de temps encore, appuyé sur mon bâton de vieillesse, pourrai-je traverser seul ce funèbre passage ? Dans combien de jours, dans combien d'heures peut-être, faudra-t-il les bras de quatre hommes vigoureux pour m'y transporter ? O Dieu ! Si mon âme n'est pas assez pure, si vous découvrez en moi quelques taches du passé, que j'erre des années dans cette vallée de larmes. Mais si vous avez entendu le cri déchirant de mon repentir, plutôt aujourd'hui que demain, joignez ma dépouille à celles de mes frères, et prenez-moi dans votre bienheureux séjour.

« Voici la Croix dont le signe a été gravé sur mon front à l'aurore radieuse de mon baptême ! Voici la Croix qui a toujours brillé dans mes voies les plus ténébreuses ! Voici la Croix que j'ai portée avec un courage inégal, mais que j'ai portée ! Voici la Croix qui resplendira sur ma tombe ! *O Crux Ave, spes unica !* A genoux ! Et que mes prières descendent comme une rosée rafraîchissante sur les âmes altérées du Purgatoire ! »

VII

Il ne reste plus à visiter que Sainte Anne, retirée dans un rocher factice, comme la colombe de l'Ecriture dans le creux des pierres. Elle est là, debout, enseignant à la Vierge à lire dans le Livre de la Loi. Oh ! Qu'elle ne nous refuse pas, à nous non plus, ses divins enseignements ! Qu'elle apprenne aux Bretons à demeurer toujours fidèles à la foi de leurs ancêtres ! Que sa Bretagne la garde avec amour, comme elle a su garder sa Bretagne !

Le son argentin de l'*Angelus* nous appelle à la prière et au souper ; précipitons nos pas. Demain, si le jour luit de nouveau sur cet hémisphère, il nous sera loisible de goûter les mêmes jouissances.

CHAPITRE XXXVI

CONCLUSION

I

Nous sommes arrivé au terme de ce petit travail ; si nos forces n'ont pas trahi notre bonne volonté, le lecteur connaît à présent l'origine et les progrès de l'Institution St-Joseph ; il a vu à l'œuvre les évêques et les supérieurs qui se sont succédé ; il n'ignore pas la situation actuelle ; il est initié à la vie intérieure de la Maison. Nous n'avons rien caché, rien dissimulé ; fidèle à nos devoirs d'historien sérieux et impartial, nous avons dit consciencieusement, *sine irâ et studio* comme Tacite, ce que nous pensions de chaque homme et de chaque chose. Le seul reproche qu'on aurait peut-être le droit de nous adresser, c'est d'avoir excédé quelquefois dans l'éloge. Nous n'en avons aucun regret. Comme l'oiseau se jette avec avidité sur les fruits les plus savoureux d'un jardin, comme l'abeille s'attache aux plus belles fleurs et néglige le reste ; ainsi notre œil découvre à peine quelques défauts dans les autres, et se repose au contraire avec délices sur les qualités aimables ou solides qui les distinguent.

L'admiration chez nous est facile, nous croyons encore à la vertu malgré de cruelles déceptions ; nous ne ressemblons pas, nous ne ressemblerons jamais, espérons-le, à ces insectes dorés et bourdonnants qui recherchent de préférence les ordures, et qui en font leur nourriture habituelle. Notre bonheur est de distribuer la louange, notre ambition de la mériter. Ce monde où nous vivons est si rempli de torts et de travers, qu'il est aisé de les apercevoir et peu glorieux de les signaler. Quelques uns s'imaginent pourtant avoir beaucoup grandi dans l'estime publique, lorsqu'ils ont rabaissé ceux qui les offusquent. Les insensés ! Les aveugles ! N'est-ce pas au contraire une justice implacable qu'ils se rendent, ou plutôt n'est-ce pas un sangant outrage qu'ils se font à eux-mêmes, puisqu'ils avouent indirectement ne valoir quelque chose qu'autant que leurs émules ne vaudront rien ? Ces sortes de gens méritent le mépris universel. Oh ! Combien plus digne d'admiration et de respect est l'âme candide, le cœur simple et droit, qui sans ignorer le mal dont il est témoin, sans le justifier d'aucune façon, sans le défendre, le laisse quand il peut dans l'oubli, passe rapidement à côté comme on passe sur un tas de fumier immonde, et cueille en passant le bouquet suave et coloré qui a poussé sur ce fumier même ! On n'est pas un Homère pour avoir critiqué l'Iliade ; mais si on a mis en lumière les mer veilles renfermées dans ce poème, on s'est montré capable de le comprendre, de le sentir, et peut être de l'imiter un jour.

II

Partant de ces principes généreux, nous avons peint avec amour l'Etablissement de Saint-Pol. Heureux de nous y trouver, nous avons cru que nos confrères étaient heureux comme nous : nous serions-nous trompé ? Nous ne le pensons pas. Car enfin, de quoi pourraient-ils légitimement se plaindre ?

Au point de vue matériel, rien ne leur

manque. Ils n'ont pas à gagner péniblement leur vie. Une Providence inépuisable pourvoit à leurs moindres besoins. Ils n'ont pas à se demander le soir s'ils auront de quoi manger le lendemain. Le diocèse leur laisse quelque argent pour s'éclairer, se chauffer, se vêtir ; et quand la source de ce petit pécule est tarie, quand les infirmités ne leur permettent plus de monter au saint autel et d'y réaliser par leurs honoraires un maigre bénéfice, la Maison vient à leur aide, et va même au-devant de leurs désirs. Ils ne sont jamais plus riches que lorsqu'ils sont dans une complète indigence.

La maladie les retient-elle dans leur chambre ? Aussitôt quatre sœurs vigilantes et dévouées s'empressent autour d'eux. On les visite, on les encourage, on les désennuie. Le médecin est appelé, le supérieur s'ingénie à les soulager, les pensionnaires les assistent dans toutes leurs nécessités. Une amélioration notable s'annonce-t-elle dans leur état ? Souhaitent-ils de célébrer encore une fois le divin sacrifice ? S'il n'y a point de péril à le faire, cette consolation ne leur sera point refusée. Mais alors on les traitera comme de grands personnages ; on les entourera comme on entoure un évêque, on ne les laissera pas entre les mains d'un simple enfant de chœur. C'est à qui obtiendra l'honneur de leur passer les ornements sacrés, de répondre aux prières de la Messe, de porter le Missel, de leur présenter l'eau et le vin, et de leur rendre tous les services nécessaires dans la circonstance. Quelquefois, c'est le supérieur lui-même qui se réserve de les accompagner à l'autel. Nous en avons été les témoins émus. Pendant plusieurs jours consécutifs, aux fêtes de la Toussaint en 1890, M. Le Roux, en personne, s'est fait l'acolyte volontaire de M. Salaun ; depuis, il a été remplacé par M. Alix.

III

A propos de M. Alix, je n'oublierai jamais le spectacle touchant qu'il m'a été donné de voir. Un de nos infirmes. M. Kergoat, s'avançait assez allègrement vers la chapelle ; se fiant un peu trop à ses forces renaissantes, il avait refusé tout appui, tout secours. Arrivé à la sacristie, un étourdissement s'empare tout à-coup de lui, ses yeux se voilent, ses traits se contractent, ses jambes vacillent ; il perd connaissance, et tombe sur le plancher en poussant un cri. Personne n'était là dans le moment. Mais M. Alix a entendu l'appel désespéré de son ami ; il accourt. Impossible de décrire toutes ses démonstrations de douleur, toutes les marques de sensibilité exquise, tous les soins attendris qu'il prodigue au pauvre patient. Non, un jumeau lui-même n'aurait pas montré plus de cœur.

Et ces exemples ne sont pas rares : Une véritable fraternité règne à St-Joseph, dans les repas, dans les conversations, dans les jeux, dans les promenades communes.

La partie la plus noble de l'âme humaine trouve ainsi son aliment et sa pleine satisfaction. Jamais aucun incident pénible ne vient troubler la paix : On s'aime, on s'entr'aide, au besoin, on se supporte mutuellement. Les plus anciens présentent aux plus jeunes un parfait modèle de douceur et de charité chrétienne, et les plus jeunes rivalisent avec les vieillards de bons offices et de prévenances réciproques.

IV

Rien n'égale l'aménité des entretiens intimes ou des relations générales et journalières ; on est à l'aise les uns avec les autres. L'aimable plaisanterie n'est pas exclue de nos réunions ; on se lance des pointes innocentes, on fait des jeux de mots, et souvent avec un véritable succès. Alors un rire homérique éclate sur toute la ligne, nulle société n'est plus joyeuse. Comme il y a parmi nous des éléments très-variés, comme les uns proviennent de la Cornouailles, et les autres du Tréguier ou du Léon, comme nous avons occupé des positions très-diverses, et que nos âges diffèrent sensiblement aussi bien que nos caractères, il se forme de tout ce mélange un ensemble original, pittoresque et mouvant, dont les aspects changent sans cesse. Aucun de nous n'a besoin de torturer son imagination pour créer une situation nouvelle, ou pour égayer l'assistance. Abandonnés à notre seul naturel, nous offrons assez d'occasions de dérider les voisins. Mille incidents imprévus se présentent, mille quiproquo, mille aventures bizarres, qui défraient un instant la compagnie, et sont bientôt remplacés par d'autres scènes tout aussi réjouissantes. C'est une succession ininterrompue. Quand on a passé une heure dans ce milieu, on a l'esprit libre et dispos pour se livrer au travail.

Quelques étrangers grincheux se formalisent de ce débordement d'humeur folâtre; il faudrait pour leur plaire l'impassibilité du marbre. Mais réfléchissons un peu. Est-il défendu de se divertir honnêtement? Et suffit-il pour être sérieux, de paraître grave? A ce compte, il n'y a rien de plus sérieux que les ânes, pendant qu'on les étrille. La perfection n'est pas là; elle consiste à se montrer dans toutes les circonstances, tel que les circonstances l'exigent Le commensa, de St-Joseph que vous voyez si ouvert, si badin, si prompt à la réplique, si désopilant, est le plus appliqué du monde quand il doit s'appliquer. A table et en récréation, il s'abandonne aux saillies de son inspiration primel sautière; mais partout ailleurs, il peut vous donner des leçons de dignité, de correction, de régularité. Suivez-le à la chapelle; épiez-le dans sa chambre, soit devant son bréviaire, soit devant un autre livre; prenez-le dans tous les moments de sa journée : Il est irréprochable. Mais vous, qu'il scandalise par son exubérance de gaieté, vous qu'on voit toujours guindé en public, n'êtes-vous pas de ceux dont parle François de Sales, et dont un poète païen, Martial, avait parlé avant lui :

Aliquandò mali olet qui semper beni olet !

Le prêtre de St-Joseph est sérieux dans toutes les choses sérieuses ; souffrez qu'il s'ébaudisse à ses heures. C'est la preuve évidente et palpable de la sérénité de sa conscience, et l'un des grands bienfaits qu'il tient de la munificence de ses évêques.

V

Retiré dans sa solitude, il n'a qu'à s'occuper uniquement de lui-même ; les lourdes charges de la responsabilité pastorale ne pèsent plus sur ses épaules.

Exempt d'ambition, il n'est plus en proie aux tourments de la jalousie Sa carrière est terminée. Il ne craint ni les passe-droit ni les disgrâces imméritées, il n'aspire après aucun changement de fortune. Ce qu'il a, lui suffit amplement ; il ne demande rien de plus. Tous ses désirs raisonnables sont satisfaits. S'il veut étudier, il a sous la main une belle bibliothèque; s'il veut se promener, l'enclos, ou la campagne, ou la grève à son choix, s'ouvrent devant lui; s'il veut causer, les interlocuteurs ne lui manqueront point ; s'il veut prier, la chapelle est à deux pas. Que lui manque-t-il donc ?

Ah ! nous le dirons en toute sincérité : Deux choses lui manquent, l'indépendance au-dedans et les égards au-dehors; l'indépendance dont il a joui dans son presbytère, les égards qu'il a reçus quand il était quelque chose quelque part.

Mais l'indépendance, est-il bien la peine d'en parler ? On est assez indépendant lorsqu'on remplit son devoir. Alors on n'est gêné ni par une règle en somme très-bénigne, ni par un supérieur qui peut avoir ses caprices, mais qui définitivement est prêtre, et n'oublie jamais qu'il a des prêtres à conduire. Dans toutes les positions, n'est-on pas esclave, tantôt de son vicaire, tantôt de son recteur, tantôt de ses domestiques, tantôt de sa population ? Nous ne serons complètement affranchis que dans le ciel.

Mais on n'est compté pour rien, on ne marque ni dans le clergé ni dans le peuple ? Oh ! Double bonheur ! C'est l'idéal de l'auteur de l'Imitation, c'est le modèle tracé par le Christ. Quelle jouissance intime de se voir enfin réduit, par la force des choses, à la seule place qui nous convienne ! On pouvait se faire illusion sur sa valeur, on ne le peut plus. La vérité éclate ; on se dit, et on est en réalité un serviteur inutile. Quand cette conviction a pénétré dans l'âme, la félicité est sans mélange ; et cette félicité, c'est celle que l'on trouve à St-Joseph.

APPENDIX

Nous allons donner ici la liste de tous les ecclésiastiques qui ont passé par la Maison, en y ajoutant les renseignements que nous avons pu nous procurer à leur sujet.

MM.

LE HIR

Supérieur.

BÉZARD

Recteur de Plourin-Léon, entré le 11 janvier 1827.

MARTIN

Recteur de Garlan, puis de Saint-Nic, entré le 13 juin 1828, mort le 15 octobre 1846. — Il avait prêté serment sous la Révolution, mais par simplicité. — A Saint-Pôl, où il est mort en odeur de sainteté, on l'appelait Père Martin. — C'était un tout petit bout d'homme. — Religieux des capucins de Roscoff avant la Révolution.

MASSE

Recteur de Pouldergat, entré le 28 juin 1828.

BLÉAS

Recteur de Coatméal, entré le 11 juillet 1828.

LE ROUX

Supérieur.

LE NIR

Recteur d'Arzano, entré le 7 avril 1829, n'est resté que 18 mois.

MORVAN

Recteur de Plouédern, entré le 15 avril 1831.

CORRE

Supérieur.

LÉON

Diacre de Cléder, entré le 27 juin 1831, sorti 6 mois et demie après. Il vécut dans sa famille, habillé en laïque. Très-intelligent mais ayant un penchant prononcé à la boisson. Finit par se corriger, à donner en tout le bon exemple. Ecrivit *Soun an Odévi*, auquel il donna pour épigraphe : *Experto crede Roberto*. Ce *soun* a inspiré l'abbé Guillou son compatriote dans son fameux cantique *Var ar Vesventi*. Nous en citerons deux vers :

Nep en deuz tanveet mil gwech er seurt souben,
A oar pe blaz e deuz, pe ne wezo en den.

Cléder est aussi la patrie de M. Guérer, qui perdit la tête en étudiant Platon. Le jour de son sous-diaconat, il alla dire à l'Evêque : Mgr, qu'avez-vous fait ? — Et dut coucher à Sainte-

Athanase. Depuis on lui rendit la liberté sans le vêtement ecclésiastique ; il a vécu chez ses parents, sans donner de prise sur sa conduite.

BANNES

Vicaire de Querrien, entré le 6 octobre 1831. — Ne resta que 7 mois.

LE GALL

Né à Saint-Pierre-Quilbignon. — Etait bossu. — Fut vicaire à Hanvec avec M. Garo, mort depuis, recteur à Argol (*Pa vo kestion da vont da velet tud klan, e ve galvet ar Gall ; pa we Kestion da gaout gwez o forennou, e we galvet ar Garo Bian*). — Recteur de Mespaul. — Entré une première fois à St-Joseph le 1er octobre 1832, une deuxième fois le 22 août 1839. — Il a laissé à Bel-Air un calice qui porte son nom. — Sorti fou en février 1844, et interné à Sainte-Athanase.

QUIVIJER

Autre fou, né à Sibiril. — Connu sous le nom d'*Yvonic* qui était son vrai nom, ou de Mon Dieu qu'il répétait à tout propos. — Sorti et rentré plusieurs fois. — Sorti notamment le 11 avril 1837. — Fut vicaire à Plabennec et à l'Ile-de-Batz. — Dans cette dernière paroisse, il eut pour recteur M. Gravot, qui passa ensuite à Ploubider, puis à Plouégat-Guerrand. — Pour obtenir la Messe de M. Quivijer, M. Gravot dut faire appel plusieurs fois à toute son énergie. — M. Quivijer et le diacre Léon faillirent un jour faire naufrage dans la traversée de l'Ile à Roscoff.

LE MOIGN

Dit *Germinik*. — Né à Pleyben. — Vicaire de Plougasnou. — Entré ici le 30 octobre 1832, n'y resta que 6 mois. — Devient vicaire du Faou. — Rentre le 4 avril 1838, et sort le 26 juillet de la même année. — Aumônier de l'hospice de Landerneau, recteur de Locmaria-Berrien, de Dinéault où il a pour vicaire M. Boustouler. — Recteur de La Roche.

NEVEZ

Recteur de Motreff, entré le 22 Septembre 1835, mort le 11 Février 1842.

UGUEN

Recteur de Tréflaouénan. — Entré le 3 août 1835, sorti le 17 mai 1838. — Devient vicaire à Ouessant par les soins de M. Le Roux curé. — Suit M. Le Roux à Saint-Renan, où il meurt vers 1857-58.

BOHIC

Supérieur.

LE GOT

Vicaire à Cléder, entré le 13 août 1836, mort le 29 mars 1837. — Enterré à Saint-Pôl..

CLAUDEL

Chanoine de Ceuta en Afrique, entré le 23 novembre 1836; retourné dans son pays le 18 Avril 1846.

BAEZA

Chanoine pénitencier d'Alicante en Espagne, entré le 23 novembre 1836, parti le 15 mai 1848.

SAMPER

Bénéficier d'Alicante, entré le 23 novembre 1836, parti le 3 mars 1848, pour l'Angleterre, et le 20 juillet 1849 pour l'Espagne, son pays natal.

PERROT

Recteur de Pluguffan, entré le 7 novembre 1836, parti le 15 février 1842, mort à Loctudy, le 9 octobre 1842.

POSTEC

De Cléder. — A été à Saint-Sulpice. — Dit le *Premier Bachelier* de l'Empire ; M. Billon, son rival, mais de loin, n'était que le second bachelier. — Tour à tour directeur et supérieur du Grand Séminaire, puis vicaire-général honoraire. — A laissé une grande réputation surtout comme théologien. — Malade, il se fait transporter à Saint-Joseph où il arrive le 17 avril 1837, meurt le 19, est enterré le 21 à Cléder. — M. Keroual, directeur le plus ancien du séminaire, l'avait accompagné ; il repart le 22 pour Quimper, où il trouve un camail pour lui, et M. Goujon de Saint-Pôl, comme supérieur.

STÉPHAN

Né à Ouessant. — Professeur de 5° à Lesneven en 1833. — Précepteur du vieux comte actuel de Guébriant avant M. Naour. — Vicaire de Guilers-Brest. — Scrupuleux. — Entré le 18 avril 1837, mort le 11 novembre de la même année.

LUNVEN

Né à Plouhider. — Recteur de Molènes, où il

prononça son célèbre sermon sur les offrandes en nature. — Recteur de Trébabu. — Entré le 9 août 1837, sorti le 28 août 1838 pour devenir recteur de St-Jean du-Doigt. — Rentré le 18 février 1841. — Sorti et rentré tôt après. — Sorti le 2 janvier 1852. — Devenu aumônier du Refuge de Morlaix le 24 janvier 1852. — Rentré en 1854. — Mort le 11 octobre 1870 à 79 ans, et enterré à Saint-Pierre de Saint-Pol. — Très louche.

LE MOIGN

Professeur à Pont-Croix. — Entré le 28 septembre 1837. — Sorti le 2 juin 1840. — Vicaire du Chapitre. — Pensionnaire du Grand Séminaire où il est mort et enterré.

CLOAREC

Recteur à Tréflez avant la Révolution. — Ne quitta pas le pays, se cacha. — Après la Révolution, succéda à Mgr de Poulpiquet comme curé de Plouguerneau. — Devient aveugle, se retire à Saint-Joseph le 7 avril 1839 avec un domestique spécial, dont la pension, y compris la sienne, lui coûte 600 francs. — Meurt le 13 mars 1840.

LE BORGNE

Ancien vicaire de Berrien, entré le 10 septembre 1839, mort le 2 novembre 1845.

CALVEZ

Vicaire de Plouguen, entré le 2 mars 1841, mort le 1er avril 1855.

PIRIOU

Pierre, né à Plougasnou, soldat, caporal, réformé comme borgne. — Passé de la 4e au Grand-Séminaire. — Original. — Signa de 4 P sa composition pour le Grand-Séminaire. — Pourquoi ces 4 P, lui demande-t-on ? — Cela signifie, dit-il, Pierre Piriou Prêtre Peut être. — Recteur de Plouézoc'h où il prêche à Kernitron un sermon célèbre sur ce texte : *Maria optimam partem elegit* (Ar Bastel vella). — Entré le 8 juin 1841, mort le 27 mai 1842, et enterré à Plougasnou le 22.

PONCIN

Né à Locmélard. — Recteur à Roscoff. — Deux professeurs de Léon passaient et repassaient devant son presbytère, allant à l'Ile, sans y entrer. Il leur fait demander leur passe-port par les autorités du lieu. Ils n'en avaient pas ; mais ils étaient connus de M. le recteur, ils se font conduire chez lui, lui ne les reconnait pas. Ce n'est qu'au dernier moment, pour lui éviter une mauvaise affaire, qu'il se porte garant pour eux ; la pénitence qu'il leur imposa fut légère, et un peu dans le genre des droits féodaux du Moyen-Age : Obligation de le saluer dans sa demeure, chaque fois qu'ils viendraient à Roscoff. — Grand causeur. — Portait comme M. Naour un chapeau à haute forme. — Entré le 1er juillet 1841, mort le 18 avril 1845.

QUINIOU

Ancien recteur de Locronan. — Entré le 8 octobre 1841, mort le 4 octobre 1844.

LE PAGE

Vicaire de Plouézoc'h sous M. Piriou. — Né à Plouégat-Guerrand. — Entré le 2 octobre 1841 mort le 2 août 1843.

RIOUAL

Né à Plounéonr-Ménez. — Curé de Scaer. — A composé, sur l'air de *Sanctorum meritis*, le cantique si célèbre du Paradis, qu'on retrouve dans tous les recueils. — Aveugle et paralysé, il se réfugie à Saint-Joseph le 25 février 1842, et meurt le 17 août 1843.

CLOAREC

Ancien professeur, entré le 19 octobre 1842, mort le 7 septembre 1848, et enterré à Guiclan.

COZANET

Professeur à Saint-Pol, recteur de Carantec, oncle de M. Cozanet des Carmes, entré le 27 février 1844, mort le 23 septembre 1860. — Dit le *Singe*.

MAO

Ancien recteur de Guimiliau, entré le 6 juin 1844, mort le 11 juin 1853.

BOURHIS

Ancien recteur de Ploudaniel, entré le 26 juillet 1844, mort et enterré à Cléder, le 7 septembre 1845.

INIZAN

Ancien vicaire de Cléder, entré le 22 mai 1843, sorti le 1er octobre 1845. — Devient vicaire de Pleiber-Christ, où il donne des signes de folie. — Il porte toujours un pistolet, il en a un sous son chevet. — Un des jours de la semaine du Sacre, après avoir chanté la messe, il monte en chaire et dit : Je sais qu'on me poursuit ; je pars, je suis parti, vous ne m'attraperez pas. — Il sort de l'église, monte à cheval, et vogue la galère ! — Quand on le rattrapa, ce fut pour le conduire à Saint-Athanase.

KERMERGANT

Vicaire de Ploudalmézeau. — Entré le 22 octobre 1845, sorti le 18 décembre 1845. — Devint vicaire de Plouguerneau. — Rentré le 24 juin 1846. — Sorti le 5 juillet 1847. — Devient vicaire de Guiclan, où il fait un assez long séjour. — Revient ici le 20 octobre 1849, y passe du temps. — A la mort de M. Le Hir, de Ploumoguer, neveu de l'ancien supérieur de Saint-Joseph, il va s'y installer dans une maisonnette qu'il avait fait construire, et meurt. — Il aimait à chanter une pièce de vers composée par un médecin de Brélès sur son second mariage.

NICOLAS René

Né à Plouguerneau, en 1786. — Vicaire d'Arzano et de Lampaul-Guimiliau. — Recteur de St-Sauveur. — Entré le 13 janvier 1846, mort à 73 ans, le 4 février 1859, enterré au cimetière de Saint-Pierre en Saint-Pôl. — Ses restes ont été transportés au cimetière de Saint-Joseph, en 1890, par les soins de son neveu, M. Nicolas, ancien recteur de Kernoues.

LE ROY

Vicaire à Brest.— Entré le 20 janvier 1846.— Se retire à Morlaix, le 26 octobre 1847.

NÉA

Vicaire à Plouvorn. — Entré le 23 janvie 1846. — Mort le 4 mars 1846.

TOULLEC

De Guipavas. — Vicaire de Plougourvest. — Entré le 14 juin 1846. — Mort le 17 mars 1847. Etant élève à Lesneven, il traduisit d'une façon bizarre, mais dans la bonne foi de son âme, ce titre d'une fable de Phèdre : *Anus ad amphoram*.

LE ROY

De Saint-Pol. — Entré le 18 août 1846. — Sorti le 9 février 1847. — Devint aumônier de marine.

LE GUEN

Aumônier de l'hospice de Lesneven. — Entré le 17 octobre 1846, sorti le 6 mars 1847. — Devint recteur de Saint-Nic. — Rentré le 14 mai 1848. — Sort le 17 avril 1849. — Rentré le 15 août 1850. — Sort le 9 mars 1851, et meurt à Landudal le 20 avril de la même année.

CABIOC'H

De Roscoff. — Vicaire à Lesneven, où il fait beaucoup de bien aux élèves externes. — Aumônier à Quimperlé. — Entre le 21 octobre 1846. sort le 14 avril 1847, et meurt à Roscoff chez ses parents, le 15 mai de la même année.

KERMARREC

Vicaire d'Elliant. — Entré le 24 octobre 1846, mort le 7 février 1848.

LE SAINT

De Plouescat. — Recteur de Botsorhel. — Entré en décembre 1846, mort le 19 mars 1848.

GUILLOU

Ancien recteur de St-Thurien. — Entré le 13 aout 1847. — Sorti le 23 novembre 1847.

SAILLOUR

De St-Pôl, — Nouveau prêtre — Entré le 4 aout 1847. — Sorti le 15 décembre 1847, — Devient successivement vicaire à Lanhouarneau, à Ploumoguer, à Berrien, à Penmarc'h, et finalement recteur de Lamber, où il meurt subitement pendant sa Messe.

CLECH

François-Marie, de Saint-Martin de Morlaix, Ami intime de Mgr Graveran,* et parent du Curé Donc. — Vicaire à Quimperlé, où son premier sermon sur ce texte *Capis hoc* fit sensation. — Vicaire à Saint-Mathieu de Quimper, à Plouigneau, à Lanmeur. — Recteur de Plougasnou. — Entré le 19 octobre 1847. — Sorti, puis rentré après diverses péripéties, le 29 mars 1870. — Mort et enterré à St-Joseph le 7 février 1872 à 84 ans. Auteur de plusieurs pièces de vers estimés *Intanves al Lochen*, est de lui.

JAFFRÈS

Vicaire de Trégunc et de St-Jean-Trolimon. — Entré le 15 novèmbre 1847. — Mort le 17 janvier 1848.

CAROFF

De St-Pôl.— Vicaire à Landunves.—Aumônier de l'Hospice de Quimper. — Entré le 14 janvier

1848. — Mort le 1er février 1867, à l'âge de 66 ans. — Enterré à St-Joseph.

CABON

Vicaire de Guilers-Brest (*Sah ar Biniou*), de Laz, etc. — Poète à ses heures. — Entré le 31 décembre 1847. — Mort le 25 juillet 1851.

PENDUFF

Vicaire de Loqueffret. — Entré le 24 février 1848, mort le 16 mars 1848.

LAURENT

Professeur à Lesneven. — Entré le 24 février 1848. — Mort le 20 août 1849.

TANGUY

Jeune prêtre de Guiclan. — Entré le 7 juin 1848, mort à 27 ans le 22 juillet 1848, et enterré à Guiclan.

APPÉRÉ Jean-Marie

De Plounevez-Lochrist, fils de Hervé et de Marie Conseil, vicaire à Plouzané. — Vicaire à Lochrist-Saint-Mathieu, mais résidant au Conquet comme vicaire détaché. — Recteur de Peneran. — Devenu sourd. — Entré le 27 juillet 1848, meurt à 77 ans le 22 janvier 1880, et est enterré à Saint-Joseph.

TANGUY François, de Cléder

Dit Madame. — Professeur à Saint-Pôl, vicaire à Brest, recteur au Ponthou. — Entré le 9 novembre 1848. — Mort à 79 ans, le 12 septembre 1871, enterré à Saint-Joseph.

PHÉLEP

De Landerneau. — Tête faible. — Entré le 1er décembre 1848. — Sorti le 8 mars 1855. — Rentré le 27 avril 1859. — Sorti de nouveau et mort à Landerneau chez des parents.

MACÉ

De Saint-Pol. — Recteur de Sainte-Sève, puis de Locmélard, où son presbytère fut mis au pillage pendant la grand'messe. — Se déconcerte, entre à Saint-Joseph le 17 janvier 1849, et y meurt le 6 mai 1860.

GESTIN

Curé d'Huelgoat. — Aveugle, il se retire à Saint-Joseph le 14 mai 1849, et y meurt le 12 avril 1853.

FICHOU

De Plouguerneau. — Vicaire de Guimiliau, puis recteur sur place. — Entré le 19 Juin 1849, sorti le 23 juillet 1849.

COADOU

Frère de feu l'évêque de Maïssour, professeur à Pont-Croix entré le 6 avril 1850, sorti le 20 avril 1851. — Recteur de Locronan. — Aumônier de l'Adoration à Quimper, et chanoine titulaire.

COTTAIN

Chanoine honoraire, et longtemps curé de Lambézellec. — Entré le 26 avril 1850. — Mort le 10 mars 1852.

PONSAIN

Vicaire de La Martyre. — Entré le 30 août

1850. — Sorti le 15 avril 1858. — Retiré à Thymadeuc, où on l'a gardé même après l'incendie à cause de sa vieillesse, et où il est mort.

MILIN

Recteur de St-Pierre. — Entré le 30 août 1850. — Mort le 27 avril 1853, et enterré à Saint-Pierre.

SIONET

De Quimper. — Homme de lettres, adonné surtout à l'étude de l'Ecriture Sainte. — Entré le 15 Octobre 1850. — Mort, peut-être à Quimper, le 5 février 1856. — Homme grave, sombre ; figure prophétique. — Les enfants le regardaient avec une certaine terreur, soit lorsqu'il passait silencieusement dans les routes, soit lorsque, armé d'un marteau, il en frappait les rochers de de la côte, soit lorsqu'il ramassait des cailloux sur la grève, soit lorsqu'il sondait avec un bâton ferré les couches géologiques. Notre âge ne connaissant pas le nom d'alchimiste, l'appelait volontiers un sorcier.

MADEC

Ancien recteur de Logonna. — Entré le 10 Février 1851. — Sorti le 5 Mars 1856.

QUÉINNEC

De Douarnenez. — Professeur distingué du Grand-Séminaire. — Avait la figure toute de travers. — Est entré le 25 août 1851, et sorti le 21 Décembre de la même année pour aller à Saint-Athanase, où il est mort vers 1886. — Enterré à Douarnenez.

GALLOU

Curé de Sizun. — Entré le 26 Décembre 1851, mort le 23 janvier 1852.

BERNARD

Né à Plogonnec. — Recteur de Meylars, où l mit le sieur Claquin, son maire, en pénitence au milieu de l'église. — Très-instruit, très-éloquent, moments de folie ou d'aberration mentale. — Arrivé à Saint-Joseph le 9 février 1852, il n'y a fait que passer. — S'est retiré chez lui à Meylars, où il possédait une maison. — Devient recteur de Ploéven, y tombe dans le marasme et le mutisme. — Rentre de nouveau dans sa propriété de Meylars, où il est mort depuis longtemps.

POSTEC

Allain. — Vicaire de Brasparts. — Entré en 1852. — Sort pour devenir successivement recteur de Saint-Rioual, Locunolé, Logonna-Quimerc'h. — Prêtre habitué à Rumengol. — Vit encore. — Aveugle, il est dispensé du bréviaire qu'il remplace par des chapelets. — A fait une grammaire latine.

HÉMERY

Ancien recteur du Petit-Ergué. — Est entré à Saint-Joseph le 19 septembre 1852. — Est mort le 25 mai 1853.

NICOL

Vicaire à Plouescat. — Entré le 5 octobre 1852. — Mort le 12 juin 1853. — Enterré à Plouescat.

NORMAND

Recteur de St-Rioual. — Entré le 23 novembre 1852. — Mort le 7 novembre 1860.

MONCUS

Vicaire à Lanmeur. — Recteur de St-Jean-du-Doigt, puis de Plégat-Moysan. — Entré le 7 octobre 1853. — A dû mourir à Lanmeur dans une maison particulière.

LÉRAN

Vicaire à St-Pol. — Recteur de Plounéventer, où il fut menacé de poursuites pour avoir frappé quelqu'un dans une procession. — Transféré à Commana (service funèbre, kyrie royal), puis à Lampaul-Guimiliau. — Hernie douloureuse. — Entré le 14 octobre 1853. — Mort en Mars 1865. — Sur sa tombe au cimetière de St-Pierre en St-Pôl, il est dit de lui qu'il fut *antiquus prœdicator.*

LE ROUX

De Guena en St-Pol. — Prêtre habitué à Quimerc'h. — Entré le 1er janvier 1854. — Sort le 15 avril 1858.

CANTINA

Ancien professeur de Saint-Pôl. — Entré le 25 février 1854. — Sorti le 23 mai de la même année. — Doit être mort à St-Athanase.

RANNOU, Yves

De Landivisiau. — Vicaire de Guipavas, recteur de St-Frégan. — Entré le 6 avril 1854. — Noyé par accident le 16 août 1871. — Enterré à Saint-Joseph. — 70 ans.

LEUNVEC

Vicaire de Plougonvelen. — Y devient fou après avoir prêché la passion. — Entré le 18 juin 1854. — Sorti le 4 janvier 1855 pour Saint-Athanase.

BLÉAS

Ancien recteur de Plouguin. — Entré le 27 octobre 1854. — Depuis, chapelain chez M. Du Rusquec, à Kerézelec en Tréflévénez, où il est mort vers 1878.

JAFFRY

Ancien recteur de Kerfeunteun. — Entré le 30 janvier 1855, mort le 5 novembre de la même année.

BRENNER, Nicolas

De Lopérec, recteur de Botmeur. — Sa messe dure 2 heures, son bréviaire encore plus. — Est nommé vicaire de Clédén-Poher. — Ne peut y rester vu sa lenteur en toute chose. — Arrivé ici le 7 septembre 1855. — Meurt à 87 ans le 16 juin 1874 et est enterré à St-Joseph.

CANN

D'Irvillac. — Vicaire à Plounéour-Ménez, à Hanvec, à Braspars. — Entré le 24 juin 1856. — En sort aumônier de l'hospice de St-Pôl. — Meurt vers 1888. — Très-studieux, très-intelligent, très-amusant lorsqu'il n'est pas assiégé par ses scrupules.

LETTY

De Guipavas. — Vicaire à Plouigneau et à Guisseny. — Entré le 13 octobre 1856. — Mort le 19 juillet 1858.

FLOC'H

De Lannilis. — Recteur de St-Méen, Plouhider, Kernouès. — Entré le 10 juin 1857. — Sorti le 10 octobre 1859, peut-être dans sa famille.

MAHÉ

Ancien vicaire de Plomodiern. — Entré le 22 juillet 1857, — Sorti le 4 février 1859.

JONCOUR

Vicaire de Lambézellec. — Recteur de Lanéanou. — Entré le 7 septembre 1857. — Mort le 24 mai 1861.

PENN Nicolas

De Plouénan. — Recteur de Dirinon. — Entré le 15 novembre 1858. — Mort à 79 ans le 18 avril 1867. — C'est le premier qu'il ait été enterré dans le cimetière de St-Joseph, homme d'esprit et très plaisant.

BUORS

Vicaire de Lennon ou Leuhan ? — Entré le 21 juin 1859. — Sorti le 21 septembre 1859. — Mort peu à près.

MASSON

Recteur de Rosnoen et de l'Hôpital-Camfrout. Entré le 20 septembre 1859. — Mort à 82 ans le 4 juin 1868, et enterré à Tréflaouénan sa paroisse natale. Type du vieillard aimable et bon.

BUZARÉ

Né à Hanvec, d'Allain et d'Anne-Corentine Guillou. — Vicaire de Pleyben. — Recteur de Plouzévet, Landudal et Berrien où il eut pour vicaire l'abbé Saillour. — Entré en janvier 1862. — mort à 83 ans le 28 mai 1882, et enterré à Saint-Joseph. — Voix formidable. — Chantait des messes de service et des grand'messes solennelles à St-Pôl dans la cathédrale, du temps de M. Pouliquen son condisciple, et de M. Ollivier. — Souffrit de n'en plus chanter sous M. Messager. — Etait invité à prêcher en Breton et en Français dans les grandes circonstances. — Renonça à la chaire après un sermon malheureux. — A Landudal, a bâti un clocher qui, d'après les mauvaises langues, menace ruine. — Au cimetière de Landudal, n'a pas pu ou n'a pas voulu déplacer la tombe du régicide Briant, député paysan, mort enfumé dans le creux d'un arbre par les gars de Briec (bandes du Comte de Cornouailles), les mêmes qui ont tué l'évêque constitutionnel Audren.

ROZEC

Supérieur.

KERIVEL, Charles

De Pont-Croix. — Vicaire de Landerneau. — Recteur de Plouédern et de Roscoff. — Entré le 18 octobre 1862. — Mort le 7 octobre 1876. — Enterré ici à 69 ans.

LAOT

De Cléder. — Vicaire de Porspoder et de Ploujean. — Entré le 7 novembro 1862. — Parti recteur de Carantec en 1863. — Dit *Samuel*.

ROLLAND

De Plouvorn. — Vicaire à Ploudaniel. — Recteur à Lanhouarneau et à Botsorhel. — Entré le 19 janvier 1863. — Mort à 72 ans le 8 juillet 1875. — Enterré à Plouvorn.

CANTINA

L'*Ancien*. — Entré le 22 janvier 1863. — Parti pour La Meilleraye le 23 mars 1863.

PELLÉTER

Recteur de Penhars. — Entré en janvier 1865. — Mort à 67 ans en octobre 1865.

OLLIVIER

Supérieur.

MILIN, Yves

De Guipavas. — Vicaire de Plouvorn. — Recteur de La Roche, Rumengol, Saint-Thonan. — Entré le 6 décembre 1866. — Mort à 76 ans le 11 juin 1875. — Enterré à Saint-Joseph.

DE PARCEVAUX

Eugène. — Clerc minoré. — Pensionnaire au compte de ses parents depuis le 8 septembre 1865, jusqu'en 1867. — (Il avait été marchand avant d'entrer au séminaire). — Mort minoré en Amérique.

GESTIN

De Guiclan. — Vicaire à Ploujean. — Entré le 18 septembre 1866. — Parti le 7 décembre 1866, et définitivement le 16 avril 1867. — Mort en octobre 1868 à Guiclan.

LE BRAS

Né à Plounévez-Lochrist le 4 juillet 1817, de Jean et Marie Saout. — Vicaire à Plounéour-

Ménez. — Vicaire à Ouessant quand son recteur, M. Picart, y est nommé curé. — Nommé en 1865 aumônier de l'hospice de Morlaix, il permute avec M. Tréguer, et devient recteur de Lamber, puis de Saint-Sauveur. — Entré le 29 octobre 1866. — Après 6 ans passés ici, devient recteur de Coatméal pendant 2 mois, et rentre en 1873. — Sous-supérieur.

CALVEZ

De Plouénan. — Vicaire à Plouguerneau. — Recteur du Tréhou. — Jansséniste en morale. — Entré le 28 août 1868. — Mort à 81 ans le 7 avril 1875. — Enterré à Plouénan.

ROLLAND

Claude. — Vicaire à Quéménéven. — Entré pour cause de maladie le 12 otobre 1868. — Part le 14 août 1869 comme recteur de Lanneuffret, où sa connaissance de l'anglais sera utile aux Irlandaises de la filature de Landerneau. — Ensuite recteur à Saint-Eutrope, aujourd'hui à Lamber.

PRIGENT

De Landéda. — Vicaire à Briec, — Entré maade le 26 décembre 1868. — Parti le 19 août 1869. — Recteur de Saint-Coulitz, où il est mort en juillet 1877. — Enterré à Landéda.

LE GALL

Dit *Mam-Goz*. — Né à Plougastel-Daoulas. — Vicaire à Plouarzel, à Gouesnou, à Plouzané. — La parabole du jeu de canettes qu'il raconte à Mgr Graveran, le fait nommer recteur de Santec.

— Devint recteur de Plourin-Ploudalmézeau. — Entré ici le 11 février 1869. — Caractère difficile et soupçonneux. — Parti le 29 août 1877, d'abord pour sa famille, ensuite pour Saint-Athanase, où il est mort.

LE LEZ, Guillaume

De Plouzévédé, fils de Guy et Anne Riou. — Né en 1803. — Vicaire de Taulé jusqu'en 1839 — Traduit ou plutôt calque deux *Mis Mari*, l'un d'après Bussy. — Traductions détestables, mauvais breton ou plutôt français habillé à la Bretonne. — Recteur de Plounéventer en 1839. — Doyen de Sizun de 1852 à 1869. — Entré à 41 ans de prêtrise le 9 mars 1869, âgé de 66 ans. — Parti comme aumônier de l'hospice de Lesneven le 19 novembre 1870. — Revenu le 16 janvier 1873. — Mort le 6 avril 1886, et enterré à Saint-Joseph.

ROIGNANT

Dit le *Hambourg*, parce qu'il fumait comme un paquebot. — Vicaire à Locmaria-Plouzané. — Recteur à Saint-Cadou et Roscanvel. — Entré le 23 octobre 1869. — Parti dans sa famille à Mespaul le 30 août 1870. — Tête dérangée. — Mort depuis longtemps.

PICART

Vicaire à Berrien. — Venu se reposer le 24 janvier 1870. — Parti le 18 juin de la même année. — Devenu vicaire de Lanrivoaré et recteur de Ploéven, où il est mort. — Témoin atterré et impuissant de la noyade de l'oncle de M. Cécilien Péron

(M. Déroff), auquel il put donner l'absolution suprême.

BERTHOU

De Plouzévédé. — Fils de Jean et Marie-Françoise Coué. — Né le 10 mars 1805. — Vicaire à Gouesnou, recteur à Bohars. — Entré le 24 septembre 1870. — Mort le 19 janvier 1885. — Enterré à Plouzévédé.

SAOUT

De Ti'naot en Saint-Pol. — Vicaire à Ploudaniel. — Recteur à Garlan et à l'Ile-de-Batz. — Entré le 5 octobre 1870. — Mort le 26 mars 1872. — Enterré au cimetière de Saint-Pierre en St-Pol.

LE DRÉO, Louis-Michel

Né à Trégourez. — Prêtre missionnaire en Angleterre. — Aumônier des Ursulines de Saint-Pôl. — Entré le 8 mai 1871. — Mort le 12 juin 1873. — Agé de 53 ans. — Enterré à Saint-Joseph.

CAROFF

Supérieur.

TRAON, Jean-François

Né à Plouénan en 1838. — Plusieurs fois lauréat des Concours académiques. — Sujet remarquable, un peu original, très pieux. — Santé languissante. — Soumis avec l'abandon de St-François de Sales, à toutes les prescription de la Faculté. — Bon camarade, ami sérieux. — Travailleur intrépide. — Professeur à St-Pôl et au grand Séminaire. — Entré le 30 avril 1872. — Mort le 24 juin 1874. — Un prédestiné. — Enterré dans sa paroisse natale. — Sa tombe a disparu dans la construction d'une nouvelle église. — On l'appelait *Mam-Scrit.* — A laissé de curieux mémoires intimes très-édifiants.

CORRE Pierre

Dit Seigneur-David. — Jansséniste en morale. — Né à Santec. — Vicaire à Plouigneau et Plounéour-Ménez. — Chapelain à Loc-Eguiner-Plounéour, et recteur sans autre traitement que celui de vicaire et 300 fr. de la commune(?) — Recteur de Locmaria-Plouzané et de Plouzané. — Mort le 19 août 1873, et enterré ici. — 63 ans.

LAVANANT René

Né à Landerneau. — Vicaire à Guipavas. — Recteur à Trébabu et Plourin-Ploudalmézeau. — Prêtre habitué à Landunvez. — Entré le 19 août 1872. — Mort presque en enfance, à 72 ans, le 12 mars 1876. — Enterré ici.

BALC'H Pierre

De Berven, vicaire de Plougonven. — Entré le 13 janvier 1873. — Mort à 36 ans et enterré ici le 13 février 1873.

MARREC François

Né à St-Pabu. — Vicaire au Bourg-Blanc. — Recteur de Brennillis et de Laz. — Entré le 11 août 1873. — Mort et enterré ici, à 71 ans, le 9 février 1875.

KERVENNIC Louis

Né à Lambézellec d'une famille qui compte une foule de prêtres, de religieux et de religieuses. — Vicaire à Douarnenez. — Aumônier du Calvaire de Landerneau. — Saint homme figure cénobitique. — Entré le 2 février 1874. — Mort le 24 juin 1874, à 60 ans; et enterré à Guipavas, — Dit le Prieur.

CLOAREC François

De Mespaul, dit *F.-ar-Bl.* — Fils de Jean et Marie Argouarc'h. — A beaucoup circulé. — Intérimaire à Ouessant. — Vicaire à Spézet La Feuillée, Dinéault, etc. — Recteur à Molénes et à Lothey-Landremel. — Entré le 1er août 1874. — Mort à 77 ans le 4 septembre 1888. — Enterré à Plouvorn.

DESCHAMPS du CÉRISIÉ Julien

Né à Brest, de Christophe et Félicité Monestier. — Vicaire à Plounévez-Lochrist et à Tréflez. — Prêtre habitué. — Aumônier de marine à Terre-Neuve. — Vicaire à Landivisiau. — Recteur à Kergloff, où son sermon sur la Tour-d'Auvergne est resté célèbre. — Entré le 6 novembre 1874. — Sorti, et mort à Pont-l'Abbé, à 56 ans, le 25 février 1876. — Enterré à Brest. — Très-petit, grand cheval. — Dans une épidémie de choléra à Lambézellec, offre ses services à un quartier-maître malade, reçoit cette réponse : « Je veux bien me confesser, mais pas à un enfant de chœur. »

CORVEZ François

De Morlaix, né en 1849. — Vicaire de St-Thurien et Châteauneuf-du-Faou. — Entré le 6 novembre 1874. — Sorti tôt après. — Chapelain du cimetière de Morlaix. — Conscience trop délicate. — Très-zélé, principalement pour les œuvres de jeunesse et pour la conversion des mourants; nous en savons quelque chose.

CRAEC, François

De Morlaix, envoyé à St-Sulpice. — Vicaire à Roscoff et Plouzané. — Recteur d'Hanvec et de Plounéour-Lanvern. — Entré le 20 novembre 1874. — Mort et enterré ici le 11 décembre 1875, à 52 ans.

GUÉGUEN, Jean-Pierre

De Ploaré, ancien recteur de Primelin. — Entré ici le 21 mai 1875. — Sorti le 1er mars 1879. — Mort à Ploaré.

BIZIEN

De Carhaix, vicaire de Lanhouarneau et de Lanmeur. — Entré le 23 juin 1875. — Mort à Carhaix le 25 décembre 1877.

ROLLAND, Gabriel

De Morlaix, vicaire à Quimperlé et Concarneau. — Intérimaire chez son oncle M. Rolland, à Locquénolé. — Vicaire à Kernével. — Recteur de Coat-Méal. — Entré le 19 août 1876. — Mort le 12 mars 1889, et enterré ici. — Esprit très-éveillé, un peu maniaque, répétait à tout propos : Mon pauvre diable ! — 53 ans.

CLÉAC'H, Yves

De Loctudy, vicaire d'Elliant et de Poullan. Entré le 24 octobre 1876. — Parti le 6 mai 1880, pour être aumônier de l'hospice de Quimperlé, où il est mort. — Bon sujet, tête faible.

MARZIOU, Jean-François

De Landéda, vicaire à Quimperlé. — Aumônier de l'hospice de Morlaix. — Recteur de Saint-Jean-du-Doigt. — Chapelain du cimetière de Brest. — A souffert avec courage de douloureuses opérations. — Entré le 27 octobre 1876. — Mort à 50 ans, le 7 janvier 1880, et enterré ici.

RIDELLER, VINCENT

Dit le doux Mentor. — Avoue, Visant ; avoue mon cher ! Histoire de la Cuiller à pot. — Né à Saint-Martin de Morlaix, de François et Catherine Rolland. — Aumônier à Quimperlé. — Vicaire à Châteauneuf, Plouzévédé, Landudec, Lamartyre. — Entré le 26 juillet 1877. — Mort et enterré ici le 17 juin 1888 à 59 ans. — Solennel.

BOUCHER, FRANÇOIS

De Sizun, entré ici le 29 novembre 1877. — Sorti vicaire de Plounéventer. — Mort supérieur de Keroulas. — Enterré à Sizun.

ABGRALL, YVES

Né au Relec-Guipavas le 18 mars 1849, de Yves-Guillaume et Marie-Ménez. — Vicaire de Beuzec-Cap-Sizun, où il a connu le beau type de paysan breton qni a servi de modèle à Yan'Dargent pour l'entête du *Petit-Courrier du Finistère* — Vicaire à Pleyben. — Entré le 25 novembre 1877. — Sorti professeur à Lesneven. — Rentré en 1883. — Aumônier de l'hospice de St-Pol. — Auteur de poésies bretonnes.

MAUDUIT, ALZIRE

De Quimperlé, vicaire à Morlaix. — Aumônier des Frères de Lambézellec. — Entré le

11 février 1878. — Mort le 26 février 1878, et enterré à St-Martin de Morlaix, à 44 ans.

SALAUN, Jean

D'Irrillac, fils de François-Pierre et Françoise Queinnec. — Entré le 7 mars 1878. — Mort le 17 juillet 1881, et enterré à St-Joseph — 72 ans. — Recteur de Trébabu.

PLANTEC Hervé

De Guiclan, vicaire à St-Renan. — Recteur de Loc-Eguiner-Ploudiry. — Entré le 25 avril 1878. — Est resté peu de temps. — S'ennuyait. — Mort et enterré à Guiclan.

LADAN

De Pont-l'Abbé, Recteur de Lanriec. — Entré le 30 avril 1878 à 48 ans. — Parti pour Pont-l'Abbé le 5 juin 1878.

CARDINAL, Hervé

De Guiclan, vicaire à Recouvrance. — Recteur de Plouézoc'h. — Curé de Mitter dans le diocèse de Burlington en Amérique. — Chapelain de Kérézélec en Trefflévénez — Fait hommage à M. Vincent Le Traon, curé de Sizun, son confesseur, d'une canne à pomme d'or, qu'il avait reçue lui-même d'un riche planteur pour prix d'un exceptionnel dévouement. — M. Vincent Le Traon, non moins généreux, lui promet la prière prônale à perpétuité de son vivant; tient sa promesse. — Entré le 11 juin 1878. — Mort le 7 avril 1883, et enterré à Guiclan, à 72 ans.

GOURVEZ, François

Du Relec-Guipavas, vicaire de Tréflaouénan. — Entré le 1er octobre 1878. — Mort et enterré à St-Joseph le 17 janvier 1880, à 29 ans.

BIANIC

Du Drénec, vicaire à Locmélard. — Quand on y entonnait le beau cantique *A Viannic am euz péc'hel*, les enfants chantaient avec une petite pointe de friponnerie: *Ar bianic en deuz pec'hel*. — Entré le 5 octobre 1878. — Rentré peu après à Locmélard, où il est mort à 33 ans et enterré depuis 1882.

CARIOU, Goulven

Né à Plounévez-Lochrist, d'Alain et Jeanne Pichon — Vicaire de Logonna, Tréboul, St-Urbain. — Entré le 24 novembre 1879. — Mort et et enterré dans sa paroisse natale le 18 avril 1886, à 46 ans. — Matinal, zélé et serviable pour les malades, très-ponctuel au bréviaire.

LAURENT, René

Né à Landivisiau, de Jean et de Marie-Anne Foll. — Vicaire de Ploujean. — Recteur de St-Jean-Trolimon. — Entré le 23 février 1880. — Mort et enterré ici le 24 Janvier 1881.

ALIX, Simon

Né à Locronan en 1813. — Vicaire de Plouhinec et de Briec. — Entré le 13 juillet 1880. — Recteur, chantre, maître de chapelle, précepteur, servant de Messe de M. Salaün, veilleur des malades, assistant des confrères mourants, disposé à rendre tous les services jusqu'aux limites de ses forces. — S'est distingué surtout pendant l'épidémie d'influenza. — Poète à ses heures.

KERNÉIS, François

Né à St-Divy, de Gabriel et Marie Abhervé-Guéguen. — Vicaire de St-Pierre Quilbignon. — Recteur de Goulven, Plounéour-Ménez et Bohars. — Entré le 12 août 1880. — Mort le 28 février 1882 à 64 ans et enterré ici.

GOURMELON, Yves

Précepteur chez M. Boucher, député de Landerneau. — Entré le 7 octobre 1880. — Mort chapelain à Kerézélec en Tréflévénez le 9 septembre 1881, et enterré à Dirinon, sa paroisse natale.

TANNEAU, François

Vicaire à Ploaré. — Prêtre habitué à Plomeur, Plouzévédé, Querrien. — Entré le 20 octobre 1880. — Parti le 25 août 1882 comme chapelain à Kerézelec en Trefflévénez. — Revenu en 1883, et resté 4 ans. — Aumônier de la Providence de St-Pôl. — Prêtre habitué à Querrien, chez son frère.

ROIGNANT

Vicaire de Querrien et de Recouvrance. — Entré le 9 décembre 1881, mort le 17 id., et enterré à Plomodiern, sa paroisse natale.

LE CANN, François

Né au Tréhou, de François et Marie-Jeanne Crenn. — Vicaire de Plounévez-Lochrist. — Recteur de St-Eloi et Lanhouarneau. — Entré le 9 avril 1881 — Mort et enterré ici le 2 décembre 1882, à 51 ans.

MENGUY

Vicaire de St-Corentin. — Entré le 25 juin 1881. — Vicaire de Plomelin le 19 février 1883. — Mort et enterré là en 1887.

BANABES, Camille

Né à St-Pôl, de François-Michel et Catherine Amelan. — Filleul de M. Camille de Kermenguy, frère du député. — Patriote. — Recteur de Plourin-Léon, dont il a fait l'histoire. — Recteur du Drénec. — Entré le 25 juin 1881. — Mort et enterré au cimetière de St-Pierre en St-Pôl, le 22 juillet 1885, à 58 ans.

CUEFF

Vicaire de Bohars. — Entré le 18 août 1881. — Mort ici le 10 octobre 1884, et enterré à Plouhider.

LE MICHEL, Louis

Né à Trégastel, Côtes-du Nord. — Domicilié à Landerneau. — Précepteur de M. de St-Luc, ancien député. — Vicaire. — Recteur. — Chef de pension pour les jésuites de Brest. — Histoire du chocolat et de l'andouille. — Recteur de Plouézoc'h et de Dinéault. — Entré le 29 juin 1882. — Mort et enterré ici le 2 août 1883, à 61 ans — Dit *Bida*.

BIGER

Du Fameux cours. — Recteur de Tréméoc. — Est venu ici pour peu de temps le 20 septembre 1882. — Mort peu après.

SIMON

Du Bourg-Blanc. — Caporal en 1870 — Vicaire de St-Thois et Recouvrance. — Entré le 2 sep tembre 1882. — Enterré au Bourg-Blanc le 29 avril 1883.

LA HAYE, JEAN-MARIE

Né à St-Thégonnec, de François et Françoise Le Roux. — Professeur de 5e et de rhétorique à St-Pôl. — Recteur du Folgoët qu'il a restauré. — Entré le 14 octobre 1882. — Mort le 10 avril 1885, à 61 ans, et enterré à Saint-Pierre en Saint-Pôl, sur sa demande, dans la tombe du regretté M. Turlucher, son ami. — Sujet remarquable, esprit excentrique et bizarre. — Rieur bruyant et presque épileptique. — Œil fascinateur. — A fait une excellente grammaire française. — Etait plus propre à l'enseignement qu'au ministère. — Meilleur professeur pour les classes moyennes que pour les hautes classes. — Quand il fut nommé professeur de rhétorique en remplacement de M. Le Bihan-vieux promu en philosophie, un de ses élèves, M. Guéna, Louis-Marie, aujourd'hui recteur de St-Yvi (*an den*), composa ce distique de circonstance qui a été remarqué :

Rhetorice flebat, caro viduata marito ;
Invenit illa virum, lætitiâque fremit

NICOLAS JOSEPH-MARIE

Né à Quimperlé, de Guillaume et Marie-Françoise Jégou. — Vicaire de Poullan. — Entré le 15 novembre 1882. — Plus tard chapelain à Plougastel-Daoulas, où il est mort.

SALAUN, JULIEN

De Quimper, dit le *Père*. — Grand confesseur de prêtres. — Vicaire à Plouarzel. —

Recteur à Trébabu. — Entré le 15 décembre 1882. — Mort et enterré ici le 10 août 1883, à 66 ans.

MAUDUIT, Alexandre

Né à Loudéac, Côtes-du-Nord, d'Henri et Augustine Bernard. - Chef d'institution libre à Bénodet, où il compte M. Charles Naveau comme auxiliaire. -- Recteur de Coat-Méal et de l'Ile-Tudy. — Entré le 16 juillet 1883. — Sorti comme chapelain dans le château de M. de La Motte, ancien représentant à la Législative de 1849, en Plouguin. — Rentré pour un temps. — Sorti précepteur à Douarnenez. — Rentré. — Sorti recteur de l'Ile-Tudy, en remplacement de M. Forcès, ancien professeur de 8e à St Pôl, aujourd'hui recteur de Baye (M. Forcès et M. Cabioc'h ; M. Forcès et M. Roudaut) — Y est encore -- Agé de 68 ans. — Auteur d'une vie du P. Le Gall, dont il a été le protecteur.

COMBOT, Hervé

Né à St-Pôl, de Christophe et Louise Nédélec. - Chef d'une tribu sacerdotale. — Vicaire à Brasparts et St-Thégonnec. — Recteur à Brennilis et Plomeur (La famille Pompery). — Entré le 9 août 1883. — Mort à 71 ans le 25 janvier 1885, et enterré à Plouvorn. — Grand Jardinier (Plovan et le Kendro).

BERRIET, Clet-Marie

Né à Cléden-Cap-Sizun, de Clet et Marie-Catherine Normand. — Vicaire à Lannilis —

Aumônier des Carmélites de Brest. — Devient chauve. — Recteur de Plounéour-Ménez où il se casse les jambes, et de Bénodet. — Entré le 5 octobre 1883. — Mort et enterré ici, à 62 ans, le 10 octobre 1887.

JAMET, Louis

Né à Mespaul, de Prigent et Marie Cueff, le 8 juillet 1809. — Vicaire à St-Pierre-Quilbignon, Loc-Maria-Plouzané. — Recteur de Coat-Méal et St-Frégant. — Entré le 5 octobre 1883. — Vieillard avenant, plein de dignité, d'innocente malice et d'humilité. — L'idole des Sœurs.

THÉPAUT, Yves

Né en mars 1846 à Plougonven. — Vicaire de Roscoff et St-Louis de Brest. — Entré le 16 octobre 1883. — Santé variable.

KERBIRIOU

De St-Pôl, dit le *Vieux Sicambre*. — Type de vieux celte. — Vicaire à Plabennec. — Recteur de Plouédern et Plounéventer (*Inter mortuos liber*, etc). Entré le 26 novembre 1883. — Mort à St-Joseph, et enterré au cimetière de sa paroisse.

SALAUN, Hervé

Né à Plogonnec en 1851, d'Yves-Henri et Marie-Catherine Le Berre. — Vicaire à Edern. — Entré le 6 octobre 1883. — Joyeux compagnon malgré ses infirmités. — Pointe de malice. — Esprit éveillé. — A fait des vers.

LE BRAS, François

Né à Saint-Derrien en 1838. — Vicaire de

Plounéour-Ménez, où il a formé des jeunes gens pour le sacerdoce. — Recteur de Guilers-Plogastel, où il a bâti une belle église — Trop généreux pour ses moyens. — Entré le 10 décembre 1883. — Poète intarrissable et prosateur — Toujours sur la brèche. — Aumônier de la Providence de St-Pôl. — Réclamé dans une foule de paroisses. — Plein de bonhomie.

GUÉGUEN, Hervé

Né à Landivisiau, de Charles et Rénéa Dilasser. — Dit Tonton. — M. Vincent le Traon, de Sizun, y joignait un qualificatif familier, bien senti. — Vicaire à Plougonvelen, où il faillit blesser grièvement un homme en le jetant par dessus les murs du cimetière. — Allez faire pareille chose aujourd'hui. — Vicaire à Crozon, Poullan, Commana (Le grand Kyrie des Morts). Recteur de Logonna-Quimerch et Treflévénez (Le bar et le jeu de barres à Kérézélec). — Accueillait admirablement les facéties juvéniles de ses compatriotes de Landivisiau. — Entré le 18 octobre 1884. — Mort dans un état de joyeuse enfance, et enterré à 82 ans, dans sa paroisse natale. — A sa mort, il n'avait pas encore épuisé un paquet de plumes d'oie, acheté en 1830 : trait d'économie.

PILVEN, Alexandre

Né à Guipavas, de Claude et Louise Quéméner, le 19 mars 1838, — Vicaire à Guiligomarc'h sous M. Quélennec, à Locmaria-Plouzané et louvien. — Recteur de Loc-Eguiner-Ploudiry et de Landévennec. — Un peu fantasque. —

Entré le 7 septembre 1884. — Mort ici et enterré à Guipavas, non loin d'une Princesse Russe convertie par M. Letty.

TYMEUR

Recteur de Molènes. Entré le 23 juillet 1885. — Mort et enterré ici le 15 décembre 1885.

RUELLOU

Vicaire de Plouénan. — Au pardon de Saint-Pierre en Saint-Pol, le 8 septembre, parlant de la Sainte-Vierge, il accentua mal cette phrase bretonne par laquelle il terminait : *Bevit e gist hi, hag e varvot e gist-hi* ; ce qui donnait un sens fâcheux. — Recteur de Lanarvily à la place du vénérable M. Nicolas (*Mesper Coatudavel. — E pe leac'h e ma ar Piémont ama ? — Franses, pe fizic pe jimic co emma ?* — Mademoiselle, dites que c'est moi) — M. Ruellou était le maire du dedans, et M. Camille de Kermenguy le recteur du dehors. — Entré en août 1885. — Tête dérangée. — Mort par accident d'un coup de rasoir maladroitement donné, le 29 mai 1887, et enterré ici à 62 ans.

GUILLOU, Yves

De Plounévez-Lochrist, dit le Petit-Guillou. — Recteur de Logonna-Quimerc'h. — Entré en août 1885. — Mort et enterré ici à 42 ans, le 21 octobre 1885.

DENIEL

De Plounévez-Lochrist. — Jean-François, jeune prêtre. — Entré en novembre 1885. — Sorti vicaire à Mellars. — Mort le 8 décembre 1887, à 28 ans.

BACON

De Quimper, vicaire à Edern et Collorec. — Maître à la Rue des Postes. — Entré le 13 juillet 1885. — Sorti dans sa famille à Quimper.

JÉZÉGOU, Jean-Marie

Né à Ploudaniel en 1821. — Prêtre-instituteur à St-Evarzec. — Vicaire à Plounéventer, Plomodiern et Laz. — Recteur à Trémćoc et au Cloître-Morlaix. — Se casse la jambe par un temps de glace et de neige, dans la visite d'un malade. — Entré le 13 octobre 1886. — Verte vieillesse. — Travaille et taille des cannes à rendre jaloux les sculpteurs de St-Pôl.

DOUENNE, Jacques-François

Né à Guimaëc, de Jean et Françoise Cabon. — Vicaire à Loctudy. — Entré malade le 5 novembre 1886. — Mort et enterré ici à 28 ans, le 20 décembre 1888. — Sujet distingué. — Doux, résigné, charmant. — Poète : A traduit en vers bretons le *Dies Iræ*.

LE GUEN

Supérieur.

COCAIGN, Théophile

De St-Pôl, vicaire de Plovan et Landudec. — Entré vers 1886. — Sorti dans sa famille. — Rentré. — Sorti. — Vicaire à Landudal.

LE BRAS, Zacharie

De Brest, Vicaire à Cléden-Cap-Sizun. — Entré malade vers 1886. — Sorti vicaire à Saint-Melaine. — Aimable confrère. — 36 ans.

BOUSTOULER, Jean-Marie

Trégorois dans la force du terme. — Langue

bien pendue. — Réparties pittoresques. — Dit le pieux dégoiseur. — Né à Plégat-Guerrand en 1824. —Vicaire à Dinéault et Plouarzel. — Recteur à Botmeur et Lamartyre. — A Lanleya dans sa famille en 1881. — Entré le 4 octobre 1887. — Belle figure de vieillard, toujours souriante.

BARON, JEAN-LAURENT

Fils d'Yves et Marie-Jeanne Quéméner. — Vicaire à Crozon et Roscoff. — Recteur à Brennilis, l'Ile-Tudy et le Ponthou. — Entré le 1er août 1888. — Mort à 73 ans, le 11 octobre 1888, et enterré ici.

BERRIET, HENRI

Vicaire et recteur sur place à Névez. — Entré le 29 septembre 1888. — Mort à 42 ans, et enterré ici le 5 décembre 1888.

ROLLAND, GUILLAUME

De Plounéventer, Dit *L. ar-Spil.* — Fils de Paul et Marie-Anne Martin. — Vicaire à Henvic, Plougoulm, Plouarzel. — Recteur de Quéménéven et de Plourin-Ploudalmézeau. — Entré le 22 mars 1888. — Mort le 21 décembre 1888 à 74 ans, et enterré dans sa paroisse natale

LE GOFF, GUY-LAURENT

Né à Morlaix le 29 février 1848. — Vicaire à Plouvien, St-Evarzec, Plomeur. — Convalescent à Camaret. — Recteur de Molènes. — Permute avec M. Dréo, tueur du guillou et va au Ponthou. - Entré malade le 28 mars 1889. — se remet lentement. — Précepteur en ville. — Connaissances variées, surtout en médecine et chirurgie. — Possède admirablement les vertus des simples — Aimable canseur, parleur intarissable.

LE GALL Emile

De Lambézellec. — Séminaire de Quimper. — Langonet. — Rome. — Docteur en théologie et en droit canon. — Vicaire à Carhaix, Saint-Martin de Morlaix et Recouvrance. — Aumônier de marine. — Décoré au Mexique. — Traverse six fois la mer Rouge. — Chine. — Cochin-Chine. — Bourbon. — Candidat à la députation contre de Mahy. — Faillit réussir. — Vie nomade. — Recteur de St-Thonan. — Surdité. — Novice à Lérins. — Y revoit les ouvrages. — Entré ici le 4 avril 1889. — Fabrique de charmantes grottes de Lourdes. — Sort dans sa famille à Gouesnou, le 5 juin 1890.

LE VERN, Olivier

Né à Plouédern en 1828. — Vicaire de Pouldreuzic et de St-Renan. — Recteur de Trézélidé et de Landévennec. — Mort en janvier 1891, des suites de l'influenza. — Enterré dans sa paroisse natale. — Matinal.

LE ROUX

Supérieur.

TROUSSEL, Pierre

Né à St-Jean-du-Doigt en 1822. — Vicaire à Carantec, Cléder, Pouldreuzic, Ploudiry. — Retiré dans sa famille. — Entré en juin 1890. — Matinal et gai : Beure-Laouen.

MANAC'H, Guillaume

Né en 1862. — Intérimaire à Ploudalmézeau

et à Riec. — Entré ici en 1888. — Sorti fin 1888. Vicaire à Plounévez-Porzay. — Est maintenant aux Carmes de Brest, où sa santé se soutient.

GUÉGUEN, Jean-Marie

Né à St-Pôl en 1862. — Vicaire à St-Evarzec. — Chartreux. — Arrivé fin 1888. — Parti peu après comme vicaire de Trégourez, puis de Plonéis. — Type de St-Louis de Gonzague et de jeune convers.

GUILLERM, Jean-Marie

Né à Sizun en 1844. — Vicaire à Poullaouen. — Aumônier des Bretons au Hâvre. — Recteur à La Forêt-Landerneau. Entré ici en 1888. — Sorti chapelain de Madame Dahirel à Saint-Thégonnec. — Intérimaire à Sizun, d'où il envoie des articles à la Semaine Religieuse sur M. Traon. — Rentré en avril 1891. — Sorti le 6 mai 1891 recteur de Guilers-Plogastel.

BALCON, Jean-Louis

Né à St-Derrien en 1856. — Professeur à Lesneven. — Vicaire à Pont-l'Abbé. — Entré malade en janvier 1890. — Parti en septembre de la même année, comme aumônier-adjoint de l'Oratoire de Brest. — Bonne pâte d'homme.

TROUSSEL, René-Hyacinthe

Né à Morlaix en 1832. — Vicaire à St-Martin de Morlaix, aux Carmes et Châteaulin. — Dit le joli vicaire. — Recteur au Petit-Ergué. — Curé à Pont-l'Abbé. — Démissionnaire dans sa famille en 1889, pour cause de maladie. — En villégiature à St-Joseph pendant l'été de 1890. — Sorti dans sa famille vers le 15 octobre 1890. — Musicien distingué. — Caractère mesuré. — Relations faciles. — A repris sa villégiature le 22 juin 1891.

BERNARD, Yves

Né à Plouaré en 1843. — Professeur à Pont-Croix. — Vicaire à St-Louis de Brest. — Recteur à Plouhinec où il construit une jolie chapelle. — Est dénoncé comme s'occupant de politique. — Recteur à St-Martin de Morlaix. — Se donne énormément de mal pour les écoles libres et les autres œuvres. — Compromet sa santé. — Démissionnaire et malade à Montmorillon fin 1889. — Entré ici le 26 juillet 1890. — Sorti recteur de Lampaul-Ploudalmézeau, le 9 mai 1891. — Excellent sujet. — Prédicateur émérite surtout en français. — Causeur élégant dans les deux langues.

KERNÉ, Louis-François-Bernard

Né à St-Pôl le 4 juin 1841. — Baptisé par M. Brennéol. — Lauréat des Concours académiques. — Veut se faire zouave pontifical. — Est désigné par le diocèse pour aller étudier à Rome. — Est retenu à Lesneven pour les besoins du service. — Professeur de rhétorique à 23 ans. — Précepteur à Lanriec et à Gourin pendant ses vacances. — Se propose comme Aumônier militaire en 1870. — Aumônier du lycée de Brest à 29 ans. — Sauve M. Favé d'une mort certaine au péril de ses ours dans la rade de Brest. — M. Champeaux lui propose une chaire à l'Université catholique de Lille. — Il refuse. — Passe trois mois de Villégiature et d'étude à Solesmes. — Recteur du Tréhou sur sa demande, malgré les efforts du Proviseur pour le garder, et les offres plus avantageuses de Mgr Nouvel. — Aumônier honoraire de l'Université de France. — Curé de Plogastel-St-Germain. — Démissionnaire pour Lérins le 28 juillet 1889. — Novice à Lérins le 1er novembre de la même année, sous le nom de Père Gildas. — Entré ici le 28 juillet 1890.

NICOLAS, Pierre

Né à St-Frégan en 1813. — Vicaire à Guiclan. — Recteur à Lanhouarneau et Kernouës. — Entré le 2 octobre 1890. — Caractère paisible et bon. — Ame sans malice. — Habitudes très-régulières. — Figure grave et souriante à la fois.

PÉRON Pierre

Né à Plouénan en 1820. — Neveu du célèbre M. Péron. — Vicaire de Guerlesquin. — Recteur de St-Hernin. — Dénoncé à Martin-Feuillée. — Démissionna. — Fit noblement ce Sacrifice. — Entré le 4 octobre 1890. — Constitution de fer. — Nature énergique. — Esprit légérement soupçonneux. — Cœur d'or. — Jamais à court. — Répliques spirituelles. — Grand rieur. — Joyeux compagnon. — Un peu sourd, mais perspicace. — Figure taillée à l'antique.

KERGOAT, Julien

Né à Guiclan en 1850. — Vicaire de Plougonvelen. — Entré malade en mai 1890. — Se raccroche à la vie. — Est plus fort que son mal. — Se remet sensiblement. — Est presque rétabli. — Esprit délié. — Grand observateur. — A fait des vers. — Chapelain au manoir de Kélennec en St-Thégonnec, chez Mme Danirel, le 6 juin 1891.

FYLY-SÉNY, Jean-Marie

Né à Guisséñy en 1854 — Vicaire de Locquénolé et de Guiclan. — Se casse la jambe en allant à la rencontre de l'Evêque. — Prêtre habitué à Guiclan. — Entré en novembre 1890. — Sorti aumônier de St-Jacques, en Guiclan, le 2 mai 1891. — Type de Fin Léonard.

QUIDÉAU, Jean

Né à Pouldergat en 1830. — Prêtre-instituteur à Guengat. — Vicaire à Dinéault. — Recteur à Trémaouézan. — Perd à peu près la vue. — Prêtre habitué à Pouldergat. — Entré en mars 1891. — Causeur indémontable. — Nature impassible.

POUDOULEC, Jacques-Marie

Né à Plomodiern en 1839. — Maître d'étude à Lesneven. — Vicaire à Plouguer, Plounéour-Lanvern, Laz, Plourin-Ploudalmézeau, Le Cloître-Morlaix, Briec, Plouyé. — Recteur de Gourlizon et de Plogoff. — Entré pour cause de santé en avril 1891. — Travailleur. — Esprit curieux et spéculatif. — Discute sans opiniâtreté. — Grand rieur. — Affectionne l'interrogation et l'interjection.

HÉNAFF, Charles

Né à Lanhouarneau en 1867. — Diacre, maître d'étude à Lesneven. — Entré en traitement en avril 1891.

GARGAM, Louis

Né à Pleyben en 1838. — Sergent aux zouave pontificaux. — Décoré de l'ordre de St-Sylvestre pour une action d'éclat à Ceprano. — Vicaire de Landerneau. — Voit tous les malades de nuit. — Convertit un soldat moribond en lui montrant sa Croix d'honneur. — Aumônier de la maison centrale de Landerneau. — Recteur de Plomodiern. — Entré en avril 1891, pour cause de santé. — Chevalier sans peur et sans reproche. — Type de bon Cornouaillais.

THOMAS, François

Né à Lambézellec en 1821. — — Vicaire à Landéda, Crozon, Henvic, Kersaint. — Chapelain de Saint-Nicolas, en Guipavas. — Entré le 2 juin 1891.

MAURICE, Jean-Joseph

Né à Bannalec en 1859. — Vicaire. — Malade de la typhoïde à l'hospice de Quimperlé. — Intérimaire. — Entré le 2 juin 1891.

DONVAL, Nicolas

Né à Lambézellec en 1857. — Vicaire à Landévennec et Dirinon. — Entré en traitement le 17 juin 1891.

ROLLAND, Yves-François-Marie

Né à Locmaria-Plouzané en 1837. — Vicaire au Petit-Ergué. — Professeur à Bénodet. — Vicaire à Taulé. — Recteur à la Feuillée et à Plougonven; où il a des luttes à soutenir. — Bâtit une école libre. — Se casse la jambe. — Est rebouté trois fois. — Souffre le martyre. Entre à St-Joseph en convalescence le 19 juin 1891.

Nous imprimons à la suite un *Hymne à la Bretagne*, composé en 1869, par l'auteur de ce livre, alors professeur de Réthorique au collège de Lesneven. Cet hymne, sur l'air de la Castillane, se chante aujourd'hui sous toutes les latitudes, par les missionnaires de notre pays d'Armor. Il est tiré d'une pièce inédite en trois actes, intitulée *Yan-e-Vam* ou le *Mobile Breton*, jouée dans divers pensionnats ou collèges, et composée avec la collaboration de M. J.-M. Cléac'h, maintenant oblat de Marie, à Angers.

HYMNE A LA BRETAGNE

1

Salut, ma Bretagne chérie !
Je suis fier d'être ton enfant ;
Ton nom, dans mon âme attendrie
Eveille un bien doux sentiment :
Car, sur ton front noble et sévère,
Brille ton antique splendeur ;
Aux jours de ta beauté première,
Tes fils n'avaient pas plus de cœur.

2

Jamais tu ne courbas la tête
Sous le glaive de l'étranger ;
Un jour, sans subir la conquête,
Près des Francs tu viens te ranger.
Assise au trône séculaire
De Charlemagne et de Clovis,
L'éclat de ta vertu guerrière
Rehaussa la blancheur du lys.

3

Oh ! si des phalanges cruelles
Venaient pour t'arracher la foi,
Cent tombeaux creusés devant elles
Les feraient reculer d'effroi..
Ton hermine encore est sans tâche,
Ton nom jamais ne fut flétri ;
Ton sein ne porta point de lâche
Malo mori quâm fædari !

4

Toujours, ô ma chère Bretagne,
Le *Guerz* breton retentira ;
Toujours de montagne en montagne
Le fils d'Armor le redira ;
Et sur le soir, dans la chaumière,
Après les longs travaux du jour,
Le doux Ange de la prière
Entendra des refrains d'amour.

5

Lorsqu'on te quitte, ô ma patrie,
C'est pour voler au Champ d'honneur,
Rougir le sol de l'Italie
D'un sang versé pour le Sauveur,
C'est pour défendre nos frontières,
Que souille un insolent voisin ;
Pour aller, en missionnaires,
Etendre le règne divin.

6

Mais, ô mon Dieu, quelque rivage
Où doive aborder mon esquif ;
Vivant sous le toit du sauvage,
Ou délaissé sur un récif ;
Sous l'équateur ou sous le Pole,
Que du pays le souvenir
M'anime encore et me console ;
Que je chante au dernier soupir.

O Breiz-Izel, o Kaera bro !
Koat en e c'hreiz, mor tro var dro.
Ni zo bepred
Bretonnet,
Bretonnet, tud kalet. (1)

(1) Le Breton est de Brizeux.

TABLE DES MATIÈRES

Morlaix, imprimerie LANOE, rue du Pavé, 7.

www.ingramcontent.com/pod-product-compliance
Lightning Source LLC
Chambersburg PA
CBHW071622270326
41928CB00010B/1742

9782012768673